名师工程

创新课堂系列

"国培计划"优秀成果出版工程

"国培计划"全国优秀研修成果数字出版平台

亲爱的语文

鲍周生 主编

国家一级出版社　全国百佳图书出版单位

西南师范大学出版社

图书在版编目(CIP)数据

亲爱的语文 / 鲍周生主编. -- 重庆:西南师范大
学出版社, 2014.117:31 2015-4-16
　ISBN 978-7-5621-6551-4

　Ⅰ. ①亲… 　Ⅱ. ①鲍… 　Ⅲ. ①中学语文课-教学法
Ⅳ. ①G633.302

　中国版本图书馆 CIP 数据核字(2014)第 004921 号

名师工程系列丛书

编委会主任:马　立　宋乃庆
总策划:周安平
策　划:李远毅　卢　旭　郑持军　郭德军

亲爱的语文
QINAIDE YUWEN
鲍周生　**主编**

责任编辑:张浩宇
封面设计:戴永曦
出版发行:西南师范大学出版社
　　　　　　地址:重庆市北碚区天生路 1 号
　　　　　　邮编:400715　市场营销部电话:023-68868624
　　　　　　http://www.xscbs.com
经　　销:新华书店
印　　刷:重庆紫石东南印务有限公司
开　　本:787mm×1092mm　1/16
印　　张:17.25
字　　数:300 千字
版　　次:2015 年 5 月　第 1 版
印　　次:2015 年 5 月　第 1 次印刷
书　　号:ISBN 978-7-5621-6551-4

定　　价:30.00 元

《名师工程》
系 列 丛 书

编者的话

当前，以人为本的教育理念正在逐步深化，素质教育以及基础教育课程改革不断推进。在这场深刻又艰苦的教育改革中，涌现了无数甘为人梯、乐于奉献的优秀教师。他们积极探索、更新观念、敢于创新、善于改革，在实践中创造性地发展、总结了很多先进的教育思想、教育理念；创造性地开发了很多新的教学模式、教学内容和教学方法。这些新思想、新模式、新方法在实践中极大地提高了教学质量，是教育改革实践中的新内涵和宝贵财富。这些优秀教师就是我们的名师，这些新内涵就是名师的核心教育力。整理、总结、发展、推广这些教育新内涵，是深化教育改革、完善教育体制、提高教育质量、提升教师水平的一件大事。

教育，是民族振兴的基石；教师，是教育发展的根基。

胡锦涛在全国优秀教师代表座谈会上指出："教师是人类文明的传承者。推动教育事业又好又快发展，培养高素质人才，教师是关键。没有高水平的教师队伍，就没有高质量的教育。"十七大报告又进一步强调了必须加强教师队伍建设，不断提高教师的素质。当今世界，社会进步一日千里，科技发展日新月异，知识更新的周期越来越短。教师作为"文明的传承者"更要与时俱进、刻苦钻研、奋发进取，尽快提升自身素质和能力，为推动教育事业的健康发展贡献自己的力量。

基于以上，西南师范大学出版社策划、组织出版了大型系列教育丛书——《名师工程》。希望通过总结名师的创新经验、先进理念，宣传名师的核心教育力，为广大教师职业生涯提供精神源泉和实践动力，在教育实践层面切实推动从教者职业素养的提升。通过《名师工程》实现"打造名师的工程"。

丛书在策划、创作过程中力求实现以下特色：

一、理念创新，体现教育的人本精神

教师角色在以人为本的教育理念下发生了重大的变化，教师的素质和能力也面临更高的要求。如何弘扬、培植学生的主体性、增强学生的主体意识、发展学生的主体能力、塑造学生的主体人格等问题成为教师在目前教育中亟待解决的难题。丛书以教育管理者和教师为主要读者对象，通过教师综合素质的提高而将人本教育的思想落实到教育实践中，真正实现教育培养人、塑造人、发展人的本质要求。

二、全面构建，系统提升教师的教育能力

丛书选题的最大特点就是系统、全面地针对教师教育能力的提升而展开。施教者的能力决定教育的效果，教育改革的落实、教育效果的提高无不体现在教师身上。丛书针对不同教育能力、不同教学要求、不同教育对象，有针对性地设置选题。棘手学生、课堂切入、引导艺术、班主任的教导力、互动艺术、课堂效率、心灵教育等等，这些鲜明的主题从教育的细节出发，从教育实际情况出发，有针对性地解决问题，让教师在阅读中学有所指、读有所获。

三、科学权威，体现教育的时代前沿性

丛书邀请全国各地著名的教育工作者执笔，汇集在教育改革与实践中涌现的先进理念、成果和方法，经过专家认真遴选、评点总结而成，代表了目前教育实践中先进的教育生产力，具有时代前沿性，是广大一线教师学习、借鉴的好素材。

四、注重实践，突出施教的实用价值

丛书采用了通俗的创作方法，把死板的道理鲜活化，把教条的写法改变为以案例为主，分析、评点为辅，把最先进的教育理念和方法融入有趣的情境中。经典的案例，情境式的叙述，流畅的语言，充满感情的评述，发人深省的剖析，娓娓道来、深入浅出，让教师更充分地领会先进、有效的教育方法。

在诸多教育、出版界同仁的支持与努力下，"名师工程"丛书陆续推出了"名师讲述""教学提升""教学新突破""高中新课程""教师成长""大师讲坛""教育细节""创新语文教学""教育管理力""教师修炼""创新数学教学""教育通识""教育心理""创新课堂""思想者""名师名课""幼师提升""优化教学""教研提升""名校长核心思想""名校工程""高效课堂""创新班主任""教育探索者"等系列，共170多个品种，后续图书也将陆续出版。

丛书在出版创作过程中得到各地、各级教育部门与教育工作者的大力支持与帮助，在此一并表示感谢！

教育事业是全社会共同的事业，本丛书的出版一方面希望能对广大教育工作者有所帮助，共飨先进成果；另一方面也是抛砖引玉，希望更多的教育工作者参与到出版创作中来，百家争鸣、百花齐放，为促进教育事业的发展共同努力！

写在前面

鲍周生，男，浙江省中学语文高级教师，嘉兴市某中学语文教研组长，他是个有点"小幽默、小激情、小天真、小诗意、小理性、小思想、小智慧"的小教师。

参加工作 20 多年来，他一直注重课程教学资源的开发与学生学习兴趣的拓展，重视学生课外阅读，坚持每周随笔化写作，尤其是积极推广"读写一体化"的教学模式，不断践行"师生在读写中一起成长"的教学理念。他辅导学生在各类征文中获奖或在报刊发表习作 150 来篇（次）；他自己努力进行下水作文，发表诗歌、散文、小小说等文学作品 400 多篇（首），新闻作品 300 多篇（次）。与此同时，他致力于教育教学与研究，积极进行教育写作，已在《中国教育报》《人民教育》《语文教学通讯》《中学语文教学参考》《语文教学与研究》《现代语文》《语文报》等全国各地报刊发表教育教学类文章 200 多篇，已出版教育随笔集《教育私语》、文学作品集《给你吃苹果》等两部。

"一个人的阅读史就是他的精神发育史。"作为语文教师，他深深知道阅读对学生学习语文的重要性，阅读对学生一生成长的意义。当看到学生将他们有限的时间投入到无限的试卷练习中而孜孜不倦时，他感到在通往高考的道路上，语文这种植物生长的艰难；当每次上课前总是要提醒学生将其他作业暂时放下而有人依然依依不舍时，他感到在分数面前，母语学习的痛苦与无奈；当看到阅览室几百种报刊少人问津时，他感到那些为人生思想与情感奠基的课外书被冷落的痛心……但他一直在努力，努力坚持自己的教育梦想。他让自己成为一个积极主动的阅读者，并且在课堂上激情展现自己因阅读所得的知识与智慧的魅力；同时他竭力鼓励学生进行课外阅读，阅读古今中外的经典作品。他用真情引导他们，帮助他们，让他们爱上语文、爱上阅读。经常反复劝导，大力宣传；经常动之以情，晓之以理。

本书的第一辑是"凝望书海是语文教师的潜伏方式"，做情报工作需要潜伏，做学问也需要"潜伏"，如钱理群教授说的教师要"沉潜下去"，而读书学习便是心灵潜伏的最好方式；第二辑是"依偎教育是语文教师的成长基石"，语文是生活在教育中的一种植物，离开了教育这个温暖的大家，语文不可能得以茁壮成长，语文教师要在教育中活出语文味来；第三辑是"触摸教学是语文教师的习惯行为"，触摸就是去研究与思考，尤其是要用心去反思，反思的意义毋容置疑，反思的行为不是作秀而应是我们的日常习惯，我们要练好这个看家本领，才能强大自我；第四辑是"拥抱课堂是语文教师的亮剑战术"，军人在战场上要敢于亮剑，而我们的战场就是课堂，我们也要敢于在课堂上展示自己的爱心与责任，奉献自己的智慧与才华；第五辑是"亲吻作文是语文教师的修炼功夫"，作文是学生想爱又爱不起来的作业，如何使作文增添诗意，让处于青春季节的学生感受作文的甜趣，是值得语文教师下功夫修炼的；第六辑是"点亮学生是语文教师的特殊使命"，新课程理念告诉我们教师是学生学习的帮助者，这是我们的教学责任与义务，我们的一切教学行为都要围绕着这个宗旨去设计与开展，这样，才合乎"与学生共同成长"的教育理念，才能为学生的终身发展服务；第七辑是"种植诗歌是语文教师的美丽梦想"，人生不能没有梦想，人生不能没有诗趣，而诗歌教学让学生享受语文，享受梦想，就让我们为学生种植一片片诱人的诗歌田地吧。

本书是作者多年来教育教学工作的一些体会感悟，主要以教学随笔的形式呈现，其中的大多数文章都在全国各类报刊发表过，少部分是未发的原始之作。虽然在以后的教育大道上他还会遇到许多困难与挫折，但他将痴心不改，用自己的实际行动，让学生享受语文的温暖，享受读写的愉悦。他会坚持在这条路上走下去，已逾不惑之年的他不再迷惑了，也不能迷惑了。他会在"大语文"的照耀下，在平凡的岗位上继续劳动着，创造着，美丽着，以不辜负一路上默默关心他，无私帮助他的"贵人"们、老师们；同时，他还要感谢为这本书的出版付出辛勤努力的各位朋友，尤其是高教分社社长郑持军老师为书稿提出了许多宝贵的意见与建议，责编张浩宇老师为书稿的出版付出了很多心血，这都让他备感温暖。

最后他想说一句：亲爱的语文，让我伤你少一些，待你永远如初恋。

目录 *MuLu*

第一辑 凝望书海——语文教师的潜伏方式

不慌不忙地与文学大师面对面

人海茫茫，书山苍苍。面对那些"人类进步的阶梯"，我们往往束手无策，不知该从何涉足。那么，不妨选择经典名著，就像许多人曾告诉你的那样。选择了经典，就是选择了一种高质量的阅读、聆听与对话。

无论是"天凉好个秋"，还是"大约在冬季"，都是我们读书的好时节。尤其是雨天，一个人静静地独坐书房，从听雨开始，渐渐进入神奇的精神苦旅。虽苦犹乐，其乐融融，其趣无穷。

沈从文的乡土小说，张爱玲的畸情小说，施蛰存的心理小说，废名的田园小说，梅里美的传奇小说，契诃夫的讽刺小说，卡夫卡的荒诞小说，吉卜林的动物小说，还有伍尔夫的批评散文，纪伯伦的诗情散文，兰姆的絮语散文，蒙田的感悟散文……

这一切必定让你心旷神怡，大开眼界。其实，我们并不在乎读了多少，如果一味地去追求数量与速度，狼吞虎咽而缺乏咀嚼，那么其中的营养就会流失，其中的滋味就得打折。我以为重要的是在于读书时的那种心态与心情，那份快感与美感。在这人心浮躁的社会里保持那般宁静，做到不慌不忙地生活、爱与阅读，真的很不容易。这种难能可贵的境界，但愿你能拥有。

当今，为功利而阅，为时尚而读，已是不争的事实。我们的心灵已经越来越远离真正的读书圣境。也许你在得到，但同时你也会失去许多，这是无可争辩的哲理。当然，这不是你的过错，错的是那些谁也逃避不了的流行，那些既不成熟又不负责任的流行。但我们要对自己负责，那么，选择阅读经典名著，就是一种比较明智的做法。当然，我没有责怪你的权力与资格，因为我只是一介微不足道的书生，更何况我也与你一样，面对喧嚣的世界经常茫然不知所措，我的阅读同样是伤痕累累和支离破碎的，真的很令人焦虑。

我们都很艰难，艰难地选择阅读，阅读纷扰的世界与杂乱的书籍。我们也一直在努力，努力地接近大师，接近经典名著。我们的生活需要提升品位，我们的生命应超越自我。如果你也这样想，那么就让我们不慌不忙地开始吧！大师们正远远地等待着、企望着、希冀着。我们不能辜负了世界留给我们的宝贵的文化遗产，不能让大师们的辛勤智慧之作落满无奈的尘埃。让我们放弃太多无用的形式，卸下太多沉重的枷锁吧！轻松上路，真的很美。前方的路也许很寂寞，但寂寞的人生充满诗意，寂寞的人生属于每一个奋发向上的强者。一路上有经典作伴，苦一点没关系；一路上有大师导游，这点寂寞又算得了什么？

当然，经典名著的标准不必太拘泥于某一种说法，因为我们每一个人心中都有一部独立的中外文学史。而雷同是对创造力的最大伤害，阅读也如此。让经典长存于我们的灵魂深处，与我们永远心心相印，让我们与文学大师面对面，不慌不忙地交流人生的感悟。

地坛从此也不会寂寞

——再读史铁生的《我与地坛》

12月31日，铁生安详地走了。我坐在办公桌前，默默地，什么事也不想做。后来，在QQ群里，有人发了一条消息："著名作家史铁生去世。"静默了许久，无人呼应，也许这时沉默就是最好的回答。接着，我打了一行字：铁生把所有的痛苦与灾难留在了2010，他又把一个崭新的2011奉献给中国。我想，也许最好的纪念便是重读他的名作《我与地坛》，尤其是教材中节选的第一、第二部分再次深深地打动了我的心，让我心潮澎湃。课上，我停下了原来准备讲的话，我与学生谈谈誓让"历史像铁一样永生"的著名作家史铁生，他的病痛，他的坚强，他的作品，尤其是那个不朽的符号——"地坛"。好多女生再次被击中了泪泉，眼泪再次成为这堂课上一道靓丽的风景。

晚上，我拿出教材，一个人独自朗读《我与地坛》。

《我与地坛》以作者的亲身经历为基础，讲述了许多年来他在地坛的所思所感，主要是人该如何看待生命中的苦难，表现了他对自己心灵的认真探索。我们知道，20岁是风华正茂的青春时代，可他不幸被命运相中，成为苦难与意志较量的试验者。他痛苦过、失望过、消沉过，也曾经想过放弃，但他一直没有停止过思考。他想了几年，最后他终于想通了："一个人，出生了，这就不再是一个可以辩论的问题，而只是上帝交给他的一个事实；上帝在交给我们这个事实的时候，已经顺便保证了它的结果,所以,死是一件不必急于求成的事,死是一个必然会降临的节日。"史铁生以自己的理解诠释了生命的意义,这是他对死亡的独特见解。我想,是地坛,让他感受到生命的勃勃生机;是地坛,让他重新树立起对生活的热望。可以说,地坛是他的精神家园,是他灵魂的栖息地。这个荒芜的园子,被人冷落的园子,与他心心相印,与他紧紧相伴。因此,我们应该感谢北京,为他保留了这个清净之处,为他的生命提供了喘息的空间。如果当时给他个偌大而热闹的天安门广场,也许效果会适得其反。因为他需要地坛的默默滋润和平等拥抱。也正是地坛,让他理解了博大无私而又毫不张扬的母爱,让他为天下人奉献了中国式的可歌可泣的经典母亲形象。"那时她的儿子还太年轻,还来不及为母亲想,他被命运击昏了头,一心以为自己是世界上最不幸的一个,不知道儿子的不幸在母亲那儿总是要加倍的。""这园中不单是处处都有我的车辙,有过我的车辙的地方也都有过母亲的脚印。""这样一个母亲,注定是活得最苦的母亲。"同时,他以自己真诚的感悟告诉我们:"千万不要跟母亲来这套倔强,羞涩就更不必了,我已经懂了可我已经来不及了。"可以这么讲,地坛、母亲是他当时生活的所有,精神的全部,是他写作的两个最主要的意象,并永远伴随着他的人生之路,永远闪烁在中国文学的词典里,成为两条明亮的词条。苦难,对他人也许是灾难,可对史铁生来说是财富,因为他战胜了它的淫威与魔力,更战胜了自己的狭隘心理。这是他的智慧与眼光,带他走进了丰富而精彩的世界,同时,他又为这个世界创造了宝贵而成功的精神财富。这是值得我们每一个人肃然起敬的,尤其是被生活小事缠绕得焦头烂额又不能自拔的肢体健全者。请扪心自问一下:"我们该怎样生活? 怎样让我们的生活富有意义?"

　　亲爱的朋友,当你茫然无聊时,请翻开史铁生的《我与地坛》再投入地读一次,我相信你肯定会有意想不到的收获。当然,值得我们阅读的又不仅仅是《我与地坛》,因为他用他的生命还写出了撼人心魄的《病隙随笔》《我的丁一之旅》等一大批优秀作品。所以,让我们从史铁生的作品出发,去寻找生命的价值和意义,让我们敬畏生命,热爱生活,让我们直面一切苦难与不幸,用自己的真心与真情,去争取人生最香甜的果实。

　　而今,物是人非。虽然地坛从此会寂寞,因为地坛失去了它了不起的主人。但我们会常去地坛,常读地坛,或者梦游地坛,去与小草说说话,去与虫子问声好,去寻找那种熟悉的感觉。地坛不该寂寞,铁生永远活在地坛,活在文坛,直到永远。

如何帮助你，我的"霍尔顿"

——读塞林格的《麦田里的守望者》

1951 年美国人塞林格的小说《麦田里的守望者》出版，至今已经整整 60 年了。然而，"麦田里的守望者"不因时代的久远而销声匿迹，而因时间的沉淀成为世界的绝对品牌。《麦田里的守望者》已进入世界文学名著之林，被世界上许多文学爱好者所珍爱；同样，作为一部反映教育问题的作品，它与《爱弥儿》等名著一样，激发了教育工作者强烈的阅读与研究的兴趣。

主人公霍尔顿是美国战后反抗现实的"垮掉的一代"的代表人物，类似许多文学作品中的"多余人"，但他在淤泥里仍然能拥有理想，包括爱情理想，这是难能可贵的。他向往东方哲学，在第 22 节中他与妹妹老菲苾谈话时，提出长大后想做一个"麦田里的守望者"的想象，即"有那么一群小孩子在一大块麦田里做游戏。几千几万个小孩子，附近没有一个人——没有一个大人，我是说——除了我。我呢，就站在那混账的悬崖边。我的职务是在那儿守望，要是有哪个孩子往悬崖边奔来，我就把他捉住——我是说孩子们都在狂奔，也不知道自己是在往哪儿跑，我得从什么地方出来，把他们捉住。我整天就干这样的事儿。我只想当个麦田里的守望者。"多么纯粹与善良的愿望啊！雷志华曾撰文说："纷繁复杂、功名利禄的滚滚红尘，有的人在其中活得呼风唤雨、游刃有余，也许他们从来就不曾在乎过何为麦田。向往麦田的人，则往往被迫在悬崖边绝望地挣扎，精神家园逐渐抽空殆尽。"我们知道，虽然他的理想有点幼稚可笑，但我们千万不能轻易地去嘲笑一个孩子的梦想，因为孩子的梦想往往是未来的现实；我们更不能去打击孩子的梦想，因为拥有梦想是一个孩子的正当权利。

只是在他说完了这个梦想后，老菲苾好一会儿没吭声，后来她开口，也只说了一句话："爸爸会要你的命。"也许这就是这个 16 岁的少年在第四次被学校开除后不敢贸然回家的真正原因。想想霍尔顿为什么不用功读书，被四次开除出学校？那是因为学校里的教师和家长强迫他读书只是为了"出人头地，以便将来可以买辆混账凯迪拉克！"在学校里"一天到晚干的就是谈女人、酒和性；再说人人还在搞下流的小集团……"这就是他的生活，于是，他不愿努力读书，他叛逆，他反抗。自然，在这样的环境里，他不可能找到什么精神寄托。学校里的大多数教师都是势利的伪君子，连他唯一敬佩的那位教师也可能是同性恋，而那位教师谆谆教导他的那句名言也充满了利己色彩："一个不成熟男子的标志是他愿意为某种事业英勇地死去,一个成熟男子的标志是他愿意为某种事业卑贱地活着。"

于是霍尔顿只身在纽约游荡了一天两夜,住小旅店、逛夜总会、滥交女友、酗酒,他看到了太多的虚假与丑恶。一位书评作家在《塞林格和遁世作家》中做了深入的分析:"小说中的主角霍尔顿,这个16岁的中学生,他用犀利的少年的眼光来看周围虚伪的社会,幽默而尖锐地对成人的世界做批判。"然而,他想逃离又不能,身处深深的矛盾里,他痛苦、徘徊、堕落。他是一个问题少年,我们该如何拯救他?像他就读的学校一样动不动就轻易地开除他,将他抛进社会这个大染缸;或者像家长那样动不动就打骂他羞辱他,弄得他抬不起头来;或像"我这辈子有过的最好的老师"安东里尼那样以同性恋的方式来爱他?……显然,都不是。

放眼世界,类似于霍尔顿这般的问题少年,我们看到的、听到的难道还少吗?面对这些坏孩子,我们成年人往往用简单、粗暴、主观的方法去对待他们,从而造成了两代人之间难以逾越的沟壑。其实,我们不要责怪孩子小小年纪就抽烟,看看我们成人在公共场所毫不顾忌地吞云吐雾,我们的商店违背职业道德与良知,向孩子出售香烟;我们不要责怪孩子在小学时就学会了谈恋爱,看看我们的电视媒体每天都在播放什么情感剧场,我们的网络是如何在传播许多孩子不宜的知识;我们不要责怪孩子从小就拥有了不错的牌技,听听我们左邻右舍整晚响着的都是什么声音;我们不要责怪孩子学习成绩低下,跳舞技艺高超,看看我们的娱乐场所是如何言传身教;我们不要责怪学生在考场上"八面玲珑",作弊手段多样,看看各行各业弄虚作假的事情还少吗?……

再说,孩子不听话未必是坏事,倪匡曾说过,"社会的进步正是因为下一代不听上一辈的话",而"一个顺从的孩子不会长成一个真正的人"。因此,我们自己该好好反省:我们该为孩子的健康成长做点什么?北大钱理群教授在《做教师真难,真好》一书中说:"教育对象学生的素质问题的背后,往往映射着教育者自身的素质问题,这是我们必须正视的。比如,很多老师谈到了学生的厌学问题,其实教师的厌教问题恐怕更应该让我们忧虑。诸如理想的缺失,价值观的扭曲,虚无主义、享乐主义盛行,精神空虚,行为失范,以及学习动力不足、不读书,特别是拒绝经典……所有这些难道仅仅是学生的问题吗?我们有勇气承认,这同时是学校领导、教师自己的问题,是整个中国教育的问题,更是整个国民素质的问题,是一个时代风气的问题。"

同时，我们要转变观念，即所谓问题学生的"问题"，其实是这些学生的特点，并不是什么缺点，这是值得我们教师用一生的时间去重视与研究的课题。《夏山学校》中说："（学校）最基本的目标就是让学校尽量去适应学生，而非相反。"因为时代变了，我们教师要主动地改变自己，首先是改变自己的思维方式，理性地认清新型的师生关系。当然，我们更要尊重学生的人格。我们必须要将问题学生当作与自己平等的人来看待，绝不能俯视他们，更不能忽视他们；而且，在行动上我们要真正关心他们，从心底里去爱学生。要像苏霍姆林斯基那样"走进孩子的心灵"，蹲下身来做孩子真正的朋友。

鲁迅在小说《狂人日记》中喊出了"救救孩子"的心声，塞林格在《麦田里的守望者》中也在呼喊："救救孩子，救救霍尔顿！"其实，单靠微弱的呐喊是远远不够的，这个世界需要的是我们联合起来，行动起来，真正去关心帮助我们的孩子——我们的"霍尔顿"。

做一个幸福的"西西弗"

——读《西西弗神话》有感

不要抱怨命运的好坏，让自己做一个幸福的"西西弗"，含着微笑走向成功吧。

——题记

加缪的《西西弗神话》是一部哲学随笔，我已经读过许多遍了，但每读一次，都会被西西弗那从不灰心地重复着没完没了的苦役的虔诚态度所感动、所折服。"诸神处罚西西弗，让他不停地把一块巨石推上山顶，而石头由于自身的重力又滚下山去。诸神认为再也没有比这种进行无效无望的劳动更为严厉的惩罚了。"很显然，西西弗扮演的是一个奴隶的角色，但是，他却将这种毫无新意的奴性化的劳动干得那么兢兢业业，那么漂漂亮亮。作为读者，我们不得不佩服他那难能可贵的心态与精神。

最近，杭州本土青年作家陆琪的新书《上班奴》与暑天一样火热，作者斥责富士康跳楼员工和被山木培训老板强暴的员工为"上班奴"。这一"奴"字的用法立马引起了网友的争议，老板们群起而攻之，上班族群起而捧之。真可谓"一字尽得风流"。同样，有人称老师为"教书奴"，因为当今教育工作的复杂性，工作时间长，承受压力大，忙碌的老师也渐渐成了盲目、迷惘的工作者，自然他们的幸福感也就不明显了。可以说，没有人是生来愿做"奴"的，人人都希望做自己的主人,只是我们经常不知道怎么去做好这个主人。

似乎每个人都能从西西弗身上找到自己的影子,我们教师也不例外。因为选择了教师这个职业,就等于选择了平凡简单的一生:两个学期,两个假期,一年过去了;再两个学期,两个假期,又一年过去了……老师每带一届学生都好像是西西弗推一次巨石上山,每送走一届学生后又要从头再来。当然,老师绝对不是西西弗,因为"西西弗以自己的整个身心致力于一种没有效果的事业",而教师从事的事业是"百年树人"的民族大事,并非无效的劳动。但必须清楚,西西弗的行为却能给我们以积极的启示。

西西弗永不放弃自己的劳动,坚定地走向永无尽头的磨难,他知道自己是命运的主人,他永远向前。他的行动是对诸神的无声反抗与蔑视。他没有沉沦,他深深地热爱大地,并及时调整了自己的心态,没有怨天尤人,因为他知道这改变不了被惩罚的荒诞命运,与其去抱怨世界,不如改变自己的精神。"西西弗告诉我们,最高的虔诚是否认诸神并且搬掉石头。这块巨石上的每一颗粒,这黑黝黝的高山上的每一颗矿砂,唯有对西西弗才形成一个世界。他爬上山顶所要进行的斗争本身就足以使一个人心里感到充实。"因此,他不去想自己的工作有多无奈,而是将巨石作为生活给予自己的礼物,是自己人生的全部意义与价值,他想的是如何用自己的勇气与智慧去玩好这个诸神赐予的美丽游戏。一次失败了就从头开始,好像儿童搭积木,不断往上搭,倒塌了没关系,就重新再来,在一次次的游戏中渐渐地生成了人生的乐趣。因此,这苦行僧的生活给他带来痛苦的同时,更促成了他的胜利。所以说,西西弗是幸福的,他的幸福是加缪给的,更是西西弗自己争取的。如俄狄浦斯所说的"尽管我历尽艰难困苦,但我年逾不惑,我的灵魂深邃伟大,因而我认为他是幸福的"。只有自己感到幸福了,我们才会理解什么是真正的幸福,懂得应该为自己的幸福而活。

海明威的《老人与海》中的经典话语是:"人可以被毁灭,但不能被打败。"是的,没有人能够轻易被打败,除非你轻易放弃。而且,"在加缪看来,没有任何一种命运是对人的惩罚,只要竭尽全力去穷尽它就应该是幸福的"。朋友,让我们勇于做一个幸福的西西弗,因为我们面对的不是无情的巨石,而是鲜活有趣的学生,我们没有理由选择消极与放弃。面对困境,西西弗尚且感到充实幸福,那我们怎可让空虚与不幸来占领我们渴望崇高的心灵?

行走在教育的顾此失彼中

——读郑杰的《顾此失彼》有感

郑杰是上海市十佳青年校长,上海市十大教育新闻人物,他所著的《顾此失彼》(华东师范大学出版社,2008 年 1 月,第一版)一书收录了《对付"刁民"》《角色冲突》《问题学生》《教师难当》等 30 篇文章,向我们展现了一位校长对教育理论与实践困境的深层思考。他的困惑主要是"改革与稳定""个人发展与学校发展""研究、学习过程与结果""竞争与合作""民主参与和领导决断""量化管理与教师积极性"等九个方面,他一直在寻找其中的答案,为此绞尽脑汁。读罢此书,我的心情难以平静,因为我们教师也一直行走在教育的顾此失彼中,不能自拔也难以自拔,也许我们仅仅是普通教师,我们的力量太微弱了。如作者在自序《仅有理论和梦想是不够的》中所说的:"写这本书,是希望自己真正明白,人是渺小的,身为教师的自己是渺小的,即使当上校长也还是渺小的,渺小之处在于我们真的无法和某些强大的力量去搏斗和对抗……"

我们每天生活在顾此失彼的教育中,用自己的勇气与力量在矛盾中努力前行。

为了学生的人身安全,我们不得不取消学生的外出参观教育活动,我们一方面要求学生多了解社会,关心时事,另一方面又为了作业,不让学生看报,教室的电脑是上锁的,因为怕自制力差的学生偷偷玩游戏;一方面我们要求学生全面发展,另一方面又反对学生在课间唱歌活动,美其名曰"校园里要保持安静";一方面要求学生释放个性,做有朝气的青少年,但看到一些学生顽皮了,又说他们思想有问题;本来我们想让学生放松精神,开个运动会、联欢会,但学生为此而分了心,一时找不到最佳的学习状态,我们马上又通过延长学习时间来强制他们;我们知道,学生需要提高文学素养,必须要看课外书,于是其他学科教师就有意见了,自修课能看课外书吗,为什么不做作业? 甚至许多本人是语文教师的班主任,也将学生的小说书没收;遇到学生没理解习题的意思,他们又说语文教师怎么教的,学生连题目也没看懂,知识面怎么这么狭窄?

面对这些看起来琐碎却又很无奈的小事,我们经常是无能为力的,正如作者说的:"我用这本书想告诉所有与我同样努力,或甚至比我还执著的教育者和管理者,我们其实都很渺小,以我们个体乃至群体之柔弱根本无力抗衡那些看不见的无处不在的力量。我们不得不臣服,当我们越是抗争,可能在困境中会陷得越深。如果我们很有志向,我们用理论来武装自己,用梦想去一战再战,到头来头破血流的还是我们自己。无论我们所掌握的理论是多么圆满,也无论我们的梦想是如何的雄伟,战斗者的宿命就是失败。"

我们每天的日常教学也是在顾此失彼中旋转,我们在矛盾中挥洒自己的青春与智慧。

为了提高考试分数,不断挤占学生的休息与活动时间,让他们把头深深埋入无穷无尽的试卷,连长假、寒暑假都用来补差提优了,其实学生的考分也未见增加多少;但这样做,家长那儿可以交代了;如果最后学生还是没考好,家长会体谅的,因为大家都尽力了,也就没什么遗憾了。

我们经常告诉学生不要太注重学习结果,要享受学习过程,而自己却经常淡化繁琐的过程,直奔结果,因为学校考核评比看重的就是那个令人伤心或欣喜的结果。我们的课堂教学要按照新课程要求,要注重学生学习积极性的调动,要关注每一个学生,从最后一名抓起,但我们经常为了赶超教学进度,经常是不断灌输,经常让好学生来积极配合,完成我们的任务。

如果教师积极尝试素质教育,减轻学生多余的负担,少布置些作业,结果分数没考好,那么,来自学校、家长与社会的压力就大了,简直让你无地自容,什么"考试也是一种素质,因为中国是一个考试社会",以后招工、招公务员哪个不考试?而且,一些学生或家长会向学校反映,某某教师作业布置得太少,还说这位教师教学态度不认真,于是领导就在大会小会上不断批评,因为家长、学生是上帝啊。如果后来学生考试考好了,就说那只是侥幸而已;考差了,马上就说早就料到这样的结果了。于是,应试教育必定轰轰烈烈进行起来,那样的学校管理严、制度紧,家长特别喜欢,没人性化没关系,只要出分数,早六晚十怕什么,即使早五晚十一也可以。只是最后等到孩子大学毕业找不到工作,又开始埋怨学校,什么以前的学校只知道考试与分数,不注意孩子能力的培养;孩子心情郁闷的就怪学校不注意孩子的心理健康教育,孩子道德出问题的就说学校不注意思想政治教育,因此,学校成了社会的出气筒,是一切教育失败的源头。而且,在高考发榜时,几乎所有的话题都是重点大学入学率,人们对所有学校的要求都一样,但学生的起点各不相同。虽然人人都知道因材施教的重要性,但面对统一的高考出口,老师们不得不放弃这个古老又先进的教育原则。

我们就这么生活在顾此失彼中,"我们可能真的每天都在混沌、复杂、矛盾之中,这个世界原来就是如此的混沌、复杂和充满矛盾"。当许多伟大的教育理论遇到我们的具体实际,教育原则自然变得苍白无力。也许是我们的时代变化太快,我们的教育理论明显滞后。其实,作者也告诉我们:理论家理论和梦想中的现实,未必是真正的现实,在具体的教育活动中,存在那么多的"无解",在我们试图获得"有解"时,不得不"顾此失彼",不得不最终以直觉去面对,以灵感来决断。所以,"我们的现实世界远不是理论家或梦想家所描述的那么光滑平整和理性!在教育和管理中,有不少事例在告诉我们:在必须接受一个行动的同时,还要拒绝这一行动的后果"。

我们行走在顾此失彼的教育中,我们发现教育也如人生一般有缺憾。我们不断用新教育模式去弥补日常教育的漏洞,然而顾得了这里顾不了那里,我们的创新活动在尴尬中艰难前行。"既然我们谁也逃不出这个混沌、矛盾和复杂的地方,就让我们爱它,因为爱它,所以也就加倍地爱自己。"但我们不会因为教育的顾此失彼,而放弃我们对理想的追求;我们也一直在努力,努力将这种顾此失彼降低到最低限度,我们义无反顾,无怨无悔,因为缺憾与惊喜共存,矛盾与美丽同在。

为自己上班,做自己精神的"主"

我这里不想说老板是否奴役下属,垄断话语权,对他们进行肉体与心灵的控制;我也不想说员工们是否生活在物质与精神的双重压迫下,被迫成为新时代的"包身工";我想说的是作为普通的员工,既然无法改变整个职场的文化氛围,而且,你也不想或不能逃离血淋淋的职场时,那么,是否可以改变一下自己的心态?要知道,我们在为老板打工,同时也在为自己上班,我们要克服种种困难,做自己精神的主人,千万不要心甘情愿去做奴隶,否则,我们的前途将暗无天日。

我曾读过《你在为谁工作》一书,书中提出了每一位员工需要自我反思的人生问题,并对这个问题进行了深入细致的解答。它有助于员工解除困惑,调整心态,重燃工作激情,使人生从平庸走向杰出。该书告诉我们在工作中,不管做任何事,都应将心态回归到零:把自己放空,抱着学习的态度,将每一次任务都视为一个新的开始,一段新的体验,一扇通往成功的机会之门。千万不要视工作如鸡肋,食之无味,弃之可惜,结果做得心不甘情不愿,于公于私都没有裨益。

是的,我们应该问一问自己:"我们在为谁工作?"我们应该从内心深处去承认并接受"我们在为他人工作的同时,也在为自己工作"这样一个朴素的人生理念,那么所有的责任、忠诚、敬业都将不再是空洞的口号,而变成了实实在在的人生需求。在当今这个浮躁、急功近利的年代,我们需要用什么去重新点燃自己的工作激情,实现自我价值? 我们需要触及心底的真正反思,尤其是对自身行为的深刻反思,因为我们无力也无法去改变所处的工作环境,我们能改变的只有我们自己的心态。为了事业的成功,更为了我们生活的快乐,我们应该尽快弄清这个问题,及时调整好自己的心态,不要走进那种难以自拔的怪圈。否则,我们的每一天都将在忧郁和乏味中度过,那么我们的热情随时间的推移都将被这个怪圈耗尽。

我们都希望自己的每一天这样度过:我们工作着,美丽着。那么,既然我们选择了一份职业,我们就要用自己的生命和智慧去做事,去认真地过好每一分钟。我们要"为自己而工作",我们要珍惜自己的工作机会和权利,专心致志,对工作心怀感激,对创造充满期待,对未来抱有梦想。我们相信默默地努力工作,成功迟早会降临。因为"钻石就在你家后院",只要我们时刻准备着。

朋友,愿大家不要做职场的"奴",而要成为自己精神的"主"。

享受教育中的"小确幸"

读了凤凰出版社的《你好,小确幸》,是一种怎样的感觉呢? 当然也是四个字"心生欢喜",即一股甜柔、丰饶、温暖的感觉,好像有只看不见的神秘之手把一勺充满花香的蜂蜜洒在心头,可以清晰地感受到它流淌、浸润、消失。那些短暂的"小确幸"是深入浸润了我们生命的东西。

那么,什么是"小确幸"呢? 即微小而确实的幸福。是村上春树发明的一个词,林少华翻译的。这本书似乎在告诉我们,要善于从平凡的小事中寻找快乐,简单一点,少计较一些,少些贪欲;要放弃急功近利,妄想一口气吃成胖子的思想与行为。我们是否需要那些微小确实的幸福? 当然,一如村上春树所言:"没有小确幸的人生,不过是干巴巴的沙漠罢了。"

正如许许多多微小而确实的幸福存在于我们的日常生活里,许多小确幸存在于我们的教育生活中,等待我们教师去发现、品味与享受。

参加市教育局组织的教师业务知识与能力测试,你考了67分,虽然没到市里的平均分,但也及格了,至少是一种安慰;你又参加市教委教研室组织的学科论文评比,今年又是一个三等奖,心里难免悲哀,但想到一些人还未获奖,心里又暗暗高兴起来;你指导学生参加今年的语文报杯作文比赛,获得了两个省级二等奖,学生开心,你也开心。

早上,因为手机没电闹钟未响,你从梦中醒来,匆匆上班,总以为要迟到受批评了。于是,车子一路狂奔,当你三步并作两步上楼梯时,6点50分的铃声才响,铃声停下时,你正好来到教室门前,学生们已经做好了早读的准备;中午放学回办公室,某学生还一路问问题,你耐心解答,完成后差不多已是12点了,一想到去食堂只能吃些残羹冷饭,心都凉了,胃好像一阵酸楚,这时,同事某某某对你说:刚订的快餐多了一份,你需要吗?你的胃不禁温暖起来;晚上下大雨,督班时就胡思乱想,想想一个人回家难免害怕,有雷声风声雨声作伴,因为你的小车是电瓶车,不是小轿车;9点半,下楼时发现雨早已停了,雨后的路灯好像也格外明亮。

中午很无聊,就上网搜索自己的名字,居然发现自己的名字有许多条,什么著名教授、突出贡献专家、某某部长、见义勇为者,还有自杀者等等,许多的内容,许多的身份,许多的故事,觉得很好玩;他们与你同名同姓,却都不是你。好久没有打篮球了,今天上场玩了一个小时,流了不少汗,进了不少球,心里许久没那么开心了;晚上读书,看到钱理群的文章《做教师真难,真好》,一个矛盾统一的命题,道出了教师们的心声,让人感受颇深,感慨良多。

课间,电话铃响,找你的,而且是教务主任找你,你心想不好,肯定遇上了什么麻烦事了,就忧心忡忡地来到教务处,原来是明天有一个教研活动让你参加,只是路途较远,行动不便。第二天,活动完成,离公交末班车只有3分钟了,你匆匆赶往站点,一看时间,已经超过5分钟。你一阵心酸,马上打电话让朋友来接,可是对方一直无人接听。你想打的,然而偏远地区无出租车,你不免心生怨言。这时,公交车却来了,原来车子迟到了10分钟。你顿觉开心,心想有时迟到也是一种快乐与幸运。

……

是啊,教育生活不可能给你我什么巨大的幸福,只有源源不断的小惊喜给我们以抚慰与鼓励,而这些确实是实实在在的东西。人生苦多,教育难做,不要去奢求什么大喜降临,而只要善于从生活从教育中,寻觅那些真正属于我们自己的小惊喜——小确幸。在这些小确幸的陪伴下,我们的教育就充满了无限乐趣。朋友,就让我们享受人生,享受教育,享受那些小确幸吧。

拥有梦想,主动发展

读了《人民教育》2011年第8期上山东省潍坊广文中学赵桂霞的"校长手

记"《学校的生命力在于教师的成长》一文后，我感慨颇多。

赵校长将教师的成长提到了相当的高度，她说："课程建设和课堂改革离不开教师的成长，学生的发展有赖于教师的成长，学校的生命力也在于教师的成长。"显然，她不但树立了"教师第一"的办学理念，而且在教育管理行为上牢牢抓住"教师成长"这根主线，做到充分尊重教师之间的差异，让教师们都能分层成长。如他们成立的"教师发展学校"，里面有必修课、选修课，并用学分进行管理，让老师"自主选择，自我发展"；他们发现关键事件、关键人物、关键书籍、关键因素、关键时期是教师发展的五个关键要素，而关键事件，就是教师的课堂大赛，按不同学段、不同课程、不同年龄段轮番进行；关键因素，就是让教师根据自身特色，做个性化的定位……这些做法都建立于尊重教师个性差异，因材施"管"的教育原理基础上，比较人性化，有针对性。一如国家督学、北京十一学校校长李希贵评说："最根本的还是广文中学所有的改革，都基于人本身，都出于对个性的尊重与差异的珍惜。"是啊，正因为这样，短短五年时间，广文中学就得到了广泛的认可。

当下，教师专业发展是世界教育发展的热点。新课程改革需要教师不断提高自身素质，需要教师在专业化发展的道路上成就自己。但是，教师的成长离不开学校这个大舞台，学校应该搭建有效的平台，让教师尽情地跳舞。山东潍坊广文中学的一些做法值得借鉴与仿效。同时，仅有学校的重视是远远不够的，还要有教师自己的主动成长，如赵校长说的"教师的成长源于内心的觉醒"。那么，普通教师应该如何做呢？我认为：

1. 拥有信念，树立理想。"我的教育不是梦"，这是一个要求发展的教师的坚定信念；"我的教育就是梦"，这是一个有理想的教师的梦想。如果我们成不了特级教师，也要成为名师或学科带头人；如果我们成不了"专家型教师"或"学者型教师"，至少也要成为有个性的特色教师。只有确立了自己的前进目标，我们的教育才有幸福感，我们的教学才有动力源。

2. 做好规划，善于反思。教师应为自己的专业发展制订规划，短期的三年五年，中期的10年20年，长期的包括整个教育生涯。无论是成长型教师，还是成熟型教师都应有不同的发展规划，要建立自己的成长档案，或做一些教育成长笔记，或撰写成长周记甚至是日记。要勤于记录自己生活的点点滴滴，及时进行教育反思与研究，及时发现问题，探究问题，并设法自己解决问题，不断提升自己的教育力与教学力。中央教育科学研究所副所长田慧生认为反思是学校日常生活基础上的教育智慧的不断提升,这是教师走向优异和卓越的催化剂。

3. 主动拜师,勇创个性。子曰:"三人行,必有我师。"教师应懂得在新课程背景下主动发展积极成长的重要性,尤其是年青教师更要主动出击,向成熟的或成功的教师求教,成熟的或成功的教师有义务对成长型教师进行无私指导与引领。只有这样,新老教师之间才能实现智慧碰撞,教学相长,从而推动大家的共同进步。同时,每一个教师要进行教育教学研究,积累教育教学成果,勇于做一个有个性的教师。或者是讲课生动幽默、知识渊博的学习型教师;或者是普通话纯正、音质有磁性的播音员教师;或者是能说会道、巧言善辩的辩才教师;或者是诗情澎湃、诗意盎然的诗人教师;或者是能教学能做研究、论文多多的学者型教师。总之,只要有一技之长,只要将自己的个性发挥到不凡的高度,我们就是成功的教师,我们的教育生涯就有生机勃勃的美丽。

人生说谎作文始?

——读潘新和的《语文:审视与前瞻——走近名家》

有人说,人生说谎作文始。真的是这样吗?

当他们还是幼儿说出真实的心里话时,他们受到人生第一任教师——父母的训斥,如在超市里,"妈妈,阿姨怎么偷吃东西";公交车上,"爸爸,叔叔怎么偷人家的钱包"……天真的他们很茫然,不是这样吗?为什么不能说真话?爸爸妈妈就耐心教导他们,说真话要被人骂甚至被人打的,不要多管闲事,否则要吃亏的。后来,许多次看到有人因为管闲事而遭遇不幸,印证了爸爸妈妈的话就是"真理"。于是,他们信了,他们渐渐学乖了,他们在谎言中平安地成长。

试想,人生说谎作文始?好像不是。因为,这仅仅是一个小故事。我们再来看看:

在学校,老师要求写作文,写爸爸妈妈。他们写了爸爸随地吐痰,写了妈妈的小心眼,老师在作文课上把他的作文念出来,引得全班同学哄堂大笑;下课时还有同学取笑他的爸爸妈妈。而同学们的爸爸妈妈都是十全十美的,什么勤劳、善良、朴实,优秀的传统美德都被一一展现。回家后,他的作文还被爸爸妈妈批评,说出了他们的丑,丢了他们的脸。这就是他说真话的后果——后果很严重。从此,他作文就经常是编的,编出许多美丽而高尚的故事与传奇,也得到了老师的表扬。

其实,人生说谎作文始?还真是的。正如王富仁认为的那样,我们今天的教育,是鼓励说谎,都是要求做言不由衷之文,不是"代圣人立言",就是"代主流话语立言""代教材、教参、教师立言",唯独不能说自己的话。原因在于应试教育,应试的最浅显的道理就是"投其所好",遵照统一的模式与规矩答题,是"分数第一",而说自己的话是要担风险的。

钱理群认为,我们一方面禁止学生虚构,一方面又培养学生说假话。我们已经形成了一整套体系,专门培养学生说假话。"高考作文不能说真话"已经成为一种潜规则。

其实,只要想想我们的作文,要求主题思想积极、健康、向上,我们就不难理解作文为什么谎言连篇了。因为学生只有唱赞歌,说好话,才能赢得掌声,否则就要被批被骂。

必须知道唱高调的学生是存在心灵危机的,他们心灵的阴暗面,消极的东西如何排遣?只有找知己说,写日记了,因为在正式场合是不能说的,否则会产生很严重的负面效应。这是喜还是忧?孙绍振曾质疑应试写作教学很看重"生活",其实应试作文中的"生活"已然是一种"虚假"的生活,是千篇一律、假话、套话的同义词。学生作文的要害不是有没有生活,而是不说自己的话,说假话、空话、套话——这都是高考惹的祸。为此,面对那些积极引导又远离他们生活与话语世界的作文题,他们只有疲于应付,只有胡编乱造。因为他们缺乏命题人想象中应该有的生活,他们拥有的是自己的生活,他们渴望得到成人世界的认可与理解,而不是一味责怪与批评。曹文轩认为,我们的学生不是没生活,而是是否发现有价值的生活。其原因不在学生,而是在于观念的偏颇,在于老师的误解,更在于应试教育。为了学生能得高分,老师往往圈定了什么是可写的,什么是不可写的。老师圈定的一般是那些被升华了的生活,大多是优秀人物的生活,是书本报刊中表现过的生活,是社会话语、主流话语。在他们写作时往往想到的是他人的,而不是自己的生活,于是只好去编造、拼凑,这样的文章自然是枯燥乏味的。

"人生说谎作文始"有什么后果呢?王富仁认为这样的作文教育在告诉学生"人云亦云是最省事的,我们已成为没有独立思想的考试机器"。学校一旦成为谎言的生产地,那么,学校就会批量生产伪君子。我们今天官场的腐败、商场的奸诈,不能说和青少年时期的鼓励虚伪教育,和作文讲假话没有关系。钱理群认为这种应试机制已经根深蒂固、积重难返,这的确是十分可怕的;这样伤害的不只是作文,而是做人。曹文轩认为,待到他们长大成人,自然就会把操练得炉火纯青的假话、空话、套话,带进了社会生活的一切领域。

那么,如何解决这个问题,让学生敢说真话,敢说自己的话呢?

王富仁先生的看法是拿去"思想健康"这个紧箍咒。假如一个人在表达的时候,想说什么就说什么,这才真正能培养出健全的人格,因为诚实是最重要的道德标准。可怕的不是犯错,而是不说真心话,不诚实。如果作文教学老是纠结于思想健康的问题,势必导致说假话,说主流话语,这一作文评价标准,所产生的后果是非常严重的。

看来,这的确是考试制度与作文题目惹的祸。那么,能否马上取消高考制度,让我们的学习充满人文人性呢? 显然是不现实的。改革是必须的,但需要时间,需要一个渐变的过程,也许50年可以了。当然,我们要有相当的耐心呀。

与"优秀"为伍,抵达优秀

——读《与优秀教师同行》有感

《与优秀教师同行》是华东师范大学出版的大厦书系中的教育在线丛书之一,由刘祥、刘恩樵主编。这本书是屈红霞老师送给我的。屈老师原是甘肃兰州的一位特级教师,"教育在线"班主任论坛的版主,她是前年来到江南,随即在我们学校临时任教语文。她总是微笑着,很谦虚,没有一点教育名人的架子。她说她喜欢读书,喜欢旅游,尤其喜欢江南。而且,她到过全国许多城市,听过许多教育专家的报告,也拜访过许多教育教学专家,可谓见多识广。平时我们语文老师一起探究教学,空闲时听她聊钱梦龙、于漪、魏书生的故事,听她评论朱永新、王栋生等人的教育智慧,听她侃干国祥、王开东、魏智渊的深度语文,真是其乐无穷。令人欣喜的是2010年6月的《班主任》杂志封面人物是她,可以说,她为我们学校赢得了非凡的荣誉。遗憾的是去年7月初,放暑假前,她告诉我们因为个人原因她要离开我们学校了。可以说,短短一年,我们从她身上学到了不少东西,而今她要走了,我们难免有些不舍。几乎每一个语文教师都收到了她送的礼物——书,我得到的便是这本临别之时的《与优秀教师同行》。

读了书中《因为热爱》一文,我对屈红霞老师的了解更深了。培养出一个省状元也许是偶然,但培养出两个省状元绝对不是偶然,更何况屈老师还培养出了省理科探花呢。屈老师将读书与反思作为自己的毕生任务,用热情铺砌起学生成长的台阶,最后把阳光种入自己和学生的心灵。她是成功的,她是优秀的。我们骄傲曾经与她共事,因为我们与优秀教师同行。

翻开《与优秀教师同行》,我聆听了50位优秀教师的成长故事,似乎在与一个个优秀的朋友面对面、心贴心地交流,我从他们身上获取了智慧与力量。譬如《做一个"五心"级教师》的刘祥,拥有了"圣心""佛心""慧心""雄心""闲心"的五心;《成长,一个充满个性的定义》的熊芳芳,四次获得了课堂教学全国一等奖,登上过《中学语文教学参考》与《语文教学通讯》的封面,那里充满了多少顽强的个性啊;《中师生:一代教师的梦想与忧伤》的魏智渊,为我们书写了一道绝美的风景,使人难忘;《笑容走过的地方》的陈惠芳,这位小学校长用她的爱心与智慧登上了《人民教育》的封面;《将读书根植于生命》的姚晓静,是"全国十佳读书人物",她将课堂与书房紧密相联,将书页的花朵洒落在童年的阡陌;《追求教育的幸福感》的毛春铧,也是该丛书的编委,在20年的教育生涯里不断创造自己的幸福;《"梨花木"和领导的故事》的李迪,一年里连出四本专著,莫非他真有三头六臂?还有戴福发、常作印、周建洋、陈宝贵、方芳、潇然、夏琨……一个个生动丰满的人物,一段段动情感人的优秀事迹,让我久久难忘。

古人云:"与善人居,如入芝兰之室,久而不闻其香,即与之化矣。"一位哲人也曾经说过:"只有与优秀者为伍,你才能成为优秀者。"同理,如果我们想成为优秀教师,那么必须要"与优秀教师同行",学他们的长处,从他们身上获得宝贵的经验,久而久之,我们想不优秀也难啊。

朋友,请翻开《与优秀教师同行》一书,请与书中的50位优秀教师成为朋友吧。我们坚信,与优秀教师为友,我们必能抵达优秀的境界。

为什么要放弃亲情

早就听说笛安的小说《芙蓉如面柳如眉》,但直到2010年才真正读到,那是女儿自己购买的,她读完后,推荐给我读的。之后,我们又交换了读书心得。

小说讲了夏芳然,一个原本美丽后被硫酸毁容的女人,经受着身体和内心的劫难,却依然自尊,骄傲,温润。她终于爱上了灾难来临后来到她身边的男孩陆羽平,却意外地发现,男孩是因为内疚,是对这场残忍的灾难源自另一个女人无望的情感报复。与夏芳然的美丽形成映照的丁小洛,是一个快乐的女孩,外表平庸,却和一个帅气的男生友谊深厚,因此,不断遭受到同伴的残忍打击,最美的年华最终演变成一场黑色残酷的"青春祭"……这是两组交叉的爱情故事:青年人如夏芳然与陆羽平,少年人如丁小洛与罗凯。它们相互依赖、缠绕。围绕着故事的核心情节,即案件的侦破步步逼近事件的真相。

其实,夏芳然、陆羽平、罗凯、赵小雪、庄家睦、丁小洛、徐至、欧阳婷婷……一连串的名字隐藏在世界各个角落,不同的人群,不同的行走方式。如果某一天,他们在路上不期而遇,也只是互相行色匆匆的过客,最后联系的声响一点一点把他们唤醒,一条一条地牵引出来。也许这就是缘分,是笛安给予他们缘分,让他们在这个故事里走到一起,扮演各自的角色,完成一个全新的创造,献给读者美丽而残酷的享受。我们再来重温一下他们的精彩,读一读杨杨对此的描写:

一个美丽的天使,在妒忌中成了牺牲品,生命中一次致命的打击,却给她保留一丝卑微的生命。

一个优秀的男人,为了承诺和责任,力图维持着这个世界的状态。最后他自己都忘了究竟是为了爱还是为了责任。

一个外表冷酷内心温热的刑警,对真相是那样执着,即使现实在眼前,还放不下心中的一丝怀疑与直觉。

一个可爱的胖女孩,当生命第一次被老师照亮之后幸运仿佛就伴随着她,让人羡慕的爱情,让人羡慕的被爱的方式,最后的死亡对她来说也是一种让人羡慕的幸运吧。

一个在母亲羽翼下的男孩,想逃避需要奔跑,总是被阻拦掉,他的爱同样让人感动,感动之余不由要让人想起那是真的爱呢,还是一种逃避?

说句实话,近两年我看小说总是显得静不下心,总是喜欢"偷工减料",在这本小说里,我主要读了两位青年人的爱情故事,滤掉了两位少年人的情感历程。因此,我的感悟也是围绕成年人的视角而展开的。

第一,小说的格式是好的,有情节,有悬念。她的叙述是比较冷静的,语言是比较平实的,耐看吸引人。我觉得她写的主要是青春期年轻人(含大学生)面对人生困难时的一种茫然与痛楚,表现了他们敢于担当的勇气与精神,但也看到他们心灵脆弱与行为的不负责任,暴露了他们以自我为中心,自私与残忍的缺点,包括那个女大学生孟蓝,最后导致了爱的悲剧,乃至人生的悲剧。

第二,我觉得作者过于强调了年轻人(含大学生)自己的孤军奋战,却淡化了家庭与亲情的温暖和作用。因为意志力不足的年轻人是很难面对人生的种种挫折的,最后必然会感到走投无路,只有选择殉情,这是很正常的结局。我想,如果他们选择与女主人公的父母共同去面对困难,是不会有如此大的痛苦与艰难的。问题是读者们看完小说后,一旦认同作者的看法,就有可能去仿效小说主人公的做法,这样的文学就是一种误导。因为这部小说讲述的故事仅仅是一种个案,是非主流的情感故事。因为我们生活中的大多数年轻人还是离不开社会与家庭的,同时社会与家庭也不会遗忘他们,如文中那办事的公安人员也是关心他们的,社会没有抛弃他们。年轻人想独立不是错,但遇上人生的大困境求助于亲人也不是错。想独立而不得的年轻人,为什么放弃亲情,而不让亲情去温暖他们脆弱的生活?

公开发表的文学作品不仅仅是记录生活,还要承担一定的社会引导作用,至少不要太片面,太偏激,以免给人一种虚假的感觉,毕竟"真"是文学的一项重要指标。

男人的失败

——诗意解读《在墓地》

生活中没有一个人希望自己是失败的,尤其是男人。但是,世上的许多事由不得我们,包括死亡。这是我读了作家但及的小说《在墓地》(收录其小说集《七月的河》)后的感叹。

那是一个悲哀的男人,他原本拥有一个幸福的家,女儿能歌善舞,充满活力,有一份洋溢着青春气息的工作。"天有不测风云",一次体检女儿被查出了心脏病。医生建议及早动手术,尤其那个"长得白白嫩嫩,斯斯文文,一说话还露出一副雪白的牙齿"的主刀医生在收了他的三千元红包后让他放心,于是他就放心了。结果,那个爱吃苹果的女儿却一去不复返。

白发人送黑发人,怎不令人心碎?他变得郁郁寡欢,妻子变得不近情理,尤其"他那拖了两年的官司输了,那家杀人医院不仅没有赔偿他,而且还倒打一耙"。于是,在离清明还有好几个星期时,他在墓地准备"看一看女儿,然后奔赴女儿所在的地方"。因为"他听到了火车的声音",他感谢城市建设把火车与铁轨送给了安静的墓地,虽然应该安静的地方不再安静了,但毕竟给了他一个追寻女儿的好机会。火车是个好东西,它能带人去很远的地方。诗人海子不是在写了《面朝大海,春暖花开》后,也在隆隆声中去了温暖的地方?尽管"每次到墓地总有一种异样感,今天也不例外",但"一切都在计划之中""他向铁轨方向走去""他义无反顾"。因为"他觉得这样的生活太累了,太没有乐趣了,更谈不上什么意义了"。

也许这个热爱女儿的男人坚信自己必定能心想事成,因而他的内心活动特别丰富。于是他是一路思考着、幻想着、悲哀着,一步一步走向死亡。这种心情是复杂的、痛苦的,我们可以想象。如果他就这样简单地完成了自己的任务,那么这故事也太平庸了。虽然与生活比较接近,但这毕竟是小说、是艺术。所以作者是不会那么轻易让他了断尘缘的。你可以仔细读一读他那临终心情,就能感到他想死并不容易。

"偏偏这个时候出问题了,他就是在那会儿感到脚下被胶粘住了。他想要跑出去,但一种莫名的意志突然死死地卡住了他,令他动弹不得。他慌了,他怕死了。"他对自己有点失望,当一个男人因为自己的犹豫与害怕而不得不修改自己的伟大计划时,是多么的可悲。好在他马上找到了原谅自己的理由,"他觉得他还有许多事情没有想好,如果这些问题都想好的话,他会从容地离开这个令他忧伤的世界"。也许他是有许多事要做,比如他那有点疯的妻子需要他照顾,他的工作、他的亲友等方方面面的关系令他牵挂,更何况他的女儿在九泉之下也不希望他这么做。到这个时候,可以说我们与他都到了尴尬的地步,无论我们的感情倾向还是小说的情节发展。如果到此结束文章,也是可以理解的,虽然有点意犹未尽。

我阅读时在思考作者会怎样叙述下去,如何发生意外,又在情理之中。而作者一点也不急,还是那么静静地叙述着,自然地引出一个配角,一个刚来墓地哭泣的、像他女儿那么大的年轻女子。他虽然有点吃惊,但毕竟在神秘的墓地,这又是非常正常的。遗憾的是这或多或少妨碍了他向死亡再一次冲击,这压抑着他,同时他回到墓地也压抑了那女子,本来无所顾忌的她却没有再哭,有的只是紧张。原本是同病相怜,却成了互相影响。也许这就是我们的一种习惯吧,扼杀了多少感情奔放的细胞,扼杀了多少令人感动的场景。这确实让人伤心,天也伤心,天下雨了。他突然有一种想拥抱她的冲动,但他没有这么做,他也不敢这么做。其实一个人连死都不怕了,还怕这点吗? 更何况是朋友式的、父亲般的爱。而女人的话令他不安,"我听到儿子和我说话的声音了,他告诉我他在那里很好"。他也觉得害怕了,于是随便安慰她几句就走了。她的话吓走了他长久以来积聚在自己内心的秘密,他好像觉得她在讽刺自己,所以马上逃走了。一个男人的自尊不容许女人的怀疑。然而,他的脚还没有离开墓地,他就听到了火车响亮、刺耳的刹车声,他知道出事了。"有人自杀了……",他的心怦怦直跳,他的脚一点也迈不开步。他想到了她,他的内心可以说是一片空白、愧疚、无地自容。一个男人不敢做的事,被一个女人轻而易举地完成了,没有半点犹豫与痛苦,没有一丝幻想与失落。她以自己的悲壮毁灭了男人的自尊,她以自己的快乐宣告了男人的失败,让男人对她的母爱既可敬又可怕。她就这样轻松地夺走了主角。

可以想象他的心灵的巨大震动，"他感到整个人开始抖动起来，而且越来越厉害"。

读罢小说，注定是一个无眠之夜，在感叹主人公悲凉人生的同时，你必须承认作者特立独行的叙述中蕴含的思考的冷静、语言的克制与思维的张力。

远方并不遥远

——读余纯顺《壮士中华行》

诗人海子曾经说过："远方除了遥远，一无所有。"

但当我伴着灯光一口气读完余纯顺用生命和情感写成的《壮士中华行》时，便充分感到"除了遥远一无所有"诗句的苍白。远方以它永远的壮丽，激励了余纯顺去勇敢营造深刻而丰富的世界。

余纯顺，这位旷古少有的孤身徒步旅行家，被人们称为"壮士"的普通人，1951年12月生于上海，1988年7月1日开始了徒步全中国的漫漫旅程。他行程85000里，到过23个省市自治区，探访了33个少数民族，写下了400多万字的日记和文章，拍摄了8000余张照片。

我想，余纯顺之所以能够离开上海这个舒适的大都市，孤身徒步闯南走北，忍受了常人难以想象的磨难，经历了很多孤立无援的日子，最后献身于罗布泊，是因为有一种坚定的信念在左右着他的理性。他不在乎人类徒步征服自然的史册是否会记录这位首次孤身徒步全方位征服"世界第三极"的成功者的名字，但他在乎这位成功者应该是中国人。正如他在征服青藏高原途中所写的那样"当我在20世纪末的某一天从一枕黄粱中惊醒过来时，方惊觉徒步征服南极与北极已没有我的份了，唯剩下世界最高极的青藏高原尚未被人捷足先登。于是，我便对自己说，接下来的事留给我来做吧，这也许是我一生中最辉煌的得意之作，下辈子不会再有这样的机会了。"正是这种精神，支撑着他向前，向前，绝不退缩。

我们可以这样说，如果没有理想，就不可能有马可·波罗和他的游记，就不可能使哥伦布发现新大陆成为事实，同时也就不可能产生余纯顺这条硬汉。他常在旅行途中告诫自己："你现在是以一种这样独特的方式来表达自己对生命的理解、对自己祖国的热爱以及对整个人类的关注。"所以，他以顽强的意志与惊人的毅力完成了人类首次从川藏、青藏、新藏、滇藏、中尼五条"天堑"徒步征服世界第三极——西藏高原的壮举。

有人说过，现代人的无聊、厌世、缺乏激情，其病根大都在于目的的丧失。说到底,我们还得有所追求才好。当然,这并不是让每个人都去徒步中国,游历世界,当旅行家。因为中国需要余纯顺,但不需要太多太多却又千篇一律的余纯顺。我们需要的是他那征服自己的决心、信心与恒心。

人生是渺小和短暂的,宇宙是辽阔而深邃的,人类应该珍惜生命的不易,不断提高生命的质量,抛弃生活中的浮躁与矫情。因为无论城市乡村,还是沙漠海洋都是大有可为的。

读余纯顺的历险日记,我的心灵也经历了一次次痛快的流浪,获取了大自然无私的洗礼和厚重的馈赠。我只想说:远方并不遥远,地球的每个角落都充满魅力,令人神往。

"奶酪"欺骗了我们

近年,斯宾塞·约翰逊的《谁动了我的奶酪》一书,一直占据北京、上海等大城市书店畅销书排行榜的前几位,而且经常是高居榜首。应该说美国人编写的这个寓言故事有其积极意义,他告诉我们如何在竞争激烈的商品社会时刻树立一种危机感,如何去随机应变,这是值得我们思考的一种生存理念,我们可以借鉴与应用。正如我们要学习愚公移山这种精神一般,是无可厚非的。但在我吃了这块"奶酪"之后,总有一些疑问萦绕脑际,让我难以下咽。我觉得是"奶酪"欺骗了我们——善良的中国读者。

第一,这一册书至多4万字,薄薄的才90个页码,却被出版社精装起来,炒到了16元8角,如换成一般的平装书,至多是六七元,至少便宜10元。可想而知,出版商从我们身上带走的何止是一个奶酪?如果换成平装,假如每位购书者将其中的5元钱捐给社会慈善部门,那么,可以救济多少需要帮助的人?而今,这些钱都乖乖地进入了出版社的腰包。

第二,是这个流行的疑问式的书名——谁动了我的奶酪?读完全文,这个"谁"依然很朦胧,而事实上文章告诉我们的不是"谁"的问题,而是被人动了奶酪之后,我们该怎么办。这显然是偏离题意了。我不知道是作者故意摆弄的噱头,还是翻译者的曲解?反正书名大有水分,炒作成分太重太浓了。

第三,作者表达的观念是立足于少数上层人物的,而欺骗了大多数底层人民。我们知道物竞天择乃至"大鱼吃小鱼,小鱼吃虾米"的现代社会,最后吃亏的总是最普通的百姓,那些弱势人群是值得我们真正关心的。如果他们失业了,政府与社会机构给予帮助;他们有困难了,政府设法解决;他们遭遇不公了,政府及时帮他们维护基本的权利。这样才是社会的优越性。而《谁动了我的奶酪》一书强调的是生活的个人保护意识，告诉人们要学会变化，即使正当的劳动所得被人抢了，也要学会忍让，什么合法权益均被抛至九霄云外。这显然与我们的国情不同。你想，那两只老鼠"嗅嗅"与"匆匆"，粮食被人抢走了，连想也没想，马上去另找，因此很快就找到了新的奶酪。作者赞同的是这种"良民"。我认为要是哪个国家的百姓都成了这种愚民了，那么，这个国家就可悲了。同样，作者讽刺的是那个"哼哼"，因为他在思考人生，他在积极呐喊。他要用嘴与脑去争回属于自己的那一份粮食，最后，作者依然让他举手投降，放弃自己的生活方式。我想，难道未来社会只能是如此的结局吗？这是社会的进步还是退化？难怪有的管理部门第一天给员工发一册"奶酪"的书，第二天就宣布他们被解雇了。什么《合同法》《劳动法》等都被置之脑后，好像该书成了至高无上的法律与尚方宝剑了，真是滑天下之大稽！而且，居然会有那么多人会甘愿上美国人的当，受奶酪的骗，这不能不说是一种悲哀啊！

那么，请问是谁欺骗了我们？是作者，翻译者，出版商，媒体，还是我们自己？其实这个问题并不重要，重要的是我们该如何去读这本书。是盲目地全盘接受，还是用批判的眼光，用思考的头脑去理性地"拿来"？包括一切正在流行的或者将要流行的外来文化。

第二辑　依偎教育——语文教师的成长基石

关于"瓶颈"的杂想

什么是瓶颈呢？百度百科是这样说的：瓶颈一般是指在整体中的关键限制因素。瓶颈在不同的领域有不同的含义。通常把一个流程中生产节拍最慢的环节叫作"瓶颈"。更广义地讲，所谓瓶颈是指整个流程中制约产出的各种因素。对个人发展来说，"瓶颈"一般用来形容事业发展中遇到的停滞不前的状态，这个阶段就像瓶子的颈部一样，如果没有找到正确的方向有可能一直被困在瓶颈处。

看完了"瓶颈"的诠释后，我们再来看一项国外机构对中国学生的测试。有三个中国学生，分别是小学、初中与高中学生，分别手执一个小棒，小棒的一端是一个线，直通一个瓶子，线的底部捆住一个小物；如果三个小物同时从瓶口出来是不可能的。机构告诉他们手中的东西分别代表你们自己，假如这个瓶子是一个山洞的话，山洞口就像瓶子口一般大小，突然洪水来了，让他们在 10 秒钟内安全撤离。3 分钟准备后，测试正式开始，我们的学生只用了 2 秒钟时间就成功了，得到了那家机构工作人员的高度赞扬。原来，他们是按照分批有次序撤离的原则，先是小学生，再初中生，最后高中生，于是没有发生想象中的争抢与拥堵现象。很显然，当他们面对人生瓶颈时，他们采取了有规划、有步骤、分阶段的明智的方式，最后赢得了胜利。

我上下班每天都要经过火车站边上的勤奋路，只要遇上早晚高峰，每天都会堵车，而且很严重。好在我是电摩，见缝插针还算快。如果是汽车的话，都得堵上一阵。人有人道，车有车道，一旦乱套，交通瓶颈就出现了。如何办？应该按照有规划、有步骤、分阶段的方式来发展城市的汽车事业。这几年我国小汽车的产销量增长很快，汽车在发展经济、获得财富、方便百姓的同时，我们的道路吃不消了，我们的空气质量吃不消了，近阶段出现的雾霾现象也有汽车尾气的"贡献"。社会的发展也因此遭遇了瓶颈，我们该如何突破？

一个企业、一所学校的发展也是如此，也会遭遇瓶颈问题，尤其是新学校，在刚创业的艰苦的日子里，雄心勃勃，大干苦干，成就了一番业绩。可是，八年十年过去了，起初的激情慢慢变成理智与平静，此时有必要开始勾画学校的发展蓝图了。于是短则三年发展目标，长则五年十年发展规划。学校的特色自然也进入了议事日程。只有有规划、有步骤、分阶段地实现目标，才能逐步走向成功。如我们学校的特色是后茶馆式教学，即课堂五环节："读读、讲讲、议议、练练、做做"，后来校长改为以"读读、讲讲、议议、评评、练练"为主的新茶馆式教学，是对此模式的一点贡献吧。我们该如何突破，形成自己的东西？只有一点一滴来，走一步再走一步，积累到一定程度，再扔了拐杖，才能走出自己的路。

其实，教师个人的专业发展也如此。年青学校，年青人多，学校必定会将发展天平倾向于年青人。而以年青教师的发展为主体与重心，是难免将中年教师的发展忽视的。而他们大多是中高职称，教学风格也基本定型了。有的人可能会做一天和尚撞一天钟，但也有人还有发展的欲望，因为"活到老，学到老"嘛。面对如此境地怎么办？只有自己拯救自己，主动发展自己，这也要有规划、有步骤、分阶段地进行。当然，假如没有贵人与强人的帮助，这项事业注定是孤独的，会有许许多多困难的，我们必须要有这样的心理准备。

瓶颈无处不在，无时不有。遭遇瓶颈，不是放弃，而应该勇于直面，理智应对。将瓶颈作为考验自己的磨炼场，化瓶颈为成长的动力，化瓶颈为创造生命神奇的契机。只有这样，我们的教育岁月才会静美、精美、景美。

还有什么比人性更高贵

据报载，不久前，西安某大学大三学生药家鑫，开了辆雪佛兰小轿车去会女友，路上将一位刚下班的 26 岁夜摊女服务员张蒙撞倒在地。当他发现被撞者在记他的车号时，随即下车对她连刺 8 刀，将其刺死。我们更想起了近来网络最火的流行语"我爸是李刚"。说的是河北某大学学生李启铭驾车在另一所大学校区内撞倒两名女生，造成一死一伤，他不但没有停车关心伤者，甚至态度冷漠嚣张，高喊："有本事你们告去，我爸是李刚！"

由此可见，目前，我国大学生漠视生命的现象十分令人担忧，他们心中的所谓人性观在严重挑战着人性的底线。

《都市快报》首席评论员徐迅雷以《人的狮化 VS 狮的人化》为题阐述了自己的看法。他说："这就是丧尽天良、灭绝人性。一个人，对另一个原本无冤无仇的人,其行为猛过狮虎——这就是人的'狮化',人心人性的'狮化'。换句话说,就是'禽兽不如'。"该评论可谓一针见血,入木三分。是啊,一些"富二代",除了有钱什么都没有,什么道义品行在他们眼中都是不值钱的。这真是"杯具"!

网易博客中国娃娃说:"大学生撞人又杀人折射三大残酷问题——特权问题、家庭背景与教育的失败。"是的,大学生身上发生了如此没有人性的事情,绝对可以说是我们教育的失败。不管你家庭背景有多特殊,不管你当时是以多高的分数考入高校的高材生,但人与人之间的生命是平等的。如果连这点常识也不懂,还要知法犯法,那真是灭绝人性,也折射出我们教育的巨大漏洞。这是以教育的矛报复教育的盾,不管如何,最后失败的都是教育。

孔子在《论语》中提出:"弟子入则孝,出则弟,谨而信,泛爱众而亲仁。行有余力,则以学文。"圣人强调的首先是修身,然后才是学文。孔子的思想核心是"仁",而"仁"的内涵就是两个字:忠、恕。"恕"就是待人要仁爱宽厚,推己及人,使得"老者安之,朋友信之,少者怀之"。于是,孔子用自己的实际行动去教育学生,对师冕要导盲,对瞽者等残疾人要表示仁爱,因为这是做人的规矩。想想我们现在的教育,将做人教育置于十分尴尬的地位,导致人与人之间的尊重关爱等常识教育与孔子有了2500年的距离,早已面目全非了。

前不久,有资料显示:"在全球21个受调查国家中,中国孩子的计算能力排名第一,想象力排名倒数第一,创造力排名倒数第五。"为什么会出现这样的现象,引来网友的纷纷议论。当然,其中的原因是多方面的,而我们的教育负有最直接的不可推卸的责任。北京童大焕在《谁扼杀了中国学生的想象力》中说,我们的教育是观念先行,对标准答案不敢越雷池一步……这哪里是在培养"独立、完整的人",分明是在培养记忆力超群、创造力和人格精神残缺的人。这样的教育就像是一把锁,而不是一把开启未知世界的钥匙。甚是!

如果说,我们的教育损伤了孩子的想象力还不足以引起我们的深刻反思的话,那么,我们的大学生做出灭绝人性的事来总该给我们敲响心灵的警钟了吧。是的,我们的教育是该好好反思了:还有什么比人性更高贵?否则,触目惊心的"人性狮化"现象还将继续,甚至永远存在。

感受浙大的人文与自然

以前教研活动我去过浙大的华家池等校区,但紫金港校区一直没有机会拜访,那年6月的高考语文阅卷工作终于帮我圆了这个梦。面对这个浙大新校址,我感慨颇多。可以说，10 天阅卷我沉浸在浓浓的大学氛围里，感受到浙大浓浓的人文与自然，不亦乐乎。

紫金港校区留给我最深印象的是它的大气、开放与自信。与其他许许多多新大学一样，浙大也是一所没有围墙的大学，它与社会环境紧密相联，组成了杭城美丽繁华的一部分，只有几个出口处好像给人一种进入校园的感觉。东边入口处"浙江大学"四个大字镶嵌在一块大大的椭圆形石头上，好像是游人进入了某个旅游景点，与杭城这个国际旅游城市融为一体，大方而得体。其实，所谓的门口也不是什么大门，而是四车道的马路，只是站岗的警察用威严与友好的肢体语言在告诉你，你已进入了浙大。这样的浙大给人一种与杭城隔而未隔，间而未间的感觉，显得那么大气、开放与自信。

偌大的紫金港校区让人陶醉，流连忘返。这几天，我基本选择步行，我要慢慢地仔细地看看浙大的风景。实在累了，就坐一坐便捷的校园观光车，一会儿就到了自己的目的地，很方便，又绿色低碳，而且一元车费与乘公交一般经济。而浙大学生的交通工具，汽车是不多的，更多的是自行车，教学楼前、食堂前都停满了各色自行车，这与杭城倡导的城市建设理念也是一致的。浙大的食堂据说是亚洲大学中最大的，是的，三层楼，每层两个比较大的分食堂，风格不一，供你选择，还有超市等配套服务设施，应有尽有。这 10 天，我主要选择在一楼的自助食堂用餐，点几个自己喜欢的小菜，慢慢品尝。我发现许许多多浙大的教师都带着家眷一起在此吃饭，与学生同享这里暖暖的氛围。我们来自全省的 650 名语文教师基本上均在这里搭伙，也许是浙大经常"有客自远方来"，所以，浙大的学生对我们的到来也没有什么过多的惊喜与好奇，他们还是做自己的事，吃自己喜欢的东西。食堂里依然是井然有序，没人插队或大喊大叫，显示了浙大学生优秀的文明素养。

适逢梅雨季节，我中午或晚上总是一个人或与同伴徜徉在细雨迷蒙的校园里，好像行走在城市的花园里一般。我看到浙大的街道上涌现出一排排自行车队，他们一手握住车把，一手撑把雨伞，悠闲地飘荡着，形成了一道道靓丽的风景，吸引了行人羡慕的目光。我静静地欣赏着，思绪万千。我也看到一位中年清洁工骑着清洁车，一路慢悠悠地在马路边巡查，一边哼着小曲："唱支山歌给党听，我把党来比母亲……"我想他可能是新杭州人，也许是出于真心，因为他懂得感恩，他也很知足。他每天只要在美丽的浙大闲逛，偶尔捡点垃圾，这就是他的工作。天天看着干干净净的校园，好像看着自己家干净的床单一般，他能不乐吗？紫金港校区垃圾桶不多，因为垃圾也不多。

某天晚上，正好是浙大经济学院举行毕业生文艺晚会，晚会现场的大门是敞开的，用品是免费领取的，好像在热烈欢迎各方的来宾，包括临时在浙大学习或工作的许多外来人士。我们几个同伴一起去观看了他们的表演，看到大学生们尽情歌舞，我们的心不由得荡漾起来，好像在重温自己早已逝去的大学时光。

是啊，浙大是大气的，更是开放的，因为浙大是自信的。

教师不容易

报载，浙江警察学院、亚洲犯罪学会、浙江省青少年犯罪研究会在杭州联合举办了 2011 年"犯罪控制与警务战略"国际高峰论坛。来自英国剑桥大学的 2009 年斯德哥尔摩犯罪学奖得主菲德律·洛赛尔博士，来自美国乔治梅根大学 2010 年斯德哥尔摩犯罪学奖得主大卫·威斯勃德博士，前美国犯罪学会会长、现任英国犯罪学会会长、剑桥大学心理学教授大卫·法林顿博士和亚洲犯罪学会会长、西南政法大学法学院院长刘建宏博士等高手均参加了论坛。这四大高手有个共同点，都是美国"康拜尔合作组织刑事司法领导委员会"委员，长期为各国政府提供犯罪控制政策制定的决策咨询。

说到校园暴力这个话题，高大的洛赛尔博士说："校园暴力是客观存在的，每个孩子都要度过青春期的躁动，他们的表现各不相同。"他提醒大家，"那些瘦小的、懦弱的孩子，他们平时很少发出声音，但是有些悲剧最后就是突然爆发在长期受欺负、较为压抑的孩子身上，他们会伤害自己也伤害周围的人，所以我们要格外关注孩子中的弱小者。"

由此，我想到了最近校内发生的打架事件，如高大健硕的小雨（化名）同学在第二次月考刚结束就与班级同学发生口角，随后在课堂上打架，在班里造成了恶劣的影响。有学生建议将他开除，以免败坏班风校风，害了大家。当然，这种随意的处理方法能得到许多人的拥护，因为"物以类聚，人以群分"，当我们看到有点另类的同学时，难免有排斥抛弃他的想法。且别说教育部不允许随便开除学生，单说作为塑造人类灵魂工程师的教师，是不能这么简单处理的。其实，你别看他高高大大的，很凶猛、很暴力，但他的内心是脆弱的、孤独无援的。你只要看他后来抱住自己最要好的同学时委屈的样子，就不难发现，他的高声叫喊也许是一种虚张声势，为自己的怯弱壮胆。面对这样一个外表高大、内心弱小的孩子，班主任在与家长商议后采取以好友帮助化解矛盾的方法无疑是上策。因为面对那些瘦小的、懦弱的孩子,洛赛尔博士给的建议是:"要鼓励强壮的孩子主动去跟懦弱的孩子交朋友。让那些强壮男孩发挥他们的领导力和号召力,去帮助懦弱瘦小的孩子,让后者免于遭到更多欺负,学会在集体中生存。"而那个小雨的好友就是强壮的孩子,他可以帮助小雨解决暂时的困难。

那些像小雨那样心理有问题的学生,他们的内心是非常孤单的,因为我们大多数人是很难理解他们的,包括他们的父母也没有找到良策去教育他们、关爱他们。许多年过去了,本想通过老师的教育能收到效果的,殊不知教师面对的孩子有许多,还有那么多的教务杂事,是绝对没有足够的精力去解决的,那些寄全部希望于教师的家长显然是不明智的。于是,积重难返,他们的心理压抑太久而没有得到及时的疏导,导致他们的思维习惯与行为模式发生了变异,出现与众不同的怪癖。那么,他们那已经遭到破坏的思维方式与行为模式,我们如何帮助他们去重建? 说实话是很难的。我这里只能提供一个理论上的想法。

第一,了解他们的内心世界,理解他们的思维与行为。不要把他们当作另类,另行处理。树立他们的与众不同的思维与行为仅仅是他们的特点,而不是什么大的缺点的理念。给他们信心,也给我们自己信心。教师是不容易的,因为教育需要教育者拥有积极的心态,全面客观地看待人与事,摈弃偏见与傲慢。

第二,让他们体会到班集体的温暖。他们是很渴望得到他人的关注与认可的,他们在同学那里得不到认可,就常常到办公室来找老师说话,就是希望得到教师的关爱与重视。问题是教师不可能每天与他们长时间交流,教师有许多事情要处理。在当下,教师的压力颇大啊,学生是很难理解的。他们为什么动不动就搞出点事来,就是为了引起他人的注意,告诉我们他们的存在,你要在乎。因此,如何通过班干部,运用班集体的力量,给他们集体的温暖,让他们体会到自己的存在,给他一点成就感、满足感,哪怕是一点小确幸也好。教育是不容易的,因为教育需要相当的包容心,教育的胸怀一定程度上决定了我们能走多远。

第三,因材施教,分层管理,给他们"排毒"的机会。心理有障碍的学生,需要进行及时的疏导,否则,压抑太久可能会出大问题的。在关键的时段,如考试后,马上进入正规的上课,对这类学生来说,简直是受罪。能否采取灵活的方式,给他一个缓冲的阶段,给他合适的情感发泄途径,让他的心理得到暂时的平衡。如他喜欢打篮球,就让他去打,让他出一身汗,也许"毒素"就得到排解了。当然,问题是给我们的管理出了难题。我们该如何处理这种特殊的情况? 教师是不容易的,教育需要智慧的合理运用,需要艺术地处理制度与人性的矛盾。

第四，发挥德育导师与生活导师的作用。我们每个教师都是德育导师，但有效的德育导师应该是处于研究状态的优秀教师。但现在我国高中年级的教师每天都是如机器般运作，分数的压力够我们日日夜夜享用的了。显然，许许多多学校的导师制仅仅是形式而已，是低效乃至无效的。其实，要想在这方面做出点成绩来，成为一种德育发展乃至学校发展的特色，还是可行的。但我们能否顾此失彼，成为淡化学习分数的另类？答案无疑是否定的。教师是不容易的，教育需要我们顽强地忍受委屈，克服困难，在摸索中前进。

于是，只有充分利用生活导师——家长的作用了。当然，现在各行各业忙碌不堪，家长的难处我们也应理解。但需要晓之以理，动之以情，让他们转变观念，重视对自己孩子的教育。家校多联系，教育要合作。同时，还可以利用朋友圈的教育功能，因为有时一个好友的价值往往胜过父母与老师。教师是不容易的，教育需要我们生成多方协调综合把握的能力。

以上说的仅仅是我的一点想法而已。说起来容易，做起来难啊。我是站着说话不腰疼，如有不当之处，请不必介意，一笑了之。

拥有四种意识　改善心理环境

教师心理压力大早已不是什么不可言说的秘密了，据调查数据显示：教师群体中有不同程度心理问题的比例远远高于普通人群20%的水平。我们知道，教师的心理压力太大，是不利于教育与教学的。许多教育问题已经不是教育能解决的事了，而普通教师是无力改变的。所以，与其去抱怨外部环境对教育的伤害，不如自己想办法努力改变校园内部的心理环境，以利于教师的心理健康。而作为学校的管理者就有责任与义务对教师进行必要的心理辅导，帮助他们及时缓解心理压力，而不是让教师独自消受这种痛苦，以免因疾患的长期潜伏，最终演变为严重的教育危机。

为了更好地服务教师，我想学校管理者需要拥有一些先进的教育意识，如：

1. 学校管理者要有"服务意识"，善于帮助教师克服困难，保持良好的心理状态。学校在不断提高教师的物质待遇时，别忘了提高教师的精神待遇。许多教师更看重这一点。做领导的当然有更多压力需要承担，但尽量少将自己的压力转嫁到教师头上。不要动辄用下岗来警告教师，人为破坏教师宁静的教育心境。上海市交通大学第二附属中学李首民校长在《让学校成为师生终生留恋的地方——校园人际关系的思考》的专题报告中说"一所具有良好人际关系的学校,必须有一位情感丰富,又具有理性智慧的校长",校长的责任就在于把校园各类人员的教育激情激发出来,只有情理相融,才能创造和谐。因此,学校领导对教师要多一些爱护和理解,多一些宽容与体谅。

2.学校管理者要有"读书意识",读点教育管理书,做到与时俱进,不落伍。时代发展飞快,必须时时学习。作为学校管理者要不断用新的理念武装自己,才能逐步开阔自己的教育视野,拓展自己的教育情怀。读一读《陶行知全集》,写一篇《教育现代化论纲》,做一个《新教育之梦》;翻一翻《顶尖管理思想》《第五代管理》,扩大《学校管理新视野》,进行必要的《学校领导者素质修炼》;看一看《国际教育新理念》,研究《多元智能》,分析一下《人性的优点》与《人性的弱点》;想一想《第一战略——中小学发展新思维》,考虑《学校经营》与《学校文化》,想象《教育文化战略构建》……

3.学校管理者要有"教师意识",树立教师第一的理念。著名教育专家李希贵的文章《学生第二》,值得大家一读。许多领导可能认为学生是上帝,这是学校生存的所在,所以领导大多害怕家长,如当官的家长、有钱的家长、难处的家长。只要这些家长反映情况,不管对错与否,唯教师是问。我们清楚,教师要照顾到全体学生,有时难免顾此失彼。然而,正是这个别学生会让教师从人间下到地狱,而作为弱势群体的教师是没有权利与理由为自己辩护的。教师只能生活在夹缝里,心理压力可想而知。

4.学校管理者要有"反思意识"。既然要求教师经常反思自己的教育行为,那么领导者更应经常反思自己的管理行为。既然要求学生发展个性,那么就不能用统一的标准来衡量教师;如果教师没有个性,就不可能培养有个性的学生。既然要求教师与学生平等相处,那么领导能否也做到与教师平等;既然允许学生有差异,那么也要允许教师之间存在差异;既然要求教师多表扬学生,那么,领导也应该经常表扬教师,教师也需要得到鼓励。如果评价好学生的标准是单一的分数,那么评价好教师的唯一标准也是分数,这样显然是不公平的。希望学生快乐学习,教师如果不快乐教学,学生的快乐也就成了一句空话。因此,学校管理者要善于反思,巧妙运用恰当的方式方法,不断提高教师的积极性与主动性。多一点客观与宽容,少一点主观与苛求;多一点冷静的反思,少一点武断的偏见。

总之,现代学校管理者不但要拥有先进的管理意识,还要将自己的理念化为可行的制度,化为爱护教师的实际行动,以确保其有效性,以免只是停留在"心动"的层面;而且,最好将这种有人情味的行动进行到底,不要半途而废,虎头蛇尾。为了孩子,为了教育的梦想,辛苦学校管理者为教师撑起一片蓝天吧,虽然很苦很累,但未来会感谢你们的。

让我们诗意地栖居在"品"字校园

——与学生交流"成长"话题

我们生活在日新月异的时代,每天的阳光都在释放温馨,每天的空气都在传递友爱,每天的花草树木都在奉献真诚与和谐。因此,春天的树叶已经不是冬天的落叶了,今年的我们更不是 2009 年的我们了,因为我们生活在虎虎生辉的2010 年,我们应该让自己诗意地栖居在"品"字校园中,快乐地成长。

什么是成长? 成长就是我们一起走进史铁生的地坛,漫步在朱自清的荷塘,行走在戴望舒的雨巷,与海子一起"面朝大海,春暖花开";成长就是我们一起陶醉在数、理、化、生的奇妙习题中优哉游哉;成长就是聆听与观看来自西方语言的优美寓言;成长就是我们沉浸在文科的天地里难以自拔更不愿自拔;成长就是在运动场上奔跑着、挥舞着、呐喊着;成长就是在音乐、美术的世界里尽情挥洒我们的艺术细胞;成长就是在通用技术、信息技术中锻炼自己,增长才干;成长就是在考试中不断地克服困难与忧伤;成长就是在"品"字校园里陶冶自己的品行品性;成长就是在本没有什么意义的世界寻找让我们不断升华的情趣、理趣与诗趣……

同学们,在成长的路上,你们不是孤单的,因为我们老师永远与你们在一起,与你们共患难、同呼吸。你们要相信自己,因为你们是充满朝气的阳光一代;你们要相信老师,我们是你们值得信赖的朋友。许多成长的故事告诉我们要努力生活与学习,因为人生中有无限的可能;我们每个人都在成长,这是一个不断发展与变化的过程,我们要对自己负责,因为我们 18 岁了。也许我们再努力也成不了姚明,但我们仍然能在动感地带自由翱翔;也许我们再勤奋也难以超越华罗庚,但我们绝不放弃,在努力中享受学习的乐趣;也许我们再钻研也成不了韩寒、蒋方舟,但我们不会停止心灵作文,因为写下的不是简单的文字,是我们成长的真实感受。因为我们在成长,没有人能阻挡我们蓬勃生长。我们可以不成功,但是不能不成长。即使只有蜗牛的速度,我们也要向梦想进发。我们都是个性迥异的天使,我们的每一天都精彩,每一刻都靓丽。我们遍体的累累伤痕,将使我们一身灿烂;我们流下的汗水泪水,将化作一串串晶莹的珍珠,闪亮生活的天空。快乐出发吧,我们手拉手,前方已经向我们发出了邀请,人生的彼岸美丽而温暖。

同学们，让我们积极成长吧，不要总是梦想着天边的那一座美妙的花园，更要欣赏就盛开在我们眼前的鲜花。我们既要胸怀理想，更要脚踏实地，让我们做一个有品味更有品位的现代青年，让我们诗意地栖居在"品"字校园。

做最好的自己

——与学生交流考试话题

冬天了，我们都在等待阳光，我们每时每刻都在渴望那个晴朗的午后，那一声声温暖的来自春天的祝福；因为我们都盼望成功，我们有太多的期待在每一次小小的考试中，在我们匆匆行走的路上。会考刚过，离联考还有 10 天，我们到了学习的高原期，好比 800 米的跑步，我们已经跑了 750 米，还剩下最后的 50 米。可是，我们感到了高度的缺氧，很想停下来，好好歇一歇。有人可能因此产生了怀疑：我能坚持下去吗？——是啊，我们能坚持否？

作为你们的老师，我给大家四个冬季的关键词，虽说是老生常谈，却也情真意切。

第一，信心——冬天冷的不能是心情

"梅须逊雪三分白，雪却输梅一段香。"我们每个人都有自己的特点与长处，都有自己生命的亮点和彩虹，因为我们每个人的生活都很精彩。为了使自己的生命更靓丽更精彩，我们需要自己去努力经营。那么，就应该做最好的自己。我们要昂起高贵的头，挺起勇敢的胸，相信自己能获得最大的成功。

卡耐基说过，世上大多数人之所以平庸，不是因为自身的能力，而是源自莫名的恐惧。这恐惧往往却是来自内心虚妄的幻想。因此可以说，人生最大的敌人，就是自己。我要做最好的自己，须记老子的话："自知者明，自胜者强。"

曾看到过一个实验：首先用水将一只空玻璃杯注满，注到再注将溢的时候。然后，再给你一盒环形针，让你将环形针一个个地往杯子里放而不许水往外溢。望着满满的水杯，我相信你一定会说："不可能！"然而，在你惊讶不已地注视下，原来水满欲溢的杯子竟然被放进了半杯环形针，而水竟然一滴未溢！我敢打保票，你一定不相信自己的眼睛，但它毕竟是客观存在的事实。

当我们面对重重困难，发出无可奈何的悲叹时，我们就是那只杯子，殊不知我们还有着巨大的潜能和空间。做最好的自己，就要相信自己：我拥有极大的能量，我能行！

第二，目标——人生的方向左右逢源

故事：水从高原由西向东流淌，渤海口的一条鱼逆流而行，一路艰辛，一路不懈，它终于游上了高原，可是还没来得及欢呼，它就冻成了冰。后来被登山者发现，人们感叹："这是一条勇敢的鱼，但只有伟大的精神，却没有伟大的方向，最后得到的只有死亡。"

学习有目标，人生有方向，我们才不会迷路。我们现在的最近目标就是期末联考。快乐出发吧，我们手拉手，前方已经向我们发出了邀请，我们岂能徘徊不前？我们高中三年的目标是高考，还有一年半时间，一切皆有可能，包括奇迹的诞生。因为"心有多高，我们就能走多远"。来听一个故事：三个建筑工人在砌墙，有人问你们在干什么，一人说砌墙，一人说盖高楼，一人说是建设一个新城市。十年后，第一个人还在砌墙；第二个人坐在办公室里画图纸，他成了工程师；第三个人是前两个人的老板。我希望你能成为"第三个人"。

第三，行动——动感地带我做主

我曾说过，只要努力了，就有希望成功；如果不努力，就不可能成功。因此，我们不要寄希望于别人，我们要靠自己，只有自己才能救自己。抛开一切幻想，放下所有包袱，从零开始，脚踏实地，一步一个脚印。即使有困难，也要努力去克服。我们的字典里可以有失败，但没有认输与放弃。我们不但要做自己的梦想家，更要做为自己负责的孙行者。只有这样，一路上遍体的累累伤痕，将使我们一身灿烂；我们流下的汗水泪水，将化作一颗颗明亮的星星，闪亮自己的上空。

第四，坚持——坚持的不是失败是成功

故事：一个农场主将名贵的金表遗失在谷仓里，他遍寻不获就贴了悬赏告示，人们纷纷前来，但谷子成山，大海捞针，于是人们纷纷放弃。只有一个穷人的孩子在继续寻找，因为他一天没吃东西了，他抱着最后的希望，希望自己能成功，解决一家人的吃饭问题。天暗下来，也静下来，谷仓里想起了"嘀嗒"的响声，他终于找到了金表。

成功其实很简单，那就是坚持。当然，我说的努力不等于让你放弃晚上的睡觉时间，如果晚上看书太晚，影响了睡眠，第二天上课打瞌睡，就得不偿失了。我们知道，努力是苦干，但我们不能蛮干，我们需要巧干，就是讲究学习方法，提高学习效率。做到事半功倍，而不是事倍功半。我们要使学习有计划，重点要突出，每门学科的复习时间要安排得科学合理，树立总分观；平时要注意劳逸结合，适当参加运动，注意休息。因为健康的身体是进行考试的必要本钱，考试考的不仅仅是智力，更是耐力与体力。

我们每个人天生都是无尘的婴儿,现实的负荷让我们变成忍辱负重的骆驼。既然是骆驼,又何惧在艰难的沙漠里行走? 我们有理由坚信:在沙漠的尽头,是人生森林的王国。在那里,我们将变成一头雄狮,威猛无比,咆哮九天。让我们都做最好的自己,做一头威猛的雄狮,昂然自立于强者之林!

汪国真的诗《热爱生命》:既然我们选择了远方,就只管风雨兼程。我说,既然我们选择了高考,就让高考"烤"得我们越来越坚强。同学们,让我们一起努力,去创造我们美丽的明天,2010 年已经向我们展现了全新的灿烂。

生命因反哺而温暖

这两年浙江省高考作文题都与"反哺"有关,2009 年是"绿叶对根的情意",这是一种情感反哺;2010 年是"角色转换之间",这是一种文化反哺。其实,生活中更有生命反哺现象,令人感叹:生命因反哺而温暖。

我曾观看了江西电视台播的《传奇故事》,讲的是一个 13 岁的男孩小林(化名)生活在单亲家庭,母亲为了他有一个美好的未来,让他从小学画画、音乐等,但学习成绩非常好的他却在小学升初中考试中未进入重点初中,而且要休学一年。原来在北京打工的母亲得了白血病。由于外公外婆年事已高,因此,照顾母亲的责任全落在了小林的身上,他吃了不少苦,但他很坚强。因为母亲的骨髓配对一直未成功,于是他建议医生从自己身上移植骨髓,他不顾母亲的强烈反对,克服了常人难以克服的困难,使得移植手术成功,而且,出现了非凡的奇迹,短短半个月母亲的白血病症状全消失了。

是的,小林用自己的生命挽救了母亲,这是一种伟大的生命反哺,是他用爱与孝心传递了温暖,是他用热爱生命、珍爱生命的顽强信念赢得了温暖。他的行为温暖了他的母亲,也温暖了苍白的大地。当然,我讲小林救母的故事,不是提倡每个人都去为自己的亲人捐血捐骨髓,而是说,我们应该树立起一种尊重生命、热爱生命的意识,去关心每一个需要我们关心的人,去帮助每一个需要我们帮助的人。

也许你会说,小林面对的是自己的母亲,这是应该的能做到的;如果他遇到别人,他会那么做吗? 我们知道,一个人如果为自己的亲人都不愿做出牺牲了,那么,还怎么指望他去解救他人呢? 是的,遇上别人小林是不能捐自己骨髓的,因为他尚未成人,但他的亲人除外。我想问题的关键不在于他是不是你自己亲人的问题,而是你有没有这份心,愿不愿意去付出,去反馈社会、回报他人。我想你总听说过被网络评为"2007感动中国十大小人物"之一的中国美院20岁大学生毛陈冰吧。她为救侗族病危孕妇,瞒着家人和朋友,借了同学的钱,孤身一人远赴3000公里外的贵州山区,给那个未曾谋面的陌生女子无偿献血。她悄悄地去,悄悄地回,没有声张,她始终认为,这是她应该做的事情。后来,她献血救人的故事经媒体广为报道后,引起了社会各界特别是高校学生的关注和讨论。她的生命意识值得我们肃然起敬,她的行为更是我们学习的榜样。

相反,我们有的人却富得只有钱,他们漠视生命、泯灭人性的品行令人发指。据报载,某校大三学生药家鑫,开了辆雪佛兰小轿车去会女友,将一位刚下班的26岁夜摊女服务员撞倒在地。当他发现被撞者在记他的车号时,随即下车对她连刺8刀,将其刺死。我们更想起了网络最火的流行语"我爸是李刚"。说的是某大学学生李启铭驾车在某大学校区内撞倒两名女生,造成一死一伤,他不但没有停车关心伤者,甚至态度冷漠嚣张,高喊:"有本事你们告去,我爸是李刚!"

是的,作为时代骄子的大学生身上发生了如此没有人性的事情,绝对可以说是我们时代的"杯具",是我们教育的失败。因为不管你家庭背景有多特殊,不管你当时是以多高的分数考入大学,但有一点必须明白:人与人之间的生命是平等的。如果连这点常识也不懂,还要知法犯法,那真是灭绝人性,连禽兽都不如。连最起码的尊重生命都做不到,更别奢谈生命的反哺了。

"老吾老,以及人之老;幼吾幼,以及人之幼。"朋友,让我们从关爱亲人开始,去关爱每一个人;让我们从生命反哺开始,去尊重所有的生命。生命因反哺而温暖,生命因尊重而珍贵。

我们愿意继续被"被"下去吗

2009年流行"被字词",如被就业,被自杀,被增长,被代表,被小康,被娱乐,被网瘾,被离婚,被怀孕……

事实上,我们的教育也一直处在"被教育"的状态中,而且还将继续"被"下去。譬如,宽容学生的缺点与错误是一个教师的美德,但这要看对什么类型的学生了。有的学生也许你宽容他一次,也足够他回味一生;但有的学生需要你不断地宽容他,永远宽容他,直到最后发展到了一定程度,你的宽容演变成了纵容。其实,老师与学生都是"被纵容",老师是被迫纵容,学生是被老师纵容。因为教育部明文规定对犯错的学生是不能开除出校的。许多学生是"人精",自然是知道这一点的,于是少数学生一而再,再而三地犯错,就是有点得寸进尺的感觉,知道老师也奈何不了他们。对此,教师除了教育,就是引导,我们必须耐下性子,一直到老,因为我们是教师。当然,教育部是有他们的难处的,如果学校都将问题学生开除,推向社会了,那么,社会的教育压力就大了,情况必然会更糟。再说,社会上谁在做教育呢,在当今"经济高于一切"的时代,教育算老几?除了警察公安的罚款拘留与口头教育(如果这也算是教育的话),还能有谁在为社会奉献自己的智慧与耐心?因此教育的最大最好的责任田就在学校。自然,这可苦了学校了,既要管理问题学生,眼睁睁看着烂苹果的范围在逐步增大而心忧不已;又要考试中出成绩,因为在评价标准相对单一的时代,没有分数你什么也不是;还要将学校办出特色来,不能无个性。于是,经常是顾此失彼,经常被社会人士总结为教育不作为。

联想到会考,对于三流生源的普高来说是非常重要的。会考决定了学生高中能否顺利毕业,因此,教育局重视(不但要好,更不希望出乱子),学校重视,教师重视,学生也重视。不过,对一些学生来说,他们对过程是无所谓的,对结果才是非常在意的。平时没认真学,就急了,于是他们想办法投机取巧,在考场上大展个人技巧,他们有精湛高超的本领,更有同伴的真诚合作,可谓表现得淋漓尽致。可是,这苦了监考老师,尤其是外校的老师不断皱眉,心想这个学校的考风真差,又觉得不好意思把他们抓出来。否则,既伤了学校之间的和气,又是自找麻烦,更有说不定待会儿会发现自己心爱的车子车胎破了,在回家路上遭到恐吓了。于是,除了皱眉,就深呼吸吧,或者,干脆侧脸看看别的风景。而本校老师更是痛苦了,抓是绝对不能抓的,因为证据不足啊,会考的性质早已决定了要慎重,否则会影响学校的声誉,而且完不成指标对学科老师是非常残酷的。于是就提醒,而提醒是没有用的,那么,只有做睁眼瞎,或者也转过身去,就当没看见。当然,对本校监考的老师来说,考场上是一种煎熬,考场下是威信的丧失。学生间会传,老师们不会管我们作弊的,胆子再大些吧……但这样的后遗症也就接踵而至,许多学生想想自己平时认真学习还不如考场上有个好位置,与其努力读书还不如考试时灵活用眼机动用脑。那还学习什么呢?谁不追求轻松的学习生活?因此,考后的一种直接的结果是学校名声、教师威信、学生诚信的"综合GDP"的严重缩水。当然,这也是"被放水",其中的无奈谁知道?

我们是继续"被"下去,还是争取主动起来?答案自然是明确的。在教育体制、考试制度等我们无法改变的前提下,我们能做的就是不断完善自己的管理行为,树立德育意识,提高学生的素质,重塑自身形象。但也不要太迷信教育的作用,不要太神化教育的功能。那么,我想是否可以从源头抓起,从招好生源开始,减轻教育管理的压力,提升教学的力度与有效度,从而确保教学质量的稳步提高,增加校园的幸福指数。当然,更好的是改革考试制度,让这种制度变得更合情合理。

为什么沟通了还是通不了那条"沟"

——母亲节作文感想

5月9日,是五月的第二个星期天,母亲节。我提前向学生布置了作业:向自己的母亲表达爱心,然后将活动的具体过程写下来,写出自己的真情实感。大多数学生都写了向母亲献爱心,或打扫卫生,或做饭烧菜,或送礼物(包括花、蛋糕、饰品等),或洗脚揉肩,或打电话发短信,或说一声祝福的话,或来不及说只将爱藏在心中……其实,许多人写道:"母亲是很容易满足的,一个拥抱,一声问候,一个笑容都能让母亲快乐一天,因为母爱是不求回报的、免费的、无私的爱。"

为那些学生高兴之余,我也读到了少数学生对自己母亲的异样想法。如5班的男生高某,写了母亲为自己的一点小小失误而大声呵斥,经常不依不饶的,让他受不了,但他不想与母亲争辩,但每当看到母亲为自己精心准备的饭菜时,也能理解母亲对自己的那份爱了。6班男生陈某,因为父母经常吵架而不顾他的感受,从而影响了他的学习,因此,这次节日对母亲没有什么问候,他觉得是一种遗憾。其实,母亲节虽然每年只有一天,但对母亲的祝福不仅仅在这一天,遗憾是可以弥补的。6班的女生陈某也有同样的感受,她说:"我将脆弱的自己伪装成倔强,却未曾想到在一直伤害着母亲的心;今天从早上开始的打骂让她的心早已成了生锈的农具,因腐朽而散架的板凳,以及被时光风干的瘪丝瓜。"又是一个令人心痛的故事。6班的女生沈某在母亲节只给母亲发了一条短信祝她节日快乐,就早早地离开了家,她怕呆久了,母亲还会与自己吵架;6班的男生方某说以前小的时候不知道有这个节日,到了中学后,因为父母更多关心他的学习成绩,经常是威逼,渐渐产生了"代沟",与父母说话比陌生人还要生疏;有时父母亲切地称呼自己,会让他感到慌张与尴尬,虽然心里多么渴望温暖的家;到母亲节时,要送礼物给母亲,但她老是唠叨学习与分数,于是逆反的他就将礼物扔进了垃圾箱……

面对学生的苦恼,我问他们有没有与父母进行交流。他们有的说交流了,但为什么努力沟通了还是通不了那条"沟",有的说父母平时忙于工作,忽视了与他们交流,做朋友只是一种幻想。他们要么居高临下,要么仅仅满足他们的物质需求,忽略了他们的精神需求。他们会经常说,我在你身上花费了多少多少,你必须要对得起我,拿出好成绩来。但成绩不是容易出来的,他们自然也就无话可说了。久而久之,他们之间就产生了心理隔阂。

虽然如此,作为老师还是要鼓励他们主动与父母交流,因为不管如何,母亲都是爱他们的,只是方式有点不妥。我们要改变自己的心态,尽力去理解他们,多想母亲对自己的好,多一点感恩,少一些怨恨。他们默默地点了点头,虽然有点无力与勉强。

同时,我告诉他们如果有机会的话,我可以与你们的家长平等地交流自己的想法。但我不能把自己的理念强加给他们,更不可能用三言两语去改变他们,因为他们都是独立的个人,他们的一些观念的形成由来已久。

同时,我觉得我们的一些家长也应该反思一下自己的行为。

第一,任何误会与隔膜都是由于缺少交流引起的,家长应主动与孩子进行交流。家长要把孩子看成是一个平等的人来对待,而不是自己的私有物。尤其是作为"平等中的首席"的父母应该宽容些,放下架子,耐心地与孩子进行心与心的沟通,"有话好好说"。否则,一味发号施令,单方面强势支配,只能让孩子远离自己,使僵局更僵。

第二,如果孩子主动交流,应该珍惜这个孩子信任自己的机会。千万不要误以为这是孩子人大了,翅膀硬了,敢于跟自己叫板了,否则,是不利于事情解决的。当然,对一些问题的看法不必强求一律,毕竟人是有差异的,哪怕是父子、母女也一样。我们可以求同存异,但必须尊重孩子,因为孩子的自我意识在逐步增强。世界上没有什么问题是不能解决的,更何况是相亲相爱的一家人。

我们能否逃离应试教育的樊笼

5月14日,周五中午在食堂吃饭时,我与嘉高的曹琴、高华两位老师一席谈,她们说到小孩回家后要么在房间里默默地干坐,要么洗澡时磨蹭许久,这与我女儿有相似之处,说明现在的孩子有一些共同的特点。我们都说到可能是一天下来,他们没有好好休息,经常被赶着做这做那的,自己没有什么自主性。自然,她们就累了,身心俱疲。因此,他们需要静静地独处,只要能让心态放松,如朱自清在《荷塘月色》里说的,"什么都可以想,什么都可以不想",不希望大人去打扰。因此,如果我们家长再去催他们,他们心里就十分反感,经常要发生冲突。

久而久之，父母与孩子之间的话会越来越少，他们的逆反心理会越来越强，父母与子女的关系会越来越僵。

曹琴说自己女儿，什么都好，就是作文的兴趣越来越淡了，经常是匆匆完稿，甚至是没完成的半成品。我觉得可能她孩子是其他什么原因引起的，而在作文这一点上表现出来。也就是说，可能不单纯是作文问题。因为现在的教育都是以应试为目的，压得人透不过气来。当然，这是中国的大环境，更是学校的小环境造成的，不是我们单个人能抵挡与左右的。所以，我们经常很无奈。我们教师还能看到一些存在的问题，如果是一般家长还真不能看到这些问题，结果可能会更麻烦。

如果仅仅是作文问题，曹琴说，可能是现在的教材没有序列，违背了我们学生的认知规律。因为一切为了考试，教师就以中考作文直接代替了一切作文。如平时作文以半命题出现，《……也美丽》，老师的意思是《挫折也美丽》，但她喜欢《寂寞也美丽》或《孤独也美丽》，曹以为这样的题目太沉重了；其实用《独处也美丽》可能更恰当。而她女儿观察细致，善于联想，比如写春天的感受等，只是没按照老师的要求写《这个春天不寻常》，没有写出不寻常来，有点离题了。应试作文有许多讲究，什么不能写，什么怎么写，规矩很多。这种作文不是自然而然的科学成长，而是拔苗助长的畸形写作。于是，如果学生就写自己的文字，写自己想说的话，那么在评价时就会遇到挫折，得到了不公平的低分；几次下来，学生会感到自己很失败，渐渐就产生了厌写的心理与行为。曾经有学生写出了"我在正义面前选择正义"这样的高调句子，得到了老师的高度表扬。其实，这句话本身是个伪命题，让人产生误解：我在正义面前选择正义，那么，我在丑恶面前选择什么，让人反思。再说，这个学生对这个句子理解吗？还是直接从书上看来的，仅仅是背下来套用一下而已，至于理解多少就不好说了。如果得到过分的表扬，这就是一种价值的导向问题了，而且可能是一种错误的导向。那么，其他学生可能也会向他学习，学习的人多了，一种不良的风气就会形成。而如果不学，那么就得不到好分数。在分数高于一切的时代，他们幼小的心灵就要严重受挫，重则可能会出现心理问题。由此看来，这种功利的作文教学是贻害无穷的。但是，我们往往对此很无奈，虽然我们是教师。

虽然我们无力改变教育的大环境，但我们可以做主自己的课堂，让自己的课堂充满真情实感，流淌绿色的东西，以不负语文教师这个称号。同时，尽到一个家长的责任，努力改变家庭的小环境。

首先,我们应该营造一个相对宽松的生活环境,给孩子相对的自由,让他们的心灵能够得到轻松与温暖。这样,我们也能取得孩子的充分信任。

其次,我们要主动帮助孩子,因为他们遇到了人生的困惑,需要我们伸出援手。当然,我们必须走进孩子的世界,与他们成为平等的朋友,最好让他们自愿向你诉说心声,这样,我们就能了解孩子需要什么,对于他们的教育就可以对症下药,有效性就能大大增加。

第三,我们不能急于求成,孩子的成长需要时间,更需要耐心。我们要积极引导,让他们能够逐步适应这个残酷的现实。多沟通,少强迫;多鼓励,少批评。我们要与孩子共呼吸,同患难,在困难中与孩子一起成长。

教学能力是教师专业发展的一种生产力

为了迎接省、市高中语文教师新课程教学能力展示活动,我们市属学校每校选派 1 名教师在今年 10 月 13 日(周三)相聚五高,进行教学能力选拔活动。除 21 世纪外国语学校以外,其他 13 所学校均派代表参与。他们从上午 8:10 ～ 11:10,三个小时进行了的比赛,内容包括:1. 文本解读:根据提供的材料,写一篇不少于 400 字的赏析短文,占 20%;2. 教学设计:根据提供的材料,写教学设计,占 30%;3. 命题:根据提供的材料(材料与文本解读相同),拟 4 道题目,写出拟题意图,提供参考答案,占 20%。而下午 13:00—15:00,他们进行评课,即观看课堂教学录像,然后写出评课文章,占 30%。活动共四项内容,综合起来,评出总分前 3 名,参加市级比赛。最后,我校朱小栋老师与秀州中学、一中实验、四高、南高、五高的教师一起获得了三等奖,应该说也是很不容易的。

参与了本次活动的评委工作,我觉得有一些基本问题与要求,值得与本组的老师们说一说,以便老师们在以后参加的评比活动中,可以让自己的水准得到更好的发挥。

1. 文本解读:根据提供的材料《老人与海》(节选),写一篇不少于 400 字的赏析短文,可以抓住某一点,集中说明自己的见解;同时一定要联系文本,进行赏析。

2. 教学设计:根据提供的材料《鼎湖山听泉》,写教学设计,格式要规范、完整,从教学目标、重难点、教学方法、问题设计、学生活动设计、板书设计到作业布置等事项均不能缺漏;同时要考虑到新课程理念的运用,最好用三维目标,体现出学生的合作意识与主体意识,另外,还要看设计的教学模式是否有新意、创意。

3.命题:根据提供的材料(材料与文本解读相同),拟4道题目,写出拟题意图,提供参考答案。要注意知识点的分布,即四个题目必须是四个考点,不能重复,而且题干应与文本结合起来,要注意题目的编排顺序,必须有探究题,而且,所拟题要体现语文性、开放性与创新性的特点。

4.评课:即观看课堂教学录像,然后写出评课文章。内容是元济高中范萍老师在嘉高执教的柳永作品《雨霖铃》。评课要求客观公正合理,多肯定优点,再提出建议,要注意把握评课语言的分寸;评课要在一定的理论指导下,多关注教学细节;同时,课评得不要太肤浅,用语不要太偏激。

四项基本功全方位地反映了一个语文教师的教学业务能力,这样的比赛要求高,时间紧,强度大。参赛教师必须全面发展自己的业务素质,如只是某一项突出,而其他三项薄弱,就不能取得好成绩。显然,新课程要求我们不断提升自己的业务能力,一步一个脚印,脚踏实地认真地做,更需要我们拥有持之以恒、永不言弃的毅力与精神,因为促进教师的专业发展,不仅仅是我们教育人生的目标与方向,更是我们作为教师的一种信念与责任,需要我们付出不懈的努力,需要我们拥有不凡的教学勇气与智慧。那么,就请从课堂教学开始,实践我们的专业发展之梦,不要忘了教学能力是教师专业发展的一种生产力。

永远的学生

近期全省各地都在围绕"我们的价值观"进行大讨论,各级报刊都在开展"寻找我们的价值观"巡礼活动。有的部门也在进行征求"我们的价值观"核心词有奖征集活动,相对集中的核心词是"务实、守信、崇学、向善"八个字,其中,无论是讲究实际、实事求是的"务实",还是诚实守信、以诚为本的"守信",或是崇尚学习、崇文尚礼的"崇学",以及行善积德、友善友爱的"向善",都有着较为集中的认可度。此外,"崇文""厚德""守法""明礼""致和"等核心词也有较高的认可度。这些词,来源于中国传统社会的民族精神,又在时光的磨砺中不断演进,与浙江精神一脉相承。

这两天我一直在想"我们的价值观"有什么特别的关键词,今天上班路上还是觉得"学习"(也就是"崇学")这个词比较好。是啊,我们教师除了爱岗敬业、关爱学生、教书育人、为人师表外,学习是不可或缺的。我们既是教师,更是学生,而且是"永远的学生"。为此,我想对"学习"说点什么。

第一,学习的终身制,即"终身学习",这是教育部对全国教师的基本要求,被定为"职业道德规范"。我每次与父母联系时,他们总是告诫我"少看书,多休息;少写作,多吃饭",还说都一大把年纪了还怕教不来书吗? 事实上,还真是这么回事。父母眼中的教师形象是几十年以前的教书先生或是改革开放前的乡村教师,他们可谓教材不变,教法不变,教了一代又一代,变化甚微。而现在这个时代,发展实在太快,我们随时都有被抛弃的可能,只有学习才能跟进。因此,终身学习是确保我们教师不落伍的基本策略。

第二,学习的专业性,即努力学习业务。这是作为教师的立身之本。学习教材教法,学习考试标准,学习适合我们的教学模式。譬如我们最近忙活的"后茶馆式教学",提倡"读读、讲讲、议议、练练、做做"五环节,每个学科还可以根据学科特点进行必要的补充,你可以将"做做"变为"评评",也可以别的什么。我们语文可以改为"读读、背背、听听、说说、想想、品品、讲讲、议议、写写、练练"等10个方面。这两天听了几节文科的课,两节语文,两节英语,两节文科综合;有的课内容不太懂,那我就看课堂的"读读、讲讲、议议、练练、做做"这五个环节如何,看课堂是一言堂还是师生互动,还是讲练结合,比例是多少,学生的反应如何,等等。学无止境,教也无止境,我们每个人都有提升的空间。

第三,学习的研究性,即不忘研究,将研究融于学习中。英语中"学习"与"研究"是同一个单词,告诉我们学习与研究是一对孪生姐妹。我们要研究教材教法,研究班情生情,研究考试考纲,概括地说,就是要研究教育教学。研究的范围与我们的教育生活的范围是一样大的,只要我们做教师一天,我们都离不开研究;不管你有意还是无意,我们都处在研究中。当然,我们如何将自己的研究化为成果,这是一个值得研究的问题,不是一句两句话能说得完的,这里就点到为止了。

总之,教师的价值观中,"学习"是不能少的,否则,我们的教育生涯注定是可悲的,是贫穷落后的,而"落后是要挨打的"。

我们是坐在路边为别人鼓掌的人

2012 年 6 月 7 日上午语文考试结束后,许许多多学生兴高采烈地跑向我,并翘起大拇指:"老师,你太牛了! 居然一模一样猜中了作文题!""老师,你太神奇了,我们太幸运了!"……我有点晕了! 学生们很开心,我也很开心。

刘继荣的《坐在路边鼓掌的人》是以前在某本杂志上读过的文章,而五月份,就读高二的女儿第二次月考成绩不太理想,而她对自己的学习期望值较高。

5月19日恰逢周末她正好回家,我就将《坐在路边鼓掌的人》一文给她看,意在让她不要太计较分数,以免"亚历山大",做个普通人也是很好的。她读后觉得这篇文章真的不错,不久她改了自己的QQ签名:我只愿做坐在路边为别人鼓掌的人。

后来,我看到许多学生高考前压力很大,需要进行一些心理疏导。5月下旬我基本不上课了,让他们自己看书复习。同时,课前与他们讲点笑话,让他们放松一下,并上了点作文的小东西。我觉得人要首先解决"人与自我"的问题,就送了他们几个关键字,如"输与赢""成功与成才""平凡与平庸"等,让他们以平常心对待人生中的成败得失,要输得起,赢不骄。成功固然重要,但成长更重要,不要太在意自己的成功,因为拥有成长就好,快乐就好。我也举了一些事例,包括刘继荣的文章《坐在路边鼓掌的人》,我简要讲了这篇文章的内容,让他们想一想、议一议、说一说。想不到居然一不小心猜中作文题,当然这有一定的偶然性。

其实,我已经多次猜中了高考作文题,2008年我在4月的《钱江晚报》上发表文章,猜测当年"命题作文可能重出江湖",因为话题作文已经横行四年了,应该换口味了,后来那年高考果然考了新命题作文,即"材料+标题"的"感受乡村"或"触摸都市"。2009年我正好自己带高三,那年是我们祖国诞辰60周年,我与学生说今年可能会考"我们对母亲或祖国的情爱"等比较老套的作文内容,后来考了新材料作文,材料是歌词"绿叶对根的情意"。如果说2008年我猜中了作文的形式,2009年猜中了作文主题的话,那么,我希望自己接下来能直接猜中题目,几乎一模一样的,想不到今年居然圆梦了。

冷静想想,就是猜到高考题目了,连提供的材料都一样,又如何呢? 因为这个作文题本身就一点也不难,不存在什么审题障碍,关键还是要看学生的写作基本功,尤其是考查学生的语言功底与思辨能力,否则,还是空欢喜一场。也许唯一的益处就是减轻了一些学生当时的考场压力吧。

高考结束后,王碧云家长特地带着孩子来到我的办公室感谢我猜中了作文考题,使孩子一直在良好的心态下完成了语文试题,尤其是她的作文平时考试最担心了,老是怕偏题,虽然平时她喜欢阅读,能写个性作文,也曾获得过语文报杯作文竞赛省级一等奖,但这与考场作文是有一些区别的。我曾多次与她辅导交流,但她心里好像总有个疙瘩一时难以解开,因此她的信心难免有点不足。但这次我猜中了题目,她感到很有信心,心情轻松,她说60分的作文估计能得50分以上。后来也得到了验证，一模 95 分二模 89 分的她这次居然考了 114 分，都超过了文科班的学生。

男生阮嘉祺也来感谢老师，因为他读到了这个熟悉的作文题，自己的心情就不再紧张了，很放松，可以说 2 个半小时的考试一直处于较好的状态下，模拟考经常只是 80 来分的他超水平发挥了，这次考了 96 分。其实，他说出了许许多多学生的心声。因为老师猜中了作文题，他们考试时那种紧张感被淡化了，也使他们的语文成绩出现了不同程度的提高。但我知道他们的基础相对较弱，最后的结果也不可能出现什么奇迹。

6 月 21 日与 22 日，我们老师到初中学校去招生，因为收费、定位等问题，我们要招的学生分数都是较低的，虽然上普高线都是有机会的，但与重高线差了 100 多分。这样的成绩，三年后却要与他人一样去竞争一本，是多么难啊。可是，当人们的目光纷纷投向重点率的时候，我们的进步却被无情地忽视了，我们的努力与成绩也无人喝彩。每当高考分数公布，总是几家欢乐几家愁的景象，相对于重点高中的欢乐景象，一般学校只能接受平平淡淡的宁静了，同时还夹杂着几多愁绪。我们也经常如此，似乎已经习惯。

一本分数线出来，文科 606，理科 593，嘉兴又取得了好成绩。但这样的高分对薄弱学校的学生来说，几乎是难以逾越的高墙。看着学生的成绩，与模拟考比照，许许多多学生均有不同程度的提高，这就是进步，这是值得欣慰之处。但在残酷的高考面前，我们的普通学生现在只是一群站在路旁为别人鼓掌的人，虽然他们一直在努力，一直在进步，但结果与三年前的中考一样令他们伤心。也许有些歌词很能说明他们的心情："我是一颗小小的石子，深深地埋在泥土里""我是一只小小鸟，想要飞怎么也飞不高""没有花香，没有树高，我是一棵无人知道的小草"……其实，他们也需要别人的鼓励与关怀，也渴望得到别人的鲜花与掌声。而且，今年的高考作文题是一种最好的导向，希望人们在关注跑在最前面的胜者时，也关注一下那些坐在路边为他人鼓掌的人。因为这个世界是多元的世界，掌声也应该属于他们。

6 月 24 日学生与家长来校开招生会，我微笑着与他们握手。我想作为教师，我要站在路边为我的学生鼓掌，我要真心为他们喝彩。

（范文）

你在奔跑，我在鼓掌

此岸，是典雅古朴的江南风光；彼岸，是喧嚣浮华的都市霓虹。一条河，似是隔断了两个时空。我在此岸凝伫，远眺彼岸奔跑的你，为之鼓掌。

生长在吴越的小城，品不厌恬淡的水墨韵味，雾纱雨帘中氤氲着这样的我，只想在路边鼓掌。

垂柳的紫陌，青石板铺就的幽径，墙瓦斑驳的旧屋，雕栏玉砌的楼阁……谁家的厅堂置着青瓷，书房挂着丹青，酒窖藏着醇酒……晕染着每一分恬淡的幸福，站在路边，静静地鼓掌，就好。

一场无意的邂逅，古石桥上的擦肩而过，回望的一眼，定格了彼时的流年。回眸，你盈盈一笑，远山黛眉，秋水翦瞳，描尽了水乡女儿的风情，原来是你。

永夜更漏，辗转反侧，随意披了件外衣，晃荡在空荡的街上。缈远的箫声，浸润了思绪，牵引了心神。仰首望，见你凭栏而立的单薄身姿，风掀起了你的衣袂，乱了你的青丝，显露了你傲然的风骨。月华如水映染不出你清丽而寂寥的风华。

"……我心伤悲，莫知我哀。"那样真切对往昔的感慨，不禁让人吟咏起了《采薇》。轻轻地响起你期盼的掌声，你懂我晓。

交错的命途，像那错落的阡陌。携手相行的数载时光，不用说出口却彼此都明了的默契。你在路上奔跑，我在路边鼓掌。

驾一叶扁舟，着一笠烟雨，煮一壶清茗，点一盏孤灯，落一派悠然，醉一双挚友。你吹一曲箫音，我为你轻轻鼓掌。

斗草舞伞，嬉闹过如花青春；焚香抚琴，沉静过锦月华年，再大的忧思也随风飘散在了过往。

古石桥上，我挥手，目送你告别眷恋的静好，你步入了红尘，我在路边轻轻地鼓掌，你的身影没入了芸芸的众生，你要在路上奔跑，奋斗你的梦想。

看谁家的炊烟袅娜，多平常的烟火气息，却是一份美好的归属，只是不是奔跑的你的归宿。万家的灯火倒映在如镜的湖面，似繁星漫无边际地铺洒在墨蓝的苍穹。掬一捧水，映一轮明月。戏耍流萤，深陷在地上的星辰。这是我的归宿，为彼岸奔跑的你，轻轻鼓掌。

听一程肆意流淌的琴音，沉醉了心扉，抬头望见，楼台上婉约的少女，锦瑟奏华年，撩拨着多少人的思绪。风中轻舞的一帘白纱，朦胧了娉婷的侧影，在水一方的蒹葭。我在路边轻轻地鼓掌。

吟诵那遗落在远古的诗篇，诗的清雅，经的深邃。荡着双桨，划过光阴的长河，唱响那前生无邪的记忆。路边鼓掌的我独有的恬淡幸福。

你在彼岸的路上奔跑，为自己的梦想奋斗，那样的幸福，我不能拥有。我在此岸的路边鼓掌,平静而恬淡,那样的幸福,你不能拥有。

是挚友,却走了两条路,却都是幸福。

路上奔跑,路边鼓掌,适合自己,便是幸福。

是啊,你在跑步,我在鼓掌。我想我们教师就是一群站在路边为学生鼓掌的人,他们是一批批充满青春活力的跑步者,我都要为他们真心喝彩。

"抄写作业"我吐槽

我从大学毕业一开始做教师,也只要求学生抄写生字词 4 遍,后来年纪大了,逐渐变为 2 遍:一遍要求是认识,一遍是用心记住,能考试。自然,要做好也不易。我向来反对那种简单机械的做法,让学生不断反复地抄写,简直就是对学生人性的摧残,对生命的不尊重。即使我在做班主任时,面对犯错的学生,也从未用这种方式来变相体罚学生。按说我教语文,让他们抄写课文什么的,以惩罚他们、教训他们是很便利的。

今年是高中教学深化新课改的第一年,我的抄写作业还是 2 遍。因为这是识记必须的要求,对考试是有用的,我只能两者兼顾。高中三年既让学生考好试,高考满意,也让学生学到点有用的东西,有点人文积累。我曾问这届新高一学生,你们读高中为了什么? 有两个答案可以选择:一是为了考大学,二是为了学习成长;结果是 48 人中,有 47 人选择了前者,只有 1 人选择学习成长,这还是出乎我的意料,虽然我知道家长与我们的学生很注重高考,比例应该在四分之三,但是总有人在乎成长的重要。现在,我们已经进入了多元发展时代,都 2012 年了。虽然学生是将真实的心里话说了出来,但我还是觉得有点遗憾,当然,我依然积极引导他们,告诉他们学习的重要,成长的重要。

今天中午在办公室,本想午睡,可是有事影响了我的休息。有两个班的班主任均找来两个女生寝室的学生谈话,每个寝室 8 人,共 32 人。原因是昨晚她们没能按时睡觉,违反了就寝纪律。我想一则可能是高一新生还不习惯高中的集体生活,她们有很多人从未住过校,二则是她们以前的生活习惯可能与高中发生了冲突,因为是在暑期晚上十点对她们来说可能太早了。于是,班主任无奈地宣布了学校的处罚规则,每人抄写守则 15 遍,交给寝室教官。出乎我的意料,居然没有一个学生反对,连讨价还价的也没有。我想,哇,15 遍,好严厉啊! 也许是新生吧,她们不敢狡辩,不敢反抗。于是她们乖乖地去拿了笔,老实地抄了起来。

我心里为他们难过,也为我们的教育难过,难道我们真的没有别的方法了吗?枯燥地抄15遍有意思吗?除了惩罚还有什么作用?我知道,班主任是很无奈的,因为我也做过班主任,这个主任除了服从,还能怎样?虽然他们很同情学生,但必须这样,否则自己会受到学校批评,自己的日子也就不好过。而胆敢为学生的利益向学校讨价还价的班主任,都是没有什么好果子吃的。这方面我有过一些教训,我也吃过这样的亏。可悲啊!

正当我对那些学生充满同情,心里在想她们为什么不说"不"时,我听到一个女生问另一个抄几遍,答曰:15遍。我想也许她刚才真的没听清楚,也许她要发牢骚了。于是,我认真地竖起耳朵,想听听她是如何吐槽的。然而,结果大大出乎我的意料,她却说:还好,才15遍。当然,这也出乎了另外的女生的意料了。我想,也许这是她故意的自嘲,也许是她早已经习惯了。可能她是50遍100遍的罚抄都经历了,15遍对她来说真的只是小意思了。我真的无语了。这样看来,我们还真是要好好感谢小学或初中的老师了,是他们惩罚学生的基础打好了,以至于高中的惩戒教育相对容易多了。很显然,经历过磨难的学生,心理素质相对比较好。呵呵。

只是,这样的抄写作业,我还是对你心存一些疑虑。

故事消费与多元信仰

3月19日上午,周日,秀洲会堂,首届"秀洲文化大讲坛"开播了,区里邀请市作协主席、知名作家剧作家李森祥做关于"文学·人生·社会"的讲座。两个小时的报告,我记下了几个关键词:故事消费、人性光辉、文化贡献、多元信仰与历史评判。以前酷爱文学时,我经常有意无意地将教育与文学结合起来,并写点教育类的文学作品;而今是思维倒过来了,就是在听文学类报告,我也要把文学与教育问题牵引起来思考,然后乱弹一番。

我们知道,我们正处于冗长电视剧泛滥的娱乐时代,电影也是,就是正常的阅读也以故事见长,什么言情、武侠、玄幻、盗墓、恐怖、职场、谍战、穿越等等无不以精彩的故事吸引人,可以说故事是我们生活不可或缺的一部分,我们都在津津有味地进行故事消费。其实,我们的教育也是如此的,每天或枯燥、或平凡、或精彩的教育叙事,每天我们或摇头无奈、或平静对待、或兴味盎然,可以说无数教育故事组成了我们的人生乐章,也许一辈子不改变。我们为了让自己的故事精彩,也在认真书写自己精彩的故事,我们的教育自己做主,这是一种故事消费的教育。

　　文学作品需要发现生活的美,发现生活中人性的光辉,如美国电影《拯救大兵瑞恩》,值得品味。高二选修教材《外国小说鉴赏》中海明威的《桥边的老人》中的老人,在战争来临人人自危之际,他依然念念不忘那些小动物,表现了人性中闪亮的一面,光辉灿烂。我想我们的教育是必须讲究人性光辉的,包括每一个细节。否则,我们还能寄希望于何处,让我们感受暖暖的人性光辉,所以,一切没有人性的言行应该从教育中销声匿迹。

　　一个真正意义上的作家,从事的文学写作应该对文化做贡献。比如痞子王朔他通过文字告诉人们要活出真实的自己,《我是流氓我怕谁》,他当年的另类,其实是一种超前意识,很不容易的;海盐作家余华贡献的不仅是《许三观卖血记》,更是"活着",具有普世价值,生活是沉重与艰难的,但我们永不言弃,以自己的方式继续着我们的故事。同理,我们的教育也是在为文化做贡献,不仅仅是文化的传承,更是精神的延续,我们在岗位上默默奉献着不平凡的业绩。因此,我们要努力做好自己的教育,为自己,更为后人。

　　多元信仰(原来说的是多种信仰,是我改的)是从电影《孔雀》引出来的,悲惨的故事引人思考。"文革"时那种单一信仰的时代已经一去不复返了,我们庆幸自己赶上了好时代,是令人欣慰的,但是根深蒂固的东西不可能一下子从我们的生活中消失,它会或多或少地影响着我们的思维与生活。多元信仰应该说的是开放的环境,自由的思想,独立的人格。用在文学上就是"百花齐放,百家争鸣"。因为我们的时代什么都不缺,缺乏的就是思想,我们的教育也如此。当我们拥有自己的新鲜思维时,我们得到的也许不是欣喜,有时经常是被讽刺与打击。于是,还是人云亦云来得轻松,做他人的工具总是最容易的,也是最实惠的。于是,"杯具"红满了网络与江湖。唐小兵在《文化大国的价值焦虑》中说道:"如果一个国家对外试图塑造开放大国的形象,而对内压制多元文化的表达,尤其是那些具有叛逆性和独创性的文化形式的探索,这样一个'封闭社会'自然就在根子上扼杀了文化的创造力。"此言甚是!

　　文学总与历史交织在一起。历史评判的问题,也是对文化的一种贡献,现在的评判眼光已经让人比较放心了。因为历史书是一类人写的,是为当时的统治者服务的,因此仅仅是一家之言而已,做电视剧也是。比如对慈禧、武则天、雍正等人的评判,文学应该客观全面些,而不是一棍子打死,让他永世不得翻身。我们教育中也经常遇到评价的问题,我们教师对学生的看法也要符合辩证唯物主义理论，不要偏激看人，片面对事；当然，我们对学生如此，对同事、朋友、社会其他人也理应如此。这样，这个世界才能成为和谐的家园。

曾在报刊看到这样一句话：美国有一个好处，就是你说一百句话，只要一句是对的，它就肯定这句话的价值；中国则相反，说了一句错话，人们就会追究，而忘了你曾说过的九十九句正确的话。这句话入木三分，值得深思。

不过，没关系，事情总是朝着好的方向发展的，我相信。但愿我们的文学越来越成长，我们的教育越来越成熟，我们的人生越来越成功。

关于"家长学校"的两种想象

一

为了提高天球人的素质，天球村村长发布消息：每个年轻人结婚，必须要经过家长学校的培训，考试合格毕业后方能结婚生子，否则一律不准。这样就从源头上保证了人口的质量。

消息一传出，天球人一片哗然，怨声载道。可你还是要结婚，所以必须要通过考试。而且天球村村长兼任了家长学校校长，想蒙骗过关是不可能的。

培训内容很多，主要是"德""爱""性""能力""生活""心理"等必修课。一轮考试后，通过率只有10%，而90%不及格。于是，骂娘的很多。骂后，考试还是要考。补考通过的也只有20%，还有70%不合格。天球人一片茫然。天球村村长也很无奈。于是，各路官员来说情的有之，请客的有之，送礼的有之。考虑到综合因素，村长就开了口子，于是，一大批年轻人都通过了，可以结婚，只是规定只能生一个子女。这样通过率就达到了90%。

这时有人向村长送美女，村长很高兴，纳为小妾。不久，她为他生了一个儿子。以后，就有人不断仿效，送美女给村长，村长一一笑纳，美女们为村长生了许许多多儿子女儿。这样，人们就有意见了，纷纷造反。可是，被村长派军队镇压了。人们怀恨在心，尤其是那些10%没有通过考试的人，对村长耿耿于怀。他们到处犯法，与军队抗争。最后，同情支持他们的人也越来越多。而且，许多军人也倒戈，将村长杀了。

人们砸了家长学校的牌子，天球就变成了大家熟悉的原来的天球。

二

为了提高天球人的素质,天球村村长发布消息:每个年轻人结婚,必须要经过家长学校的培训,考试合格毕业后方能结婚生子,否则一律不准。这样就从源头上保证了人口的质量。

消息一传出,天球人一片哗然,怨声载道。可你还是要结婚,所以必须要通过考试。而且天球村村长兼任家长学校校长,想蒙骗过关是不可能的。

培训内容很多,主要是"德""性""爱""能力""生活""心理"等必修课。一轮一轮考试后,通过的比率只有10%,而90%不及格。于是,骂娘的很多。骂后,考试还是要考。补考通过的也只有20%,还有70%不合格。天球人一片茫然。天球村村长也很无奈。于是,各路官员来说情的有之,请客的有之,送礼的有之,都被村长坚决挡了回去。

村长以身作则,为大家做出了榜样。他下定决心,要将人口素质培训与考试进行到底:天球人什么时候过关了,什么时候就可以结婚。众人被村长的决心感动了。他们亡羊补牢,开始不断学习,不断改变自己的恶习,不断提高自己的能力,丰富自己的素养。所以,有人三十岁过关,三十成婚;有人四十过关,四十结婚;有人五十过关,五十成婚。最大的一个甚至到了七十岁才通过,老头老太笑嘻嘻地领了结婚证。为此,村长大大地奖励了这一对模范老人,号召人们向他们学习,学习他们为提高天球人的素质,而活到老努力到老的精神以及他们的故事还被写进了学校教材。

就这样,经过50年的努力,天球村的年轻人都能及时过关,及时结婚生子。天球人终于养成了好习惯。从此,天球人的人口质量非常优秀,让其他星球人望尘莫及。

天球人永远不会忘记他们的第一任村长,因为他的胆识,才使天球的今天变得如此美好。

不现实是什么

作为教师要勇于向学生学习,作为老爸要勇于向孩子学习,因为这都能"教学相长"。

近年来,女儿总有一些奇怪的想法,是对人生、世界、社会的,包括对爱情的见解。一则说明她到了有主见有个性的成长期,二则可能是进入高中学习了哲学的缘故吧。她在思考,在思考中成长。她遇到人生的困惑,渴望与人交流,"老爸永远是朋友",我伴随她长大,与她一起思想。尤其对于她在成长中的一些偏激的看法,我将予以合理的疏导,免得她多走弯路,在"不健康"里徘徊。

今天晚餐时,我们一起讨论了一些人生与社会的事。女儿突然问,"不现实是什么?"这个问题不太好回答,我退后一步,说,"现实与理想是一对矛盾"。女儿紧接着说,"那么就是说理想是不现实的",显然,照她的推理好像是没错的,但她不经意中犯了一个逻辑错误。我说,"不完全对,这个是相对而言的……"没等我说完,她就一声不吭地走进自己的房间,关了房门。我知道,她进入了独立思考时间,不希望被打扰,而不是她对我们有什么意见,因为我们经常有问题的交流与思维的碰撞。

不久,她发给我们一条短信:社会是现实的,理想是不现实的,幻想是不可能的;现实与不现实可以转换,而可能与不可能永远有明确的界限。

这是一条理性的短信,带有凝重的思考痕迹,但难免偏颇。她妈妈只有把这光荣的任务交给我去完成了。于是,我敲开了她的房门,与她进行了单方言说,她是聆听者。我说,"并非所有的理想都是不现实的,只要合理的能够实现的就是现实的;如果对于孩童来说,任何理想都是现实的,哪怕幼稚可笑",这是我接着刚才的话题。我继续说,"可能与不可能,在一定条件下都可以转化,让可能成为不可能,不可能成为可能",我举例说明,中国男子足球队,多次在只要打平就出线的有利形势下,将可能化为乌有,成了不可能;你自己中考前夕,认真复习数学,方法得当,中考中发挥自己的特长,在试题偏难的情况下,考出了137分的数学高分:这就是不可能成为可能的经典例子。另外,今年7月2日,我们教师去苏州进行野外拓展活动,有个钻铁丝网的活动,靠一个人的力量几乎是不可能完成的,我们依靠团队的力量,一个个地完成了,这叫"一切皆有可能"。

我离开她房间后不久,我们都收到了女儿的短信:可能与不可能是人的主观意识,当可能与不可能实现转换时,问题已经上升到现实与非现实的冲突中,现实与非现实作为非主观意识形态可以实现转换。

她妈妈说,好高深啊!是的,她的思考已有了理论的东西,于是有了深刻的感觉。只是我怕她陷入片面与偏激,在牛角尖中纠结,为此不能自拔而痛苦。于是,隔了一扇木门,我们进行了进一步的交流。我给她回了信:你已具有了比较深刻的哲学思维，难得，好！说明你在思考，你在成长；但愿你能辩证地、科学地、全面地看待世界，成为一个思想者。

当然，我好好地表扬了她，在成长中的孩子需要鼓励；同时，我提出了对她的期望，希望她不要片面地看人看事。我是希望与她有更多的交流，可是，之后一直没有收到她的短信，让我或多或少有点失落。

大概 15 分钟后，她走出自己的房间，我们一起看电视——上海世界游泳锦标赛。我怕她心里还有疙瘩，就对她说"在思考中成长。"她马上回应，"刚才的话题已经结束。"我吃了一惊，欲言又止，心中既喜又忧。

我们都是"神"

有人说过，爱自己的孩子是人，爱别人的孩子是神。这是对一般父母而言的，如果联想到教师身上，其实我们教师都是爱自己学生的，而学生是别人的孩子，那么，应该说我们都算是"神"了，至少是半个"神"。

2010 年高考作文题是讲文化反哺的，作为师长应当放下架子，蹲下身子，虚心向学生、孩子学习。只有这样，这种反哺才是真正意义上的反哺，才会起到应有的效果。看来，"神"不是那么好做的。

今年上半年我诸事不顺，心里也很郁闷，但还算能坦然面对。譬如说健康吧，我的亲戚中有多人得重病，或成植物人，或中风等，当然，这些都是间接的，我只要适时去看望或问候即可。而我自己三月份出了点小车祸，一瘸一拐了一个多月，而今还是不能走得远走得久，否则脚还浮肿。"福无双至，祸不单行"，我岳母近几月身体有恙，一直以为是胃病，后来严重了才去医治，有点晚了，现在杭州住院。因为工作忙，我只有利用周末尽点孝心。6 月 6 日下午两点匆匆上完课，去赶火车，8 日午后匆匆赶回嘉兴，因为除了"承上"，还要"启下"，女儿要回家准备中考。做教师 20 多年了，几乎没请过什么假。如有什么压力总喜欢一个人默默扛，怕父母怕家人为自己担忧，这是许多年来养成的习惯。平时我们教师都很忙，因此，也不便在办公室讲述这些不开心的事，而且自己应该承受的压力是不能回避的，这里拿来晒晒，也算是放松一下自己的心情。其实，家家都会遇到一些难言之痛。我想我们应该多关心家人，多尽些孝心，少留些遗憾；同时，要保重自己的身体，只有有了这个青山般的"1"，后面更多柴禾般的"0"才有意义。

6 月 7 日那天，从未拜过佛的我差一点去灵隐寺烧香，为岳母的健康祈祷。

后因手术室外更需要人等待就罢了。也许是职业习惯吧,坐在那儿想,如果去灵隐寺也要顺便为学生烧个香,因为那天是高考的第一天,而且上午是考语文。

在浙医二院有事问医生、护士、保安,他们的态度都很好,他们面对每天多次重复的问题还能耐心回答,因为他们知道这些简单的问题对于问的人来说却是新问题,这体现了良好的职业道德。由此我想到,医生护士工作与教师工作有着很大的相似之处,我们面对学生或家长的许多简单甚至是幼稚的问题,我们也都能耐心解答,积极引导;医生护士讲的是人道主义精神,挽救的是人的生命,而我们讲的是关爱学生为人师表,是塑造人的灵魂。我们面对着一届又一届别人的孩子,认真教育教学,在学生身上花的时间远远超过自己的孩子。如果我们不是"神",那谁又是呢?

总之,我们要努力做好自己的"神",哪怕别人的孩子气你,惹你,误会你,甚至骂你,我们还是要做好这种苦难的"神"。如果还不够,就得好好修炼;只要我们都努力了,就无悔了。

我们的学生

"年年岁岁花相似,岁岁年年人不同",春去春又回,一届又一届;老学生毕业了,又有新一届的来到。看到朝气蓬勃又稚气未脱的学生,我们的心不禁又年轻起来。新一届学生给我们输入了新的血液,带来新的生机,因为他们拥有积极的特点。

首先是精神状态好,遵守纪律,能努力适应高中生活。这从早上卫生、早读、课间操、午休、晚自修等不错的情况可以看出。希望"良好的开端是成功的一半"。

其次是学习目的明确,学习态度比较端正。我曾在高一5班做过调查,问他们来高中的目的,是"考大学"还是"学习成长";结果,48人中有47人选择了前者,只有1人选择后者。从目前情况来看,他们学习的态度很端正的。

再次是对高中充满期待,有较强的求知欲。从我们第一专题学新诗来说,处于青春时期的十七八岁的孩子,对高中新生活充满许多的好奇与期待,相信自己拥有美好的未来。而且,一些原来不爱诗歌的学生,渐渐有了感觉,居然也学起写诗来了。

还有他们渴望得到老师的指点与表扬。这从上课、作业与沟通等方面可以看出,我们的绝大多数学生是积极向上的,渴望得到他人的认可,这表现出良好的价值观,是获得成功的基础。

但我们的学生又有他们的共同点:他们的家庭条件相对优越,一些学生的个性相对较强,家长的期望相对较高,而他们的学习能力与成绩相对较差。我们的学生大多是独生子女,他们相对吃不了苦,恋家心理重,依赖性强,而意志力较差,心理抗压能力也普遍低下,但他们在许多事上经常表现得比较聪明,也有点年少轻狂;而且许多人凡事往往以自我为中心,不太关心他人,不太顾及他人的感受,有点自私等。同时,随着高中的逐步普及,学生的差异性也越来越体现出来;许多学生的行为习惯和学习习惯的养成与我们的期望相距较远。

而表现在语文学习上,他们的特点也比较突出。

首先是学习习惯不良,学习方法不善。说句实话,他们的习惯养成不是一天两天了,如果他们学习习惯良好,学习方法较好,他们也不会在中考中取得这么尴尬的分数了。无论上课还是作业,他们普遍存在思维反应慢,注意力不够集中等问题,而这对学习考试是至关重要的。这些也是他们一直想改而未能改的地方,这不是什么智商的问题,也不是情商的问题。

其次是学习基础相对较差,学习能力相对较弱。他们的中考分数大多在100到120分之间,超过120分的已是少数,还有少数的在100分以下。而大多今年中考中相对优秀学生的成绩一般在130分以上,甚至超过140分也不在少数。我们从学生的作业中能看出来,选择题错误率太高,错别字不少,一些学生的字实在难看。

再次是阅读的缺失,语文素养不足,这是一个普遍的现象。在当今应试社会分数至上的形势下,这是个一时无法改变的事实。这对民族是伤害,对个人也是伤害,对母语教育更是不可估量的伤害。

还有他们上课时不敢主动回答问题,显得比较被动。这与他们在初中时的境地有关。初中时他们属于中间乃至偏下的一批,是被边缘化的一群,课堂的主角不是他们,他们是配角,是为他人鼓掌的人,他们已经养成了一种聆听别人发言的习惯,这导致他们来到高中后,我们让他们做主人了,他们反而有点不习惯了。

新课程要求我们要学会与学生一起成长。那么,我们如何做呢?我认为:

1.我们要用多元标准去衡量学生,如用唯一的考试分数去评价,那么,他们也许都是差生,而且可能永远是差生。我们不能用旧眼光去武断地看死一个学生,我们需用新眼光去发现他们的闪光点。新课程要求我们要用不同的评价标准,单一的尺度容易把人看扁。

2.我们不能改变他们的习性,不可能用一天两天时间就能解决他们身上存在的问题,但我们可以积极引导他们,用我们的正能量去引领他们成长。

首先是我们自己的心态,要放低自己,不轻易对学生发火。虽然我们不认同他们的一些做法,但也要尽可能去宽容他们,宽容他们的缺点,同时与他们进行平等的交流。面对学生的问题,我们可以这么想,如果学生没有问题,那还需要我们教师干什么;如果学生没有什么问题,也就不是我们的学生了。因为与许多重点高中的学生相比,他们的习惯比较差,包括行为习惯、学习习惯、思维习惯等,还有学习方法的差距。

其次是改变我们自己的教育教学方法。我们的方法也许不是最好的,但尽可能是最适合他们的,适合我们自己学校实际的。如精心设计教案,简单实用的教案,是符合我们学生心理发展的。又如"与生沟通",主动与学生进行心灵的交流,给他们信心上的鼓励,尊重他们的梦想;给予他们学法的指导,耐心引导。这项工作需要我们在教学实践中不断摸索、变革与创新,随时准备调整自己的策略,改变有问题的做法,复制他人有用的做法,刷新自己陈旧的方法。

再次是我们对学生的期望值也不要太高,否则就很容易失望。因为教育不是万能的,我们要拥有一颗教育的平常心。当然,我们要对学生尽量多鼓励,越是这样的学生就越需要得到别人的肯定,老师的表扬是学生进步的动力。当然,该批评的还要批评,否则是非观一旦模糊了,我们的教育遭遇到的才是最大的切肤之伤与锥心之痛。

总之,我们要多研究,研究学生的变化特点与自己的教育教学方法;多反思,反思自己的教学行为与效果。只要不断总结,不断努力,我们相信学生必定会有较大的进步,我们也将随着学生的进步而进步。

我们靠什么出成绩

这次期末联考,高二理科除数学、物理在同类学校中排名不垫底外,其他学科均下滑或徘徊不前。这种情况显然已经不是个别事件那么简单了,而是具有普遍性的问题了。因此,就更值得我们冷静反思,在反思中找原因,然后想对策,求进步。面对这种困境,仅有批评是不够的,更需要伸出援手积极帮助。下面,我想从学生、教师、学校等方面分析一下其中的原因,如有兴趣,请你心平气和地耐心阅读,同时,也欢迎彼此进行真诚的交流。

第一　学生层面

1.学风浮躁。良好的学风是获取良好成绩的基本保证。校长在会议上说,我们的高二理科学生学风浮躁,一定要打压下去。其实,浮躁是我们整个社会的现象,这打上了时代的烙印,也许比打腐败还要难。一种风气不是一朝一夕形成的,同理,要改变一种风气也不是短期内能完成的。我任教高二两个班,发现他们在去年九月表现是可以的,从国庆长假回来后,他们的真面目就暴露出来了。也就是说,我们的学生只能坚持一个月,"坚而不久",就是对他们意志力状况最好的概括。

我们教师应该积极引导,同时辅以制度的约束,才能逐步改善。问题是当学生屡次触犯纪律时,除了无力的口头教育外,我们能不能加以强有力的惩戒,因为缺乏惩戒的教育是不完备的教育。关键是惩戒的公平性与持续性能否得以坚持,我们能否承受得住来自家长的压力,尤其是那些有权、有钱或难伺候的家长?

当然,学生的学习动机与考风问题也是影响学风的重要因素。

2.学习基础。这是一个必须面对的问题。虽然这届学生招到了一些相对高分学生,在同类学校里也可以算不错的。但整体情况如何,大家应该很清楚。虽然我是半路接班的,经过半年的相处后,也心知肚明了。更何况已经经过了多次分班,留给我们普通班的能有几何呢?当省一级重点高中的老师说自己教普通班的痛苦与无奈时,我听了只能无语了。所以,我觉得应从源头上抓起,让好生源就读我们学校,以减轻考试分数带给教师与学校的压力。当然,关键还要看我们的办学目的是什么,学校的定位是什么,以免陷入两难境地而不能自拔。虽说应该进行多元评价,可我们生活在高考的包围圈里,怎能独善其身?面对残酷的分数,再理智的动物也会变疯。

3.学习能力与对课程的重视程度。我们学生的综合学习能力很差,他们往往顾此失彼,抓了这门,忘了那科。因此,凭兴趣学习与作业也就难免了。理科学生爱做理科的题目,而且钻研起来忘了时间是正常的事情。当他们听到自修下课铃声想起时,才知道自己作业才做了一点点。虽然我们反复强调自己学科的重要性,比如我对他们说,无论你将来考什么类别,语文都是要考的,必须要有一定学习时间的保证;但谁理你,他们会觉得你很可怜。这种缺乏总分观念的学习习惯与态度是贻害无穷的。因此,普通班的教师感到很没成就感。

第二 教师层面

1.教师的权力与魅力。我们的学生是很势利的,他们往往见机行事。如果你当个官,有点权力,他们还是买你面子的。当然,没有什么权力也行,只要你有魅力,时尚、活泼、美丽往往是吸引他们的地方,他们会与你"零距离"相处,学习自然也不会太差。当然,如果"魅力"仅仅停留在外表的层面,这注定是一种悲哀。于是,就苦了一些既无权力又无魅力的老师了。因为学生的学习精力是有限的,没有总分意识的他们会无缘无故给你一节自修时间吗?你做梦去吧,你以为你是谁?因此,我们还应该在自我魅力上花些工夫与功夫,以引起学生的好感,从而给你一点安慰与惊喜。

2.教师的执行力能持否。我们都是满怀希望教学生的,因为给学生希望等于给自己希望。一开始我看到两个普通班的学生学习信心不足,他们认为自己在差班,还自我调侃说"我们是好班"。于是,我与其他教师一样鼓励他们,我说:"你们真的很好,学校没有放弃你们,因为我来了。"他们听后很开心,极力鼓掌。当然,我在安慰他们的同时,也在安慰自己:虽然我教普通班,但我不差。问题是当我们的付出没有得到学生响应,甚至他们不管你如何苦口婆心劝导他们,却笑嘻嘻看着你当你是可悲的傻子时,我们感到自己是多么没有尊严多么无奈,那么,我们的教育热情还能坚持多久?是灰心丧气,顺其自然,还是依旧坚持自己的梦想?

3.教师的战术运用。我们教师不要指望天上会掉馅饼,不要指望学生会在自修时关照"自己",因为那么多学科他们忙不过来,因此,只有靠我们自己。

首先,要提高45分钟课堂效益,让课堂发挥不一般的作用,自修就留给学生自己支配吧。

其次,利用辅导课加强沟通,提优补差,步步为营,为教学添砖加瓦。

再次,尽力提高教学的有效性。包括备课、上课、作业、辅导等方面。尤其是作业的布置很重要,要向高一数学组那样精心选题,提高效率,成绩显著。

最后,面对众多困难学生,采用"盯人"战术,尽量让他们统筹兼顾,要有发展眼光,不要放弃学习。只是"盯"归"盯",但千万不要"盯"出个安全事故来,因为你是签订安全责任状的人,应该知道"安全重于珠峰"的真理,否则,你是吃不了兜着走的:要么去蹲监狱,要么没有尊严感幸福感地活着。如果教育没有幸福可言,我们做教师还有何意义?

第三　学校层面

这里说说政策扶持。生活在中国,做教师就要做数学与英语教师,因为去家教市场看看就明白了。立竿见影的学习效果让中国人染上了急功近利的毛病,母语地位远远不如外国语早已是不争的事实。于是,下面学校里几乎都有这方面的措施,如每天确保数学学科至少一节课的作业时间,确保外语学习不受任何干扰。同时,许许多多学校都将这些学科列为重点建设学科,请专家进来,派教师外出学习,往往让人称羡不已。虽然我们多么渴望自己的学科也成为重点学科,但事实上这是不现实的,也是不可能的,因此,我们弱势学科不要寄希望于这点,谁让我们"嫁对郎却摸错床"呢? 那么,你就羡慕吧。羡慕他们拥有了多么优秀的团队,羡慕他们经常聆听专家的教诲,羡慕年轻教师一次又一次外出参观学习,获得专业发展的良好机会。是啊,谁让你生不逢时呢?

"我们靠什么出成绩",以上仅仅是我的一家之言,难免有不当之处,还望见谅。我们有困难,我们不怕;我们一起努力,我们一直在教育的路上寻找属于我们的玫瑰花园。

第三辑　触摸教学——语文教师的习惯行为

课外阅读应该成为学生日常生活的常规内容

学生人文素养的缺失是当下语文教育亟待解决的一个问题。"十年寒窗"使他们成为了顽强的考生,却依然是一个个柔弱的学习者。究其原因,学生都将有限的时间投入到无限的习题之中。功利化的学习让语文坠入了无望的深渊。叶圣陶先生说过:"语文是精神的宠儿,她与功利无缘!"可是,现在依然有许多学校,尤其是高中,明确规定学生在自修课上不准看课外书,就连《读者》《小小说选刊》等优秀的刊物也不例外。如果有语文教师对此提出异议,就会被认定为"另类"。

现代文化产业的快速发展使孩子们的文化生活比以前更为丰富、多元。他们满足于视听感官上的享受,对经典阅读不再有强烈的渴望。因为经典阅读比较凝重,需要他们拿出生活的积累、艺术的经验和思想的沉淀来感悟,而繁重的课业负担使他们没有时间,也没有心情去品味经典。许多学校对课外阅读的重视往往是出于"完成上级下达的任务"的心态,将阅读放在某个时间段,或来一次阅读竞赛,或举行一次征文,这种做法流于形式,也比较功利。

语文课外阅读应该是孩子们日常生活的一项常规内容,应该成为他们的一种生活习惯,一如每天刷两次牙、吃三顿饭。而学生阅读行为习惯的培养,并不是一个"阅读日"或"读书节"所能解决的,必须得到教育行政部门的重视和相应的政策支持,进而由各地各校根据自身的具体情况,因地制宜,建立一套符合实际且行之有效的阅读制度。例如,有的学校建立了"三读"制度,即早读、午读与晚读。应该说一天拿出一定的时间来进行课外阅读,是完全可以做到的,也是必要的。只要我们合理安排时间,对教学不但不会有负面影响,反而还有较大的促进作用。有的学校设立了长篇名著阅读制度,让学生利用寒暑假以及"五一""十一"等法定假日,进行长篇经典作品的品读。当然,课外阅读制度的建立并不是一劳永逸的事情,学校以及相关部门需要持之以恒地对课外阅读的实施情况进行指导、监督和评估，在实践中不断发展和完善课外阅读制度，实现"阅读就是生活，阅读就是信仰"的教育理想。

此外，课外阅读制度的建立和实施还离不开"外围性保障"，相应的社会价值心态和阅读氛围尤其重要。政府有关部门有责任引导公民的阅读行为和价值取向，使阅读常规化、制度化，让阅读成为全民族的自觉行为。而全体公民有责任履行阅读经典、保护文化、提升民族素养的义务。如果一味对阅读放任自流，让文化成为作秀场，那么我们的阅读怎能敌得过娱乐时代的各种文化快餐？我们的经典必将湮没在泡沫、快餐、戏说和流行时尚中，而少人问津，甚至无人问津。如果将阅读作为一种新规则纳入到社会、教育考核体系，无疑会促使人们敬畏经典、崇尚阅读。

语文是师生共同成长的歌谣

语文是什么？每个人的答案是不同的。丰富多彩的回答造就了语文的无限精彩，充满个性的思维又展现了语文的博大精深与不可捉摸。让人爱又让人恨的语文，经常被人褒贬不一，语文甚至成了"误人子弟的刽子手"。但这并不丑化语文的美丽与魅力的形象，多少年来，语文总是以自身的"蒙娜丽莎的微笑"，给人以神秘的美感，滋养了一代又一代中华学子。

语文是什么？语文是师生共同成长的歌谣，我们在语文学习与交流中一点一滴地成长。我们一起聆听孔子的谆谆教诲，感受"饭疏食，饮水，曲肱而枕之，乐亦在其中"的安贫乐道的夫子境界；我们一起"发愤忘食，乐以忘忧，不知老之将至"，而悠哉游哉。我们走进了史铁生的地坛，朱自清的荷塘，戴望舒的雨巷，与海子一起"面朝大海，春暖花开"，并"诗意地栖居在大地上"。是的，成长就是每天摇着轮椅去地坛想心事，终于想通了什么是伟大的母爱，如何顽强地面对生与死；成长就是在荷塘的月色下欣赏月色下的荷塘，让自然的和风温暖"这几天颇不宁静的心"；成长就是在雨巷的徘徊中，学会等待"丁香一般的姑娘"，欣赏丁香一般美好的事物；成长就是懂得有空时"为亲人写一封信，告诉他们自己的幸福"，并"为每一条河每一座山取一个温暖的名字"；成长就是在本没有什么意义的世界，寻找让人类变得不断高尚的情趣、理趣与诗趣。我们在经典中快乐成长，让经典告诉学生许许多多精彩的故事，并让故事告诉他们该如何成长出自己的精彩。

语文是什么？语文不仅是知识的传授，更是思想与情感的熏陶与积累。学习知识永不为迟，因为"活到老"，可以"学到老"；但一个学生如果没有独立的思想与健全的情感，这就是我们教育的失败，是我们语文的遗憾。因此，我们语文教师不但要教会学生如何考试，考上自己满意的学校；更要让学生学会做人，做一个有思想有情感的有用之人；让学生懂得如何做事，做出文明得体有益的事。为此，我们的语文教学不妨做到"三接轨"，即与古典文化接轨，与时代生活接轨，与未来世界接轨。因为语文教学与古典文化接轨，能使学生拥有足够的人文积淀与底蕴，这是他们茁壮成长的基点；语文教学与时代生活接轨，能使学生主动关心社会发展时代进步，不做"两耳不闻窗外事，一心只读考试书"的书呆子；语文教学与未来世界接轨，能使学生对自己的生活满怀希望，既脚踏实地又仰望星空，积极去做一个有理想的幸福之人。

语文是什么？语文是变化无常的河流上我们始终不变的追求，语文是惊险丛生的山道上我们一直向上的勇气，语文是屡战屡败的战场上我们屡败屡战的信念。

高考阅卷手记

6月10日中午，我及时下榻杭州申花路的紫金港酒店，这里离浙大紫金港校区很近，而且住宿条件相对较好。因为高考阅卷不但是脑力活，更是体力活，所以必须要保证晚上良好的睡眠。事实证明，稍微提前去报到抢占有利地形是个明智的选择。

6月11日上午，在浙大紫金港校区东校区临水报告厅参加动员大会，650名来自全省各地的高中一线教师与200名浙大中文系硕博研究生，一起聆听了省教育考试院领导与阅卷点专家的讲话。他们强调了阅卷的重要性，要追求公平性。他们向我们提出了几点要求，即保质保量完成任务，遵守纪律，注意保密，不接受媒体采访等。随后是分组分工，我被安排在文言文阅读大组第三小组，批阅19到22题共5个小题，即文言断句、文言翻译、古诗鉴赏，分值17分。下午，我们熟悉场地，研究试题、评分标准、评分补充意见与答案，并进行小组讨论，课题小组长汇总与开会确定答案标准。最后是上机试评，磨合答案、评卷标准与操作规范，这是适应性练习。后来，又将试评中遇到的问题进行汇总，再次统一标准，充实评分补充意见。这样就大大降低了答题要求，既提高考生的考分，同时也不让我们语文的分数太难堪。

我们小组共24人，一人是组长，23人组员，一半是浙大研究生。为了减少社会舆论的压力,今年浙江省考试院在作文阅卷中不安排研究生。因此,其它题型中研究生阅卷的比例就大大提高了。

6月12日九点才开始正评,起先大家都批得不快,因为与答案标准有个磨合期。我大半天才批了400多份,快的有600多份,大多是300~400份之间。听说作文组争议较大,因为要消灭“趋中分”,即42到44分的要少打,稍好的提高到45分以上,稍差的降到41分以下,乃至38~39分,这样可苦了我们的学生了。

6月13日到18日,是最紧张的阅卷工作。我们的文言内容虽然降低了标准与要求,但文言文毕竟是学生学习与考试的一个难点,因此得高分的学生不多,我打的最高分才15分,我们组最高的批到17分,满分。当看到考生书写漂亮、回答精妙时,我的心里有说不出的高兴,很有成就感。问题是断句要求很高,错一处扣一分,错三处扣完3分,最后统计本题全省平均是0.3分,正确率只有10%;文言句子翻译可以采用重点字词落实的直译与意译相结合,应该说难度小了许多,只要不放弃,还是能拿分的;古诗鉴赏也是有难度的,尤其是21与22题答案张冠李戴的考生很多,因为许许多多学生不知“开篇的特点”与“艺术表现手法”的区别,于是乱答一气。

根据我们的批阅尺度,我们可以告诉学生一些答题技巧,譬如只要是主观题,不管是现代文阅读还是文言文(含古诗)阅读都可以多写点内容,当时能想到什么就写上。因为写多了,只要踩点到位就能拿分,而且是答对的才给分,答错的不扣分。假如你少写内容,语言虽然很精炼,但如果没踩到点,就没分。而且,最好能采用分点回答,以便阅卷时不被老师遗漏;同时,关键字词不能写成错别字,否则是要扣分的。我想,这是所有文科学科共同的特点,我们学科之间可以相互借鉴。

我们文言文19到22题组的17分,最后全省平均是6.84;而作文60分平均41.4分,得分在36到50之间的占92%;选择题平均19.2,语用题是6.19,现代文阅读两块内容共12.35,论语与默写是8.10分。全省语文考生的平均分是94.08,略低于去年,比较正常。

我最后是批了近8000份试卷,这在小组内不算多,因为他们都比我年轻,眼疾手快是年轻人的优点;而且,我开始四天是用鼠标来批的,从而影响了进度,后三天改用小键盘就明显快多了。好在我的各项指标都在小组里保持领先,无效卷数是200多一点,列小组第三;吻合数超过99%,有效度97%,自评指数

100%，都在小组保持领先，最后的综合评价分是98.8，列第三小组第二，在大组100余名教师中列10来名。虽然最后只有5个优秀名额而留下些许遗憾，但至少我没有给学校丢脸。这是我感到欣慰的地方。

参加阅卷，感慨颇多：高考阅卷工作既是工作，也是学习；既是权利，更是责任。这种阅卷只要有一次历练，也足够我们品味多年。

亲爱的语文

新课程改革来了，语文教学的春天来了，亲爱的语文不应该再受冷落了。

我们知道，"生活的范围有多广，语文的范围就有多广"，也就是说：语文即生活。所以，我们渴望在温暖的生活中获得快乐，在快乐的语文中赢得温暖。因为语文精彩在课堂上，丰厚在教科书中；语文更靓丽在课外，博大在生活中。也可以这样说，我们每天都生活在温暖的语文中，语文应该快乐我们的日常生活。那么，朋友，请好好享受语文，享受语文的一字一句；好好享受生活，享受生活的一草一木。

我们生活，我们语文——亲爱的语文。

在学校，在社区，我们可以聆听语文的浓浓爱意。大家相聚一起，用你的故事交换他的传说，那么我们就多了一份记忆；今天一个演讲会，明天一场辩论赛，我们的理念更新了，智慧碰撞了，思想丰富了；你走来，他走来，我们三五成群，拉家常，叙旧情诉新谊，不知不觉地沉浸在语文的美丽中。

在家里，你为自己泡一杯绿茶，半倚在沙发上，欣赏音乐；也可以放声唱一首，管他嗓音多么沙哑，管他音调跑到远方，只要情感得到了表达。或者，打开电脑，信手涂鸦，画一幅属于自己的作品，过把画家瘾；也可写一首抒情小诗，自娱自乐；更可取一个自以为是或特立独行的网名，与遥远的陌生的他或咫尺天涯的他聊天，聊聊快乐与痛苦，聊聊生命与财富，聊出友情与温暖。当然，要留点时间给电视，电视是传播文化、学习语文的优秀媒介。那充满异国情调的外国文艺，极具民族特色的中国戏曲扑面而来，我们的心陶醉了，情感渲染了，人放松了。更有那半夜起来观看世界杯足球赛，好好感受那场面的紧张与刺激，残酷与狂喜；美美欣赏那一张张充满表情的脸与内容丰富的背影；久久难忘那一个个蕴含深意的动作和扣人心弦的瞬间。

经过了一个个温馨夜晚的滋润，第二天，我们必定拥有一个好心情。我们就走上街头，浏览各种标牌广告，无意间发现了一个错别字或不规范的语言用法，我们咬文嚼字,谈笑风生。口渴了,没关系,来杯冷饮,来支棒冰,你听听这些名字:"随变""扭扭"就有"绿色心情"。肚子饿了,不要紧,躲进小吃店,一边议论窗外流动的时尚风景,一边让风味美食教会你舌头麻辣,大汗淋漓,嘴上还直叫"爽"。当然,爽的还有那些电影:《冰川时代》许多《英雄》在《冷山》《十面埋伏》,结果发现我们的《后天》竟是《天下无贼》。

书店是语文的极乐世界,少年作家与美女作家各就各位,争着拉你进入他们的另类包厢,全新的世界让你流连忘返。但你千万不要冷落了那些经典名著,因为它们才是真正从沙里淘出来的金子。你可以翻阅比较,精心选择,而后抱几本回家,装点自己的书房,为家庭的文化建设平添一份精神礼物,构筑一层人生阶梯。回来的路上,顺便在街头报亭里选本杂志:《读者》在《小小说选刊》开《故事会》;或来张人文味十足的报纸:《语文报》或《中学语文报》等。希望有一天"语文"能进入大众社会,因为终身学语文应该成为每个公民的权利和义务;"新课程"能进入家家户户,因为每个人都需要了解和关爱教育。

语文活动最大气的要数在节假日,你走进独特的风俗民情,与民间艺人一起疯狂,只要开心,出点洋相又何妨。因为真正的语文在民间,要及时享用,发扬光大。或三五成群,结伴而行,去水乡小镇,为心灵放假,这是一种语文休闲法;也可到名山大川,为心灵沐浴,尽情玩味大自然,并朝着眼前的胜景高声喊一句:"我来了。"那是何等潇洒的境界!是的,我快乐地来了,我在得到快乐的同时,也给生活带来了情趣与温暖。

朋友,我们一起与生活亲密接触吧,我们一起与语文快乐成长吧。因为在生活面前人人平等,在语文面前人人自由;因为我们生活在温暖的语文中,语文因我们而明亮有趣,我们因语文而快乐无限。

亲爱的语文,新课程来了,我们触摸到了你的灿烂阳光。"大地苍白的脸上,将会慢慢泛出红润。"我们相信我们的教育理想必将丰收在望,而不是空空荡荡。

我们快乐,因为我们很爱语文——亲爱的语文。

浙师大的简单与自信

为了帮助一线教师提升解决课程改革中疑难问题的能力,推动高中语文新课程的深入实施,2011 年 4 月 17 日～19 日由浙江省教育厅教研室主办,浙江师范大学教师教育学院承办了高中语文新课程新教材"疑难问题解决"作文教学专题研训会议。我有幸参加了这次会议，感到十分激动，可以说我们一线教师代表都是抱着高期望值赶赴金华的。一是大学教授与博士生亲自为我们操刀上示范课，与我们互动探究；二是这次活动不收会务费（由省教育厅教研室专门拨款），在高度物质化的年代很少见。

17 日下午在师大专家楼报到，领到一本浙师大自己编的 2008 年的内部刊物与一份活动安排，这样的见面礼确实简单，但想想是免费的午餐也就无话了；专家楼的住宿条件也很简单，后来结账时才知 55 元一晚，也就难怪了。其实，简单的物质待遇我们是不在乎的，因为我们的目的不是去享受，我们是去求学取经的。

18 日上午举行开幕式，省教研员胡勤主持，师大教师教育学院院长李长吉、知名语文教育专家王尚文老教授、浙派名师研究所所长蔡伟教授等人出席。只是会场主席台上方的横幅还是新疆某区校长来师大培训的旧字样，多多少少让人扫兴。院长简短讲话后是王尚文（已退休）教授激情澎湃的发言。他说，本次活动的特色一是不缴费，二是针对教学中的疑难问题，三是这种大学老师上课中学老师点评的形式，打开了至少是浙江省教研活动史新的一页。他的话很鼓舞人心。

开幕式之后是活动的第一项内容，即专家讲座、论文交流与现场互动。主持人蔡伟给了省教研员胡勤老师半个小时的讲座时间，所以他就蜻蜓点水般地讲了三个小故事与小案例，引出"为何写，写什么，写给谁，怎么写"的一般问题，然后说了写作课不必讲什么写作知识，因为阅读课已经讲得很多了。其中他讲到，我们的老师教了不该教的，以致于我们的中学生尤其是高中生不会读了，也不会写了。当然，他是从理想语文的角度来说，应该是不错的，但面对高考，我们该如何？有老师在互动时就提出来。省教研员讲半个小时，许多事情都没讲清楚，这样的安排过于简单，是难以满足我们一线教师的需求的。之后是教师论文交流，每人 5 分钟，不得超过，否则被阻止。有的照读自己的论文，才半篇时间就到了，因为上一晚刚接到通知，有点紧张。主要是交流他们在作文教学中的一些做法，如办班级刊物，网络博客助力写作，作文的自我修改，写作介入阅读等。最后是现场自由交流，苍南县的教研员介绍了他们正在做的活动，如现场作文大赛，高中生口语能力比赛等。杭州 7 中介绍了他们的《满天星》杂志等。总之，主动发言的老师并不多，绝大多数属于倾听者。

18 日下午战场转移到了浙师大附中（金华二中），因为是上课听课，需要高中学生的配合,然后是老师们说课评课。首先是师大教师教育学院的王国均教授上《基于量表的议论文的互改与自改》,他20年前当过中学老师,后留学日本,上课有较强的理论性与科学性,努力用语言去调动学生的学习积极性,但是他太急了,不断在催促学生快一点。面对这种新东西,我们的老师都是不太熟悉的,更何况学生了,而且要在一节课内解决一切问题,显然是不可能的。第二节课是倡导非指示性教学的郑逸农特级老师的舞台,他是师大特聘教授,离开中学讲台才两年。对学情的了解与第一节的王老师是不可同日而语的,因此,课也就生动多了,有趣多了。他上的是《作文交流:好作文的基本标准》,他通过优秀作文的语段来引出好作文的标准,如“真”“善”“美”等,只是他选择的内容太多了,什么主题、标题、结构、语言、内涵、意境等。他想在一节课内教给学生很多东西,出发点是不错的,但实际上有走马观花之感。

19日上午还是在浙师大附中,听博士童志斌老师上《交际情境中的有效表达》与蔡伟教授的《读诗写文,破解无米的困境》。童志斌博士原是衢州二中的老师,2007年到师大的,应该说他对高中学情也相当熟悉的。他的“交际情境”主要是以“自荐信”为蓝本,提供12篇样本,让学生评定等级指出存在的问题。“自荐信”应当如何写,注意什么,一开始并没有讲,而是在具体的过程中逐步向学生呈现的。他特别强调的是自荐信要有读者意识。只是他提供了太多的样本,导致绝大多数学生根本来不及阅读,更谈不上点评了。本次活动的组织人蔡伟教授是相当从容与自信的,他离开中学8年,上课依然那么有趣生动。他让学生阅读现代诗,让他们根据其中的意境改写成散文,而且,让自己的研究生直接进入课堂,朗读分析他们自己的作品,并用鼓励性的语言充分调动了学生学习的积极性,另外,他在研究生的帮助下做了一个很精美的课件,教学效果还是不错的。

上课之后是互动环节,由现场老师提问或评点,最后是专家点评。不知为什么,提问的老师不多,主要是两三个温州的老师在问与说,问的又都是“高考怎么怎么办”之类的话题,其实,省教研员都回答不了的问题,大学教师能解决吗?我们嘉兴参与互动的一个也没有,也许我们很低调。而专家的点评也是很克制的,大学老师的面子必须要给足。如知名特级老师、金华市语文教研员朱昌元点评也是罗列了很多优点后,再提出商榷意见的。后来,我们在回来的路上,嘉兴的教师在讨论时,有人说大学老师上课没与新课程的苏教版教材相联系,很难给一线教师提供有效的范本,所以,绝大多数听课教师成了沉默的大多数。

我想,也许大学教师视野开阔,又有自己的研究领域,他们是根据自己的理解去选教授内容的,难免与中学有距离。也许他们仅仅是在传达他们的作文教学理念,至于是否与中学实际相符,他们这次考虑得肯定不多,但这至少说明了浙师大教师教育学院教师的充分自信。只是这却与本次活动的初衷"为了帮助一线教师提升解决课程改革中疑难问题的能力,推动高中语文新课程的深入实施"相去有点远了。我想如果采用两个大学教师与两个高中一线教师上课切磋,或者举行同题异构活动,也许给予与会教师的启发会大些。

虽然本次活动的过程显得有点简单,但浙师大教师教育学院能组织这样一次会议是不容易的,显示了他们的自信。他们自信能得到省教研室的大力支持,他们自信全省各市都会派教师来积极参与,他们自信会议一定能取得圆满成功。他们是有理由自信的,正如他们的院长所说的,教师教育学院拥有教授 39 人,副教授 36 人,博士 40 人;从 2013 年开始正式开始教育博士生的招生;他们的教学科研水平在全国大学排名第 12 位;尤其他们拥有了像王尚文那样的全国知名的语感论语文教育专家,而且,郑逸农的非指示性教学在全国有一定影响,还有蔡伟等浙派名师。在此,我衷心祝愿浙师大越来越自信,更祝愿我们的语文教学越来越强大与美丽。

我们每个人都很重要

5 月 18 日(周三)下午,学校的"教师论坛"又与大家见面了。只是那天的形式有点不同,改由我们语文教研组承办,具体由我策划与主持。我想本次活动旨在抛出语文教研的"地砖",引来大家的"碧玉"。本期论坛的话题是"教师专业发展大家谈",这是一个大家非常熟悉又十分重要的话题,我们应该有许多共同的感受。为了能在旧瓶里装点新酒,我们请相关发言老师就"教师专业发展中如何用自己扎实的学风去影响学生"这一话题来说一说自己的看法与做法。

论坛由张祝平老师深情的朗诵导入,她将我们带入了马丁·路德·金的《我有一个梦想》。是的,我们每个人都有自己美丽的梦想,我们的一生就是在追求梦想中长大。但作为教师的我们要勇于追求教育的梦想,我们与教育约会,我们与语文恋爱。四位做讲座的教师我分别选了高级教师、一级教师、二级教师与见习教师各一名,体现了在不同教学阶段,教师的不同的思考与认识境界。

我们知道,无论教育还是教学的专业发展都是日积月累的过程,积累知识、技能、思想、情感等,而用心得来的都是其中的精华。因此,我先请语文教育战线上的老兵来亮一亮他们的宝贵财富。与语文恋爱 22 年的中学高级教师徐文兵,做了 10 多年的班主任,他已经有了一份浓浓的班主任情结,而班主任的发展也是教师专业发展的一部分。他以"美丽的风景永远在路上"为题,给大家讲了作为教师尤其是班主任应该"树立学生的自信心""要求每一位学生做好自己""开好第一次家长会";还要"多读书和善待自己""学会感恩、懂得宽容""崇尚实干"。而与语文恋爱 15 年的中学一级教师葛英,来到我们学校差不多一年,尚未在学校教师论坛亮相,那天她将向大家晒一晒自己与语文的情与爱。她以"奏响语文课堂交响乐"为题为我们谈了对语文教学的理解:教师扎实的专业知识是演奏华美乐章的基础;教师渊博的文化知识和丰富的人生阅历是交响乐的小插曲;语文教师熟练的专业技能是完美和谐演奏交响乐的有力保证;语文的工具性和功利性的追求是交响乐演出最后的目标效果,也体现渗透于课堂中。

俗话说"长江后浪推前浪",如果没有新生代教师的不断涌现,我们的语文将成为一片没有生机的沙漠,因为他们是语文教学的未来。他们的讲座也体现了他们不简单的思索精神与使命感。与语文恋爱五年的中学二级教师褚月红以"学习·实践·反思"为题,发表了她自己的真情言说:要有勇气"死"在公开课上,要有情趣"活"在家常课中,要有想法"长"在教科研中。而与语文恋爱仅仅一年的见习教师沈滢,以"认真出水平,实干成能力"为题,向我们讲述了一个新教师对语文教学的渴望:意识为先,动力加持;多渠道拓展,实现专业发展;思维有碰撞,实践出真知。

四位教师的精彩讲座分别由四位教师做评点,他们是叶卫平、邹惠、朱小栋与黄琦伟。他们点评的同时,也阐述了自己对教育教学的看法,看法有见地,他们的点评也同样精彩。

本次论坛,我对所有组内教师都安排了相应的任务,做讲座的,点评的,朗诵导入的,分工不同,但人人参与。这是一次团队风貌的共同展示,这是一次团队力量的集体喷发,因为我们是兄弟姐妹,我们是茫茫人海中相遇的有缘人。给猴子一棵树,它会还你一树的生动;给老虎一座山,它会还你一山的精彩。是的,我们的表现应该说是优秀的,但优秀不等于十全十美。在今后的教育道路上,我们将一如既往,不断努力,与教育约会,与语文恋爱。有句话是这么说的:女孩喜欢弹吉他的男人,因为他浪漫;女人喜欢弹棉花的男人,因为他实在。而我们的教育既要弹吉他又要弹棉花,既要浪漫又要实在。我们有理由相信,我们每个人都很重要,我们每个人都很精彩。我们不但语文在春天里,语文在初夏,更将语文在深秋与冬季。

我们语文在春天里

"春雨润如酥",四月的校园里,处处弥漫着春天的气息,仿佛在欢迎客人们的到来。4月22日,由嘉兴教育学院主办的"嘉兴市高中语文第三批名师课堂教学研讨暨携手教研活动"在我校举行。活动由嘉兴市高中语文教研员沈建忠老师主持,浙江省特级教师傅顺康、徐桦君、沈坤林老师和嘉兴市第三批名师以及来自市属兄弟学校的50多位教师代表参加了本次教学研讨活动。

本次活动以"教师课堂教学的自我评价"为主题,活动分为教师课堂教学展示与说课评课两部分。我校邹惠、褚月红教师与省市优质课奖获得者黄会兴与杨冬晖老师,以《雷雨》和《声声慢》为载体,展示了话剧、古代诗歌两种课型的不同风格。邹惠、褚月红教师带领学生在文本的诵读与研读中,表现出良好的教学基本功;来自平湖高级中学的黄会兴与桐乡高级中学的杨冬晖老师不愧为省市优质课获奖者,他们对文本的处理更显大气,对课堂的驾驭更成熟。本次课堂教学在展示了四位教师不凡的教学智慧与风采的同时,也展示了我校学生积极向上的学习精神与良好的青春风貌。

展示课之后,全体与会教师参加了说课评课交流会。四位开课教师简要地阐述了自己的教学设想,并对自己在课上的教学行为进行了系统小结与反思;嘉兴高级中学薛万霖老师的发言拉开了第三批市名师评课的序幕,随后是平湖中学金中、海盐教研室张红、桐乡凤鸣高级中学聂玉华、桐乡高级中学屠洪根与王朝晖、嘉兴一中蒋雅云老师一一做了中肯的点评,他们在肯定上课教师优点的同时,提出了一些需要改进的地方,同与会教师进行了商讨。作为市第三批名师导师的浙江省功勋教师、特级教师、元济高级中学徐桦君老师与特级教师、桐乡一中的沈坤林老师以及原教研员、特级教师傅顺康老师都从不同的角度对四位老师做了点评,他们的意见与建议切合实际、可操作性强,对与会教师都有很大的启发。最后是市教研员沈建忠老师对本次活动做了总结,他说这次教研活动获得了很大的成功,他感谢嘉高实验中学为组织本次活动所付出的努力,同时在活动中表现出来的良好风格,感谢四位开课老师付出的辛勤劳动,感谢三位特级教师与七位名师的积极参与与精彩点评,感谢市属学校听课教师自始至终的认真参与。

本次名师课堂教学研讨暨携手教研活动的开展,为学校间教师进行教学交流搭建了良好的平台,尤其为青年教师提供了学习的机会,在名师的指点下,在课堂教学的历练中,他们一定会更快更好地成长。

努力共建语文生态课堂

3月1日,周二,语文课公开展示活动。第二节,我们一起去看了《老王》;第三节,《山羊兹拉特》温暖了你我。第七节语文组同仁在四楼会议室"聚餐",菜单是老王、"我"、阿隆、山羊、课堂教学改革等,大家一起畅饮了语文这杯鸡尾酒。

《老王》是沈滢老师上的,虽说这是一篇初中学过的课文,但高中教师是第一次教,而且沈滢是个零教龄的教师;《山羊兹拉特》是邹惠老师上的,虽说相对是个老教师了,但也是第一次上这篇文章。就这点来说,两个老师都做了一次文化的旅行,而且是比较成功的精神解读。因为无论从目标设计、重点把握,还是教学思路等方面做得都比较不错的。当然,为了我们以后的语文课堂更出彩,我还是提出了两点自己的看法,供各位同仁参考,也欢迎大家批评与交流。

第一 文本解读的有效性问题

学生初中时学过《老王》,那么,我们在问题的设计上要有所突破,体现一定的层次与深度。可以抓住文眼——"这是一个幸运者对不幸者的愧怍"这句话进行文本的探究,应该放手让学生去说,教师不必急于去解答,当然可以进行一些积极的引导与背景材料的补充,以便于学生的研究,帮助他们更好地学习课文。

《山羊兹拉特》问:草堆的出现,前面文字有伏笔吗? 教师可以从容点,耐心让学生自己寻找,不必教师自己替代学生说了。同时,关于第15到24段的分角色朗读,不必急于亮出自己的观点,要给学生必要的思考时间,让学生品一品,揣摩一番。

显然,文本解读有效性不仅仅要求问题的有效,也要操作过程科学有效,如果没有时间去消化,学生是很难得到真正的心得的。

第二 努力建设语文的生态课堂

语文的生态课堂,或者叫绿色课堂,是指以学生为主体的,符合学生发展的,互动的、开放的、和谐的语文新课堂。从这一点来说,我们的语文课还需要做出改进。

我们的教师自己说的时间多,给学生讲的时间少,好像总是对学生不放心;其实,为何不从容点,即使没完成教学任务又何妨?

还要注意课堂预设与生成的关系。教师不要拘泥于课件,被它牵着鼻子走。

要立足于文本,与学生就文本内容进行交流,如果有难度,可以进行小组协作讨论。

对学生回答问题的评价也要恰当。如《山羊兹拉特》,分角色朗读,两个男生读后,教师点评:精彩! 我想问,真的精彩吗? 不要为了课堂的和谐,做出不合理的表扬,让学生得到毫无意义的褒奖。这个朗读是有一定难度的,可以先让学生自读一下,准备一下,情感上把握一番,然后再读,也可以让两组学生读,比较一下;然后再去探究"咩"的意思,答案也不必拘泥于预设的东西,要体现教学的开放性。

这也是建设生态课堂所必需的。

顾此失彼的语文课堂

那天我上公开课讲授《论语》中的《知其不可而为之》,因为我在前面"言"上花费了过长时间,直接导致后面"文"的匆忙与淡化,严重影响了教学效果。其实,这种"顾此失彼"的现象经常存在于我们的语文课堂,值得我们去认真关注并总结。

周五组内进行说课评课活动,徐文兵老师与我就公开展示课与文言文(《论语》)教学的设计展开了交流。他认为公开课应该展示教师自己的特长,让听课者看到我们语文教师的精彩与语文课堂的精彩,因此,可以将前面的"言"的教学环节淡化或者放弃,这样可以赢得足够的时间进行"文"的探讨;而且,就高考来说,《论语》只有 4 分,并注重于"文"的考核。这是他的教学理念,他能直言我很高兴,说明我们的教研活动是有研究气氛的。不过,在尊重他观点的同时,我保留自己的看法。因为我的理念是公开课展示的不仅是教师的风采,更是学生的才华,"以生为本"才是新课程所要求我们做的。我们要突出学生的主体性,不是口头上说说的,而要落实到教学行为上,即使是公开课上也应如此。因此,我认为教师在课堂上应该要给予学生足够的时间来参与教学活动,而不是自己急迫地替代,要有耐心,耐心地引导,虽然课堂气氛会沉闷些。而《论语》虽然在高考中只有 4 分,而且是考核人文方面的问题,但我认为会考、联考还是有字词方面较多涉及的,更何况文言文需要的是平时的积累,而《论语》学习就是一个非常好的文言现象与人文思想的积累过程,所以,我还是觉得应该要"言文并重",真可谓"教学理念决定了教学行为"。在此,与徐文兵老师商榷,也希望我们以后组内的教研活动,能经常听到不同的声音,有积极的争论,有真诚的交流,更欢迎有不同流派的存在,这样,我们的语文教学才有希望。

　　周二听了葛英老师的公开课《我与地坛》,她新到学校,第一次开课,想在老师们面前展现自己的长处,我能理解。应该说,这点是成功的,教师组织教学的能力得以充分的展示。她的教学设计从导语到拓展,以及对文本的研读都花费了很多心血,可谓环环相扣,精心设计,用心良苦;她的课件制作也是精美绝伦,与文本紧密结合,为教学服务,起到了良好作用;她的背景音乐优美动听,与文本接近,让学生得到美的享受;她的板书抓住了重点,理清了思路,与课件遥相呼应。尤其她的侃侃而谈,驾轻就熟,引领学生走进了文本,走进了作者的精神家园——地坛;应该说这第一次展示是成功的。但在成功的同时,我想说一点值得商榷之处,即语文教学中的"顾此失彼"现象,与她探讨。

　　教师在充分展示自己的时候,难免会冷落了我们的主体对象——学生,从整堂课来说,教师说得还是太多了,留给学生思考、品读的时间还是太少了,当然,如果思考、品读的时间给足了,那么我们的教学任务可能是完不成的。譬如一些句子、重要字词的寻找是否耐心让学生找,像第 6 段的那个句子:"一个人,出生了,这就不再是一个可以辩论的问题,而只是上帝交给他的一个事实;上帝在交给我们这个事实的时候,已经顺便保证了它的结果,所以死是一件不必急于求成的事,死是一个必然会降临的节日。"这是非常重要的句子,相信学生也能找出来,而教师是直接点出来让学生读了,等于在牵着学生的鼻子走,一切都安排好的,这样,学生的学习是被动的。也许是后来教学时间来不及了,她才如此的。还比如展示地震中的图片,也是教师自己包办分析与解说的,其实可以让学生去说一说,教师再补充也许效果会更好些。同时,课件张数要适当,一般在七八张即可,还是要以文本研读为主,否则就有以课件替代文本的嫌疑,是有违语文教学规律的;图片也不必太多,让学生发挥一定的想象力,起到的作用也许更好。这是一种遗憾,语文教学中经常会发生的遗憾,是一种"顾此失彼"的现象,值得我们去研究。

　　这种现象在周五朱小栋老师的《京口北固亭怀古》中也出现了,在教师利用课件向学生展示了背景材料,引经据典,提供很多信息,进行非常透彻的分析,相对来说,朗读的时间就少了;另外,大量精美课件帮助了学习,但数量太多,就使得学生与文本的直接对话受到挤压。这些细节虽然没有影响小栋老师这节课的成功,但整体来说,不能不说也是一种小小的遗憾。

　　当然,这仅仅是我的一家之言,说起来容易做起来难。平时,我们经常会忽视学生的主体性,如果我们真的"慢慢走,欣赏啊",我们的教学任务完全有可能是完不成的。面对我们的学生，我们经常顾此失彼，而且也只能顾此失彼。这就是值得玩味的、遗憾的语文新课堂。

选拔的意义

选拔是指针对某一类事物中的最优秀的个体进行挑选的一种活动；选拔赛是竞赛的一种，目的是发现和挑选人员参加更高一级的比赛。本次我们语文组对参加市属学校课内现代文课堂教学评比活动，采用了选拔赛的形式。这是在报名人数大于需求人数的情况下组织的一种相对比较公平的选拔方式，教研组旨在给老师们提供一个展示的舞台，一个比赛的模拟情境，让有需要的教师参与竞争，经受考验，从而促其成长。可以说这个过程就是一个教育与教学的历练过程，这个过程饱含兴奋、期待、紧张、矛盾、犹豫、释然、失望、幸福等情感体验，既是人生的享受，也是人生的磨砺，是教师成长的一次必修课。

本次活动我们从通知宣传到自愿报名，从班级顺序抽签到告知上课内容，从上课准备到评委听课，从意见反馈信息汇总到最后参与人员商议确认等程序的安排均与较大规模的比赛有相似之处，只是我们是校级组内的小规模活动，级别低一点。活动经过宣传发动后，先后有黄琦伟、叶卫平、朱小栋、张祝平四位教师报名，而上报人数只有一名，于是就为我们开展选拔赛提供了可能。其中，班级的安排、课务的调整工作得到了高一年级组、课程教学部的大力支持；同时，其他6位语文老师也克服困难，担当评委，进行听课活动，他们的课务需要自己协调，如果没有其他学科教师的支持，我们会遇上许多麻烦。好在我们是一个优秀的团队，我们之间有着千丝万缕的联系，我们息息相关，相互支持，我们亲如兄弟姐妹。对于你们的支持，我们只有默默感谢。

令人感到最大欣慰的是四位老师为我们奉献了四节非常优秀的课，说明他们自己很重视本次选拔活动，他们又具有良好的教学能力，这种认真精神与专业素养让我看到了美好的希望。因而，我在让评委老师推荐时，特地写了"本次活动表现更优秀、更突出的教师"，是的，他们都很优秀，只是名额有限，我们只有忍痛割爱。好在以后还有许许多多的机会在鼓励我们，我们会有更多机会展示自己，"只要是金子，迟早会发光的"。

叶卫平老师课堂教学是一个良好的开端，他教学思路清晰，从"梦想是什么""为什么有这样的梦想"到"怎样实现梦想"，引领学生走进文本、朗读文本、品味文本，尤其是第六段的解读很透彻，是一个亮点。朱小栋老师以新颖的导入激发了学生的学习兴趣,以精细的分析将学生的目光引入文本,以有效的材料帮助学生理解文本,学生积极的学习状态使得课堂氛围热烈,给听课教师留下了良好的印象。张祝平老师从自由女神像导入,从黑人的生活状况切入,让学生深入文本,找一找,读一读,说一说,配以精美的图片资料,简洁有效地与学生一起享受了那个经久不息的伟大的梦想。黄琦伟老师将学习方式明确定为"文本研习",通过四个问题的研习带领学生走进了梦想,应该说她对文本的解读很细很透,对演讲词(文体)特点的概括更全面。总之,四位老师都能把握文体特点,深入文本,注重朗读,思路清晰,目标明确,手段多样,尤其是后茶馆式教学方式的熟练运用,为我们呈现了既有共性又更具鲜明个性的成功课堂。

最难的就是对结果进行四选一的选择,这也是选拔赛的最残酷之处,假如是展示课就没那么多的为难了。经投票,朱小栋、黄琦伟老师进入终审资格,经过综合考量,黄琦伟老师被推荐参加下半年的市属比赛。对于朱小栋老师的理解,教研组表示衷心的感谢。

每次活动都渴望成功,但每次活动都不可能十全十美。在得到历练、收获经验的同时,我们也难免留下了一些遗憾,好在永远有"下一次",我相信我们会做得更好,也许这就是"选拔的意义"。

力争让每一位参与者都有所收获

9月17日,我们语文组举行了课堂展示活动,沈滢老师与褚月红老师分别在高一3班与高一7班展示了他们构建的《前方》,共有42人听了课。下午我们组内开展了说课评课活动,主题是"新课堂教师的引导作用",分别是张祝平老师与邹惠老师主评,其他老师副评。因为今年我们组要求每位教师开一节公开课,每位教师主评一节课,作为提升课堂教学水平的基本要求,力争使每一位参与者都有所收获,而我要求自己每一堂课都要按主评的标准来评课。应该说,两位说课老师都很谦虚,强调了自身的不足,淡化了自己的亮点;评课老师都是坦诚相见,鼓励与期望共存,尤其是主评老师做了充分的准备。我希望良好的开端是我们语文教学成功的一半。

我们知道,教与学的矛盾是教学过程中的主要矛盾。教师的"教"与学生的"学"的相互影响和辩证统一直接关系到课堂教学的效果。如何在教学中体现教师和学生的能动因素,怎样正确认识教师的主导作用和学生的主体作用,是新课堂教学中迫切需要解决的问题。新的教学理念强调学生是发展的主体,教师是学习活动的组织者和引导者。在教学中应特别强调教师要发挥组织者、支持者和合作者的作用，尤其是教师的引导作用。为此，我们应该让学生主动参与到课堂中来，而不是代替学生学习，更不是代替学生思考，要把学生摆在主人的位置上，充分发挥学生在课堂上的自主性、参与性与创造性。

那么，教师如何在课堂上发挥其引导作用呢？我认为：一要确立目标，为学生主动参与导航；二要创设氛围，调动学生主动参与的积极性，教师提问要精炼，有价值，要克服问题的随意性、无意义性；教师还要引导学生抓住重点词句，思考深层次的问题；三要合理分配教学时间，把学生训练的时间还给学生，等等。

应该说，两位老师在引导学生进入文本探究问题方面，做得还是不错的，虽然也有值得商榷的地方。譬如，褚月红老师在整体感知环节上用课件展示了摄影散文的结构：照片－联想－回到照片，这是知识的点拨，也是学法的指导，起到了帮助学生学习的作用；当学生在归纳"人有离家的欲望的原因"时，遇上困难，她马上引导他们朗读第 3、4 段，从而归纳出"迁徙"的缘故；后又追问"是否离家了，就一定快乐了"，过渡到第 10 段的学习，导引自然；还有当学生在学习第 10、11 段遇到困惑时，又进行了适当的拓展，帮助学生理解相关内容。而作为零教龄的沈滢老师也在课堂的引导方面做得比较好。如她用文本中的图片导入课文，比较简单与有效；她对摄影散文特点的概括也很精炼，对文本思路的点拨也恰当；当学生归纳文本的第三个核心观点出现困难时，她暂时放一放；当学生将第一段中的另一句子拿出来时，她引导他将前面的观点来看一看，从而排除了误读：这些都是值得肯定的。当然，面对哲理性很强的《前方》，面对不好理解的句子，面对学生的困惑，她有些被动也是难免的，如"离家原因"中"人类有离家与远行的习性"这点归纳的引导上有点吃力等。

应该说，褚月红在逐步成熟，沈滢展示了良好的潜质，我们组内的其他老师都在积极地进步成长。我相信，只要我们不断努力，始终坚持自己的梦想，我们每个人都能成为理性与诗意并存的语文教师。

语文：继续努力在春天里

半年来我们很"给力"，但结果是"浮云"，所以我心里很"忐忑"，现在我的心情"你懂的"。

我在本学期第一次语文教研活动上就讲了各年级的重点，高一是学生学习习惯的培养，学习方法的完善；高二是要关注文理分科后理科生学习时间的保障与学习兴趣的转移问题;高三在进行第一轮复习的同时,抓好会考,尤其是艺术生的补差,争取会考通过率达到学校下达的标准。从高一下学期末、高三会考成绩显示,我们教学研究的重点也就是我们教学中遇到的难点。

应该说,我们半年来的进步是明显的,高一大多数学生的学习习惯与方法都有了不同程度的优化,学习成绩在原有的基础上也有了提高,与前一名才零点几的差距,与第一名也就2.7分的差距;高二与高一第二学期期末考试比,无论优秀率、及格率都有了极大的提高,平均分原来是第六,并与第五名相差近5分。这次文科上升到第四名,有了进步,与第一名也就2.1分距离;理科排名与原来持平,但分值在缩小,与第一名也就2.5分的距离;当然,这些与学校的要求还是有较大距离的,因此,我们要好好总结,力争在这学期更上一层楼。许多客观原因,自然不必多说,因为我们无法改变,我们只能做好自己,做好自己的语文教学。

1.了解他校情况,明确自己的差距,明确努力的目标;了解学生实际,明确今后教学的努力方向。只有做到知己知彼,才能打赢这场"战争"。

2.多找学生交流,特别要关注学习困难的学生:激发他们的学习兴趣,增强他们的学习信心,纠正他们的学习态度,指导他们的学习方法。必要时与家长取得联系,齐抓共管。

3.认真钻研教材,研究考试大纲、学科指导意见,了解高考动向,努力提高40分钟课堂的针对性与效率。不妨调整一下课堂结构,如少说一些,多练一点,多为考试想一点。在一个以考分衡量业绩的时代,我们也许别无选择。

4.充分利用早读时间,加强文言文名句名篇的诵读,加强美文时文的朗读,并加强检测;同时,要用好教研室试卷,这是考试的方向,更要注重试卷的分析与讲评。

5.努力挤出空余时间,增加自主思考的时间,反思自己的教学,不断改进教学方法。要静下心来,关注细节,努力编好自主作业,反复琢磨,精选精练,并进行有效批改,个别辅导,提高作业的针对性与有效性。

6.加强课外阅读与写作辅导。学生每天几乎要花去大部分自修时间做习题,而语文学习是慢活,除了应付考试外,语文更是学习过程的逐步积淀,是知识、能力、情感、思想的日积月累;如果没有时间去历练打磨,我们凭什么去赢得良好的人文素养,写出令人满意的作文? 于是,课外阅读显得很重要。为此,可以在学生自愿的基础上,引导他们订阅优秀的报刊,如《读者》《青年文摘》《小小说选刊》《散文选刊》等,并指导学生的阅读,包括阅读时间的安排与阅读方法的运用等;同时,当学生在自修时间进行课外阅读时,恳请其他学科的老师们不要简单处理,动不动就收缴读物,当然,你可以进行必要的引导。

总之,"一切都会过去,神马都是浮云",我们不会沉湎于过去,我们应放眼未来。我相信,只要我们努力,我们一定会成功。你们是天才,而我们是人才,不就少了个"二"嘛!

早读是课堂不可分割的一部分

做语文与英语教师,注定要比其他学科教师多付出时间与精力,因为每周三次早读课需要你提前与学生进行亲密接触。寒来暑往,积少成多,几十年下来,早读时间绝对不是一个小数目,而是一笔极其宝贵的财富。显然,早读不是随意安排的活动课,而是学习语文的必要延伸或是有益补充,绝对不可轻视。

我以前经常是教平行班的,对早读的感受绝对深刻,也牢骚过唠叨过相关问题,虽然是无奈有余,但希望不失。今年终于让我尝试了理科普通班(高二5班)与特长班(高二6班)的差异教学,一个月来,我对早读的感想自然就更丰满了。

应该说,6班相对自觉多了,在班主任的配合下,科代表的主持有力又有效。她像小老师般地在座位间走来走去,随时检查同学的早读状态,及时提醒与纠正。他们读书的声音洪亮、整齐,让我听起来很有成就感。这不是我刻意训练出来的,而是他们早就养成的学习习惯与本有的学习素养。我只要预先与科代表布置早读内容,中间稍微转一下即可。

而5班的早读是另一种风景,是一种似曾相识的情景——看来每一届都有相似的画面。虽然有班主任的配合,纪律绝对不是问题,但科代表的作用却难以发挥。一则是她本身也是第一次做这小官,无经验可言,需要我的指导(我指导后的境况也不是很好);二则面对39个男生(全班只有6名女生)的架势(其中不乏厉害角色),善良的她早就有点晕了,我布置的任务难以得到落实。于是,我几乎是寸步不离5班,我要全面关注,随时指正。同时,他们更有理科普通班的通病——早读的声音不但轻,而且不齐。虽然我经常鼓励他们拿出下课时讲话的勇气来,可是持续时间短,读着读着,又轻了。也许这也是多年养成的习惯,因为他们在原来初中时是属于学习弱势群体的,经常扮演着配角,而今,当几乎全部的配角集中一起时,他们有点手足无措了。当然,科代表也属于此类,也难为她了。于是,只有依靠老师的引导与训练了,我要耐心去带领他们逐步走出配角,成为学习的主角——真正的主人。

那么,教师该做什么呢?我认为:

一是有耐心,鼓励他们的早读信心。我要不断强化他们学习的主动意识,克服他们的依赖心理,让他们重新定位,找到自己的新角色。

二是目中有人,关注每位学生的早读状态。看看有没有只看不读的,或偷偷做别的作业的,或闭目养神的;再看看是否有出工不出力的,即嘴上在动,没发出声音,装得有模有样的,要让他发出声音来。

三是重过程,做好读书的指导工作。当发现学生读得前后不齐时,要让他们停下来,告诉他们读得快的放慢速度,等一等,读得慢的稍微加快进度。同时,一定要注意句读,读出感情来,读出感觉来,而不是为任务而读书。在必要时,教师自己示范读,领读。

总之,早读是语文学习的一部分,早读课是语文课堂不可分割的组成部分。我们要充分利用,合理安排。相信久而久之,坚持下去,早读课的效果一定会读出来。

背诵,还需要给点力

学习文言文,诵读是一大重点,更是难点,这是对理科学生来说,理科男生更是,205 班的男生尤是。显然,背诵还需要给点力。

假如不说学习与考试,205 班的男生应该说都是可爱的,就拿大名鼎鼎的倪同学来说也是,他有礼貌、说话风趣,人品应该没问题,但就是习惯太差,包括行为习惯与学习习惯;上课也喜欢说话,要么睡觉,作业也做的,就是认真不够,考试往往 30 多分,自己也不在乎,与他交流,他点头称是,只是依然故我。同样,背诵也是他的一大困难。

周二上课,我检查了《论语》当天的背诵情况,6 班还有 5 个男生,我让他们当天完成,晚上到我督班的 5 班来背,结果,全部完成。5 班绝大多数男生均未背出,我要求他们当天完成,我想我在你们班督班,还怕没时间管你们。本想在下午社团活动课上,让学生订正作业。可是,6 名男生去理发了,10 来名学生被会考科目教师叫去辅导了,自然我的计划就泡汤了。因为还有晚上,我一点也不急。晚自修第一节做数学;第二节做别的作业,无人背书;第三节我提醒了一下,他们说老师我们知道的,等做完了别的作业,我们会背书的。而这时 6 班的几个男生都已经来过,也完成了。我一遍一遍巡视,终于发现有 3 个男生将《论语》摆在了重要的位子,这时已经晚上 9 点。大多数还在顽强地做其他作业。也许是受到 6 班学生的刺激,9 点 15 分,终于有一个男生上来背了,基本成功了。不久,下课了,我只能默默离开。

本来第二天周三早自修准备默写,6 班是照旧的,5 班我临时变动,早读就是读与背,在语文自己的时间段尽力去完成作业,终于又有人背出了,下课时还有很多人没背出,因为他们还要时间投入。可是时间在哪里?因为下午有活动外出,于是我建议科代表利用下午第三节自修课,让他们背书,但我不在,他们会背吗?而且,这是公共时间,不是语文学习专用时间。

背诵啊,背诵,你让我感慨颇多。

第一是时间的问题。如果仅仅靠早读,是远远不够的。那么,公共的自修时间,他们会放在语文上吗?凭什么?他们喜欢理科科目,重视会考科目,无可厚非。学生的时间是有限的,凭什么让他们放弃其他,去背诵难懂的《论语》?我不忍心去强迫学生这么做,我只是不断引导。因为我们老师的压力都很大,我们大家都不容易。

第二是班级的氛围问题。背诵方面,6 班相对自觉,因为大多数人背出了,少数人就觉得不好意思了,于是就挤时间背诵了,也就背下来了。现在的早读,我几乎都将时间放在 5 班,当然,偶尔去 6 班也会发现问题,如有人悄悄做别的作业,有人在背外语单词……但整体上还是很不错的,更何况科代表有能力,能较好地组织好早读。而 5 班就难了,我们必须承认学生之间差异的存在。

如何办呢?我想我会尊重学生之间的差异,这也是在尊重教育规律。其实,想想他们也很苦,因为基础、能力、习惯等问题,他们往往完不成每天的作业,那么,对于背诵之类的口头作业,自然是放在最后了,而最后的往往又是被挤掉的,是完不成的。

其次,我想我尽量将背诵内容放在早读,这样效果应该好一点,因为其他公共时段是属于大家的,虽然也有语文的一小部分,但语文学习经常是失守的,至少对于我来说是如此,谁让我总是心太软,心太软……

背诵啊背诵,需要我们大家都给点力。

朱彝尊诗词成为高考语文古诗词考题的可能性

一、朱彝尊在文学史上的成就与地位,为他的诗词成为高考语文古诗词考题提供了内在的保障

朱彝尊(1629－1709),字锡鬯,号竹垞,浙江嘉兴人。他是清代著名的文学家、经学家、史学家、藏书家,被尊为一代文宗。

朱彝尊在清诗清词中的成就得到人们的普遍认同。朱彝尊 17 岁就开始创作诗词,坚持了 60 多年,一直笔耕不辍。其诗词原先见于《竹垞文类》和《腾笑集》,绝大部分在晚年收入《曝书亭集》,其余一部分以及生前未刊之作也由其后人辑入《曝书亭集外稿》,除此而外,还有一部分散见于《南车草》等书之中。

朱彝尊博通经史,擅长诗词,他的诗与王士祯齐名,当时诗坛有“南朱北王”之说;他开创了浙西词派的风气,和以陈维崧为代表的阳羡词派,在当时词坛上并峙称雄;作为浙西派的创始人,朱彝尊作词宗姜夔、张炎,主张词的内容应当局限于“宴嬉逸升,以歌咏太平”,但又主张要有所寄托。语言则要求“字琢句炼,归于醇雅”;风格则要求古雅峭拔,意境要求疏淡清远,音律要求严谨。他的词构思精巧,艺术成就颇高,如《鸳鸯湖棹歌》100 首。

而朱彝尊所辑成的《词综》更是中国词学方面的重要选本。因此,在整个清代诗词史上朱彝尊都占有重要地位。

二、高考选题理念已经从单一性向多元化发展,这为朱彝尊诗词成为高考语文古诗词的考题在客观上提供了可能性

语文古诗词鉴赏是高考语文试卷必设的考题,包括全国卷与地方卷。近几年这一考点考查的理念,已经与前几年发生了很大变化:

1. 考查朝代由唐宋元扩大到从西周到清,几乎历史上所有的年段。有关部门曾对 1996 年～2007 年 90 套高考题做过统计,12 年高考题共考 105 首诗词曲,唐诗 46 首,宋诗 27 首,清诗 6 首,晋诗 1 首、明诗 1 首、近代诗歌 1 首,宋词 13 首,元曲 5 首,唐、五代词、元词、金词、清词各 1 首。2008 年全国及各省市高考题共考查 20 首诗词曲,从时代看,唐诗有 5 首,宋诗 8 首,宋词 3 首,金诗、明诗各一首、元曲 2 首。从中可以看出,虽然唐诗宋词在考试中占相当大的比例,但不再是唯一的选择了,这在客观上为朱彝尊诗词成为高考语文古诗词的考题提供了可能。

2. 考查作品由唐诗、宋词、元曲的大家名家的经典名篇扩大到普通诗人词人的文质兼美的代表性作品。我们知道,随着高考诗歌鉴赏题选材范围的扩大,同时高考连年大范围取用,耳熟能详的名家名作可选范围愈来愈窄,命题者为了避开名家的重复性,也为了更全面、客观地考查考生的综合理解和鉴赏能力,在诗歌作者的选择上,名家代表名篇有所下降,名家不太出名的佳作和一般诗人的名篇比例就上升。拿 2008 年高考来说,上海卷是王安石的《壬辰寒食》、天津卷是王维的《山居即事》;选择名篇的,也往往与其他诗人的诗歌对比出题,如湖南卷考查李白的《闻王昌龄左迁龙标遥有此寄》与王昌龄的《龙标野宴》对比出题;一般诗人的名作或其他诗人的一般作品数量上升,如北京卷顾炎武的《酬王处士九日见怀之作》、江西卷杨万里的《初入淮河四绝句》等。

尽管名家名篇数量有下降,但是可选择范围还是很广泛的。据统计,14 年高考(1996 - 2009)考到杜甫诗 6 首,李白诗词 8 首,王维诗 6 首,白居易、杨万里诗各 3 首,韦应物、刘禹锡、王昌龄诗各 2 首,苏轼诗词 6 首,王安石诗 4 首,辛弃疾词 3 首;陆游 2 首;柳宗元、杜牧、贾岛、梅尧臣、李清照、马致远、陈维崧、司马曙、姜夔、秦观、元好问、孔尚任、张先、岳飞、欧阳修、张孝祥、严羽、王旭等各考了一首。而大量名家的传世名篇还没有在高考题中出现,如陈子昂、孟浩然、韩愈、李贺、李商隐、周邦彦、张养浩、朱彝尊、袁枚、纳兰性德等,他们的作品必将在以后达到高考考题中有所体现。

3. 从题材看,考题涉及到写景、叙事、咏史、记人;从内容看,包括赏景、怀人、思乡、言志等;从体裁看,有五言、七言、小令、套曲等。而朱彝尊的诗词作品无论题材、内容、还是体裁方面都很丰富,这为高考语文古诗词试卷在选题上提供了很大的空间。

三、朱彝尊诗词成为高考试题模拟

模拟一:

《卖花声·雨花台》

(清·朱彝尊)

衰柳白门湾,潮打城还。小长干接大长干。

歌板酒旗零落尽,剩有渔竿。

秋草六朝寒,花雨空坛。更无人处一凭阑。

燕子斜阳今又去,如此江山!

【注释】

雨花台:在南京中华门(旧称聚宝门)外,站在岗阜最高处可俯瞰南京城。

白门:南朝宋时称建康(今南京)城西门为白门。后以此指南京城。

潮打城还:由刘禹锡《石头城》诗"潮打空城寂寞回"变化而来。

小长干、大长干:南京城南的两个地名,为山涧平地。

歌板:歌唱时用来打节拍的竹板。

酒旗:酒帘,以布缀竿,悬于门首,作招徕酒客之用。

六朝:吴、东晋、宋、齐、梁、陈相继定都南京,称为六朝。

花雨空坛:相传梁武帝时,有云光法师讲经于此,天花坠落如雨,因而得名。

燕子句:刘禹锡《乌衣巷》:"朱雀桥边野草花,乌衣巷口夕阳斜。旧时王谢堂前燕,飞入寻常百姓家。"诗通过昔日王谢豪门邸宅易为普通百姓寓舍的事实,表现了时移境迁的沧桑之感。这句正用此意。如此江山:这里有感叹江山异于昔日的意思。

【鉴赏】《卖花声》,词牌名,为两调:即《浪淘沙》和《谢池春》,本篇属于《浪淘沙》调。这首词将眼前萧瑟的秋景,六朝古都时过境迁的沧桑之感紧密结合在一起。衰柳、潮打、落尽、秋草、花雨、斜阳等词贯穿全篇,给人一种凄凉寂寥之感。特别是"六朝"两字将古今千年往事凝于笔端,写出由六朝以来南京的衰落的景象。结尾三句,连用了三个典故,将"凭栏"之愁、"燕子"之恨和"江山"之忧充分表现出来,将词的意境推向更高层次。

【试题】

(1)这首词描写了哪些景物? 写作手法上有什么特点?

(2)你最欣赏哪个词句? 为什么? 请简要分析。

【参考答案】

(1)①这首词描写的景物有衰柳、渔竿、歌板、酒旗、秋草、花雨、斜阳等。

②写作上主要运用了情景交融的手法,将眼前萧瑟的秋景,与六朝古都时过境迁的沧桑之感紧密结合在一起;并运用典故,如结尾三句,连用了三个典故,将"凭栏"之愁、"燕子"之恨和"江山"之忧充分表现出来,将词的意境推向更高层次;还使用了动静结合的手法:渔竿、歌板等是静的景,与衰柳、秋草、花雨、斜阳等动景相结合,写出由六朝以来南京的衰落景象。

(2) 只要言之有理即可。

模拟二

《满江红·吴大帝庙》
（清·朱彝尊）

玉座苔衣，拜遗像紫髯如乍。

想当日，周郎陆弟，一时声价。

乞食肯从张子布？举杯但属甘兴霸。

看寻常，谈笑敌曹刘，分区夏。

南北限，长江跨，楼橹动，降旗诈。

叹六朝割据，后来谁亚。

原庙尚存龙虎地，春秋未辍鸡豚社。

剩山围衰草女墙空，寒潮打。

【注释】

吴大帝：三国时吴主孙权，字仲谋，黄龙元年（229年）在武昌称帝，后迁都建业（今南京），死后谥大皇帝。其庙在南京清凉寺西。

玉座苔衣：指庙中孙权塑像的白玉底座长满了青苔。

紫髯：据史载，孙权紫髯。髯，两颊上的长须。

如乍：如初。周郎：指周瑜。陆弟：指陆逊。声价：声誉地位。这两句意思是说，周瑜、陆逊等人曾名噪一时。

肯：岂肯。

张子布：张昭，字子布，彭城（今江苏徐州）人。为孙策长史、抚军中郎将。策死，辅立孙权，拜为辅吴将军。据《三国志》记载，孙权称帝时，以功归周瑜，张昭不服，孙权对他说："如当时听你的计谋，我早就要乞食了。"

属：劝酒。甘兴霸：甘宁，字兴霸。初依刘表，后归孙权。曾献计于孙权，欲先攻黄祖（时江夏太守），西据楚关，渐窥巴蜀，孙权深为赞赏，曾举杯属酒表示自己的决心，并委以重任。

看寻常：不当一回事。区夏：华夏，中国。限：分限。这里指南北当时以长江为分界。

降旗诈：指赤壁大战中吴国派黄盖诈降曹操，得以火烧曹营事。

原庙：正庙以外别立之庙，即指所谒孙权庙。龙虎地：指南京。据载，当年诸葛亮到南京，见到周围的山岭，曾叹道："钟山龙蟠，石头虎踞，此帝王之宅也。"

故后人多以虎踞龙蟠喻南京地势的险要雄壮。

辍:停止。鸡豚社:以鸡和小猪为祭品的社日祭祀。春秋都有社日,一般在立春或立秋后第五个戊日。女墙:城墙上的墙垛。意指英雄长逝,江山依旧。

【鉴赏】这是一首凭吊古迹的词。词中赞叹了孙权坚持抗击强大的曹军,任用主战的周瑜、甘宁等人而成就三分天下的功业。词从孙权遗像写起,接下来歌颂孙权的业绩。

【试题】

⊙这首词在写作上最大的特色是用典故,请结合词中具体内容作简要分析,不少于 150 字。

【解题思路点拨】

(1)什么是用典故? 就是引古事、古人来比喻今事、今人,以抒发情怀。

(2)这首词运用了吴大帝、周郎陆弟、张子布、甘兴霸等典故,赞叹了孙权坚持抗击强大的曹军,任用主战的周瑜、甘宁等人而成就三分天下的功业。

(3)这是一道诗词鉴赏题,考查考生学习诗词的综合能力。因此,答题时,不要泛泛而谈,而要结合作品中的相关句子进行分析,做到言之有物、言之有理、言之有情。

许广平是谁

前段时间在上鲁迅的名篇《记念刘和珍君》,讲到 1925 年北京女子师范大学校长杨荫榆开除六个学生自治会职员,其中有刘和珍,还有许广平。我问学生,许广平是谁? 虽然他们是学理科的学生,但面对这个常识,我想应该不是问题,然而想不到竟然无一人知道,这大大出乎我的意料。于是,我告诉他们许广平是鲁迅的妻子,他们听后恍然大悟,有人接口说原来鲁迅也玩师生恋啊。

这就是我们的 90 后学生,一怕文言文二怕写作文三怕周树人的学生,让我摇头无语,让我感叹万千。我真的不想说学生什么"人文知识匮乏",什么"两耳不闻窗外事,一心只读考试书",什么"课外阅读的严重缺位"等,因为我人微言轻,说了又能怎样,我无法改变这种文化与教育的残酷现实。

去年 9 月 6 日,编剧刘毅发帖称,"开学了,各地教材大换血"。他列举了 20 多篇"被踢出去"的课文,比如《孔雀东南飞》《药》《阿 Q 正传》《记念刘和珍君》《雷雨》《背影》《狼牙山五壮士》等。其中涉及鲁迅的作品多篇,因此刘毅称之为"鲁迅大撤退"。此言一出,立马引起了网友的热议。有人认为有些文章还是删除得对的,问题是"鲁迅作品过时了""鲁迅作品太艰涩""与学生有时代隔膜"这三个口号能否成为删除的理由确实值得商榷,因为一旦教材"去鲁化"将使天下所有文章失去灵魂。也有人说,语文教材削减鲁迅作品,无论对鲁迅还是对社会,都是一件好事。最起码,有利于避免对鲁迅先生的误读……"公说公有理,婆说婆有理",短时间内我们也难以定论。后来证实那是一条假新闻,终于让我松了口气。

当今社会娱乐至上,关注民生民情的寥若晨星,你看看我们报刊上的那些杂文早已不是鲁迅式的"投枪和匕首",不痛不痒的,因为我们需要的是赞歌、脂粉与美酒。一如陈丹青先生讲的"假如鲁迅精神指的是怀疑、批评和抗争,那么,这种精神不但丝毫没有被继承,而且被空前成功地铲除了"。此言着实引人思索。当然,偶尔也有少数几个愣头青的作者,写出了很有分量的"重磅炸弹",引起了国人的欢呼,但最后结果呢?经过一场马拉松式的"恋爱"之后,还是难逃雷声大雨点小的"杯具"。因为有些人脸皮比长城的城墙还厚,有些人神经早已麻木不仁,有些人更是顽固不化了,因此,"枪与刀"是绝对打不进刺不入的。

其实,鲁迅作品从教科书中淡出未必不是好事,否则,如果有学生在学习了鲁迅的作品后学了他的精神,生成了他的性格,岂不是难办了?虽然个性作家倪匡说过:"人类之所以有进步的原因是下一代不听上一代的话",但我们时代需要不听话的人吗?再扪心自问,老师们喜欢不听话的学生吗?同理,鲁迅没赶上这个时代也许是幸事,否则,面对"官员腐败""房价疯涨""食品安全""黑窑奴工""行业潜规则""嫖娼卖淫"乃至"教育怪现象"等一系列奇闻八卦,又会写出多少辛辣犀利、尖酸刻薄却令人拍案叫绝的杂文来。

不过,我觉得鲁迅文章确实越来越少,学生对鲁迅的情感绝对不像我们这一代人那样的敬重乃至崇拜了,而是一种陌生的平静的对话,也许是符合这个时代的一些特征与要求的。可我担心的是也许用不了几年,我们的学生问"鲁迅是谁"时,我们只能尴尬地无言以对了。至于像"许广平是谁"这样的问题更是遥远得不可能出现在语文课堂上了。

哎,这是语文学习的幸还是不幸呢?

高二理科语文学困生不良学习行为矫治的策略研究

我们首先看看学生的语文学习现状:一是至少有三分之一的学生学习语文的积极性不高,课堂的注意力集中时间较短,学习的持久力较弱,主动性远远不够;语文作业的随意性大,错误率较高,自然考试分数较低。二是语文课学习凭兴趣,只有三分热情;学习基础较差,理解能力低下,作文水平不高;但对游戏、时尚、武侠玄幻恐怖等有感官刺激的故事小说阅读兴趣浓厚。三是相对来说,他们对理科学科的学习兴趣比较浓,作业上花的时间也明显多。

其次我们来分析一下产生这些问题与困惑的原因:1. 他们的学习目的不明确,学习动力不足;2. 他们的学习、思维习惯不好,学习方法不科学;3. 学习内容与考试有关,缺乏感官的刺激与趣味;4. 学科特点决定了他们宁愿在理科学科上花大量作业时间,不愿在语文学习上(尤其在背诵、课外阅读与写作上)花时间;5. 课堂学习参与持续时间短,自控力差。

再次,我们来看看实施步骤设计及结题时间:1. 准备阶段:2010 年 3 月从理论依据到实践措施的初步思考等;2. 实施阶段:2010 年 4～11 月策略研究的尝试运用,包括(1)制订计划、明确对象、情况说明与调查、做好研究档案记录;(2)策略实施:A. 信心上鼓励、家校联系、倾听心声;B. 进行课堂管理,立足于课堂学习,互动激趣;C. 重视基础,朗读与背诵,作业分层;D. 个别针对性辅导、专项练习、信息反馈、随笔交流等;3. 小结阶段:2010 年 12 月课题总结与撰写课题报告。

我们再来进行课题的论证:1. 必要性:从长远利益来说,语文学习可以教会他们做人的道理,可以增长他们的人文素养;从眼前利益来说,可以帮助他们顺利通过考试,尤其是高三语文会考,拿到毕业证书,这对他们来说是非常必要的。同时,这对教师本人也是一种学习与实践的机会,对教师自身的专业发展有推动作用,这对教师也有必要性。2. 可行性:因为课题研究的目的明确、对象明确、情况明确,而且策略符合教育教学规律与生情的具体实际,小课题又易于操作,又有制度的保障,因此,相信小课题研究是可行的、有效的。3. 主要研究内容:理科学困生语文学习行为矫治的策略;4. 研究目的:通过一系列策略的实际运用,希望能对理科学生在语文学习中的行为问题进行一些矫治,使得他们的行为偏差有所缓和,语文学习的现状有所改观。

该课题研究取得了一些成果:1. 通过一系列策略的实际运用,对理科学生在语文学习中的行为问题得到了一些矫治,使得他们的行为偏差有所感悟,语文学习的现状有所改观。2. 通过实践探索,让学生学好语文的信心有了提升,并懂得一些学习语文的基本方法,也能完善了一些学习语文的基本习惯,并在逐步提高学生的语文学习成绩。3. 通过实践,学生们认识到:从长远利益来说,语文学习可以教会他们做人的道理，可以增长他们的人文素养；从眼前利益来说，可以帮助他们顺利通过考试，尤其是高中会考，拿到毕业证书，这对他们来说是非常必要的。4. 在实践过程中，一条适合理科班语文教学的有效路子正在逐步形成。这对教师本人也是一种学习与实践的机会，对教师自身的专业发展有推动作用。今年已在《考试报》《中学语文报》《新作文》《语文教育通讯》《教书育人》《阅读与鉴赏》等处发表教育教学文章 10 多篇，提升了自己的教科研能力。

最后，要认真研究存在的问题：1. 由于同一班级学生的语文基础与学习能力还存在着较大的差异，实行课题策略时，也表现出明显的差异，虽然可以进行分层教学，但还是给我带来了许多困难。如何让全体学生在原有基础上都得到最优的发展，这是以后要继续研究的新课题。2. 许多教育教学的杂务干扰了课题的正常研究，使得课题研究的时间分配出现了不均衡现象，明显影响了实施效果。3. 我自己还要静下心来，多钻研，去除浮躁，全身心地投入，否则，研究的有效性就会大打折扣。4. 因为平时工作繁忙，我与外界的联系不多，有关课题的探讨仅局限于自己，严重影响了研究的视野。希望以后多到先进地区与学校去取经，得到专家们的指教。

遗憾能否少一点

——《知其不可而为之》说课兼教学反思

本周是教研组长全校课堂教学展示，高二正好进行《论语》教学，我刚好是上《知其不可而为之》。对于难学的《论语》，能避开的当然最好，不能避开的就要坚持，也算"知其不可而为之"吧。我也不会刻意为之，全校公开课还是作为一般的常态课来做的，只是留下的遗憾是令人深思的，以致于这堂课可以说是很失败。虽然专家常说"语文是门遗憾的艺术"，但我们应该好好反思自己的教学设计与行为，尽力将这种遗憾降低到最低限度。

《论语》首先是文言文，因此，适用于文言文教学的方法同样适用于《论语》的学习；我认为"言文并重"应该是文言文教学的一种最理智的做法。因此，我为文本的教学目标定位是三个：一是熟读并背诵 5 章和 7 章中的最后一段；二是积累文本中相应的文言知识与现象；三是初步领会孔子强烈的社会责任感。同时，我采用了诵读与探究相结合的方法，展开自己的教学。为此，我设计了三个主要的环节，即初读文本——诵读，再读文本——读"言"，探究文本——读"文"。考虑到学习的难度，我昨天布置了学生预习相关文本的作业，希望课堂上有多一些的时间来进行文本的探究,即教学重点的落实与难点的突破——理解孔子"知其不可而为之"的积极进取的精神。然而,因为在第二个教学目标"积累文本中相应的文言知识与现象"上我花的时间太多,原来认为学生自己预习了,进行得会顺利些,最多花 15 分钟,结果花了 25 分钟。平时是师生共同完成的,可以保证教学任务的顺利完成;今天是让学生一一找出来,花费了好多时间,直接导致后面问题探讨的时间不够,探究的深度也受到了严重影响,有点蜻蜓点水的感觉。这也是本节课的最大败笔。

我想本节课可以进行一些修改,如内容可以从四章改为要求背诵的两章重点学习即可,这样学生就可以有更多的时间从容阅读了;学生的预习还要落到实处,增加预习的有效性;或者在整理文言现象时,也可直接采用师生共同完成的方法,可以赢得更多时间,去探究文本内容,尤其是最后一个可以出彩的问题:"在仕与隐的问题上,孔子与接舆、长沮、桀溺、荷蓧丈人、晨门、荷蒉者有着截然不同的态度,孔子是'知其不可而为之',接舆们是'知其不可而不为'。对此,你有什么看法?"这样就能将这节课推向高潮,这是我原来希望看到的结果。

真的很遗憾。而且,今天来了那么多教师听课,本希望听到精彩的语文课,结果却让大家大跌眼镜了。课已经展示,遗憾却长存;但我心中的遗憾要尽快擦去,为了以后的教学,我还有许许多多事情要做,并争取做得好一点。同时,也希望我的同行者能从中吸取教训,在自己以后的课堂上做到更好。这样的话,我这节课的遗憾也就有了一些意义了。

淡化客观因素,努力做好自己的教学

高二语文期中考已于 11 月 11 日举行,这天巧合有趣的光棍节,也似乎在预示着那个伤心的结局,看来要想"脱光"还真不容易。下面,我作一些分析与反思。

一、命题思路与试卷结构

本次试卷不是我们自己命题的,是由外校引进的。

1. 重文本,重基础

试卷中的基础题大多来自文本必修五,这是命题者考核书本知识的基本思路,由此可以猜测试卷应该来自我们的同类学校,学生水平与我们相当;只是结果没考好,也说明我们学生的学习基础不够扎实,或者这段时间他们的学习出现了不正常的问题,存有漏洞。

2.试卷结构与我们的有区别

我们现在采用的是期末联考的试卷类型,即会考试卷类型。选择题 25 个,每个 2 分;而这份试卷选择题只有 12 个,每个 3 分,有点像高考的类型,这种类型我们前两年也用过。直接的结果是导致选择题差的学生丢分更严重,而选择题一直是我们学生的考试难点,是老师的一块心病。

3.两个细节,还要注意

一是第六题选择考了文学常识,这种说法在文学史上是有争议的,即"元曲四大家",一说是关汉卿、马致远、白朴与郑光祖,一说是关汉卿、马致远、白朴与王实甫。

二是默写第三题"举世皆浊我独清"之句的答案就在前面语段阅读中,看来这是个不常出试卷老师的疏忽。

我个人认为这份试卷的质量不如我们自己学校以前出的高,但任何一份试卷都有它存在的价值,因此,我们要作必要的分析与研究。

二、学生主要考情分析

1.文理差异与重点班普通班差异在增大

文理差异与重点班普通班差异在增大,这是与第一次月考相比较而言的,尤其是两个理科普通班与重点班的平均分由月考的差 3 分,一下子拉大到八九分。文科班情况与月考基本持平。

2.选择题失分严重,凸显学生理解力的低下

拿 5 班来说,前面 9 道选择题,满分 27 分。他们中最低的只得了 3 分,共 3 人,最高分有 2 人,得了 21 分,而得 6 分、9 分占的比例很高。

3.阅读理解题包括现代文、文言文、诗歌鉴赏等的得分,6 班学生大多在 50 分以上,而 5 班大多是 40 多分,差距是明显的。

4.默写题满分 5 分,6 班大多是 5 分或 4 分,个别 3 分;5 班大多是 4 分,少数 5 分,3 分 2 分的也不在少数。

5.平均分与及格率

5 班平均 58.6 分,6 班为 68.6 分;6 班 47 人,及格 45 人;5 班 42 人,及格 20 人。

6.5 班各小题得分率

注音 0.62,错别字 0.39,近义词 0.27,成语 0.24,语病 0.54,文学常识 0.39,文言虚词 0.68,古今异义 0.62,文言句式 0.54,概括要点 0.50;实用文阅读分别

为 0.68,0.73,0.62;文学阅读分别为 0.48,0.32,0.40,0.52;文言文阅读为 0.54,0.62,0.58,0.64;古诗鉴赏为 0.48,0.54;默写 0.67 作文 0.72。

三、主要原因分析与措施应对

我在本学期第一次语文教研活动上就讲了各年级的重点,其中高二就是要关注文理分科后理科生学习时间的保障与学习兴趣的转移问题,而现在就遇上了这个问题。

如果说高二第一个月学生还带有高一学习的痕迹的话,那么第二个月他们就真正进入了高二学习的角色了。理科学生爱理科科目是天经地义的,但问题是他们本身的学习能力差,每天几乎要花去大部分自修时间做那些难题;同时,会考来临,许多学生在相关科目的学习上也投入了大量精力,因此,他们留给语文学习的时间少得可怜,或者匆匆做一下,或者借来抄一下,应付一下。这样,怎么可能有好成绩? 我们的学生不懂科学的统筹方法,也没有总分观念,更不知他们自己考试的真正目标,因为他们将来大多是考专科,语文自然是不能冷落的,而他们还不懂如何去经营自己的学习。

这个时代的学生不需要太聪明,但需要足够的勤奋;而勤奋是需要时间作为保证的。面对学生的有限学习时间,语文想去抢,是不可能的,更何况我们每门学科都要有一个综合统筹的理念与意识,否则,伤害的首先是学生,然后是我们自己。语文学习是慢活,是学习过程的逐步积淀,是知识、能力、情感、思想的日积月累。如果没有必要的时间去历练打磨,我们凭什么去赢得良好的素养与令人满意的分数?

当然,改变不了客观的因素,我们只能做好自己。面对如此困境,我们只有好好利用早读与课堂的有限时间,比较合理地安排自己的教学,努力提高教学效果,包括加强作业的针对性与有效性研究;选编作业不求量多,但求有效;要重视基础知识与能力的训练,还要重视学生考试能力的提升,尤其是选择题解题能力的培养。

树立信心,研究试题,提高有效性

4 月 16 日,嘉兴市、绍兴市高三语文高考复习研讨会在海盐元济高级中学拉开帷幕,两市 200 多名高三语文教师和县市级教研员参加了会议。此次研讨会为期两天,旨在交流高考信息和对《考试说明》的理解,探讨如何提高高三第三轮语文复习的有效性。

16日上午9时,嘉兴市教研员傅顺康老师主持了简短的开幕式,向与会的老师传达了此次研讨会的主要内容和日程安排。随后绍兴一中的谢澹老师和元济高级中学的陈敏霞老师分别围绕古代诗文阅读教学和现代文阅读教学开出了展示课,为"高三语文如何有效复习"提供了一个很好的学习交流平台。

16日下午和17日上午,又先后有四位专家和特级教师为大家做了精彩的讲座。绍兴市高级中学的胡奇良老师针对"语基语用的教学与复习"的话题,分点剖析了其中的难点与重点,特别强调出现的一些新形式。元济高级中学的特级教师徐桦君老师根据他近年来担任省高考阅卷作文组组长的经验,重点与大家交流了"作文的教学与复习",诸暨市教研室的周红阳老师开出了"《论语》教学与探究题的复习"的讲座,来自桐乡一中的沈坤林老师向大家讲解了他对"现代文教学与复习"的看法和做法。两市的专家与特级教师凭借对高考命题的深入研究,结合教学实践经验,深入浅出地阐述了各知识点的命题趋向和解题要旨,并且介绍了许多极具操作性的经验和方法。

参加这次活动,思维受到了触发,为我们的教学带来了新的思考。最后一个多月,如何做到有效复习,如何提高复习的针对性,更好地为学生服务,这是值得我们思考的问题。以下是我的几点看法。

1. 我们要在心态上鼓励学生,方法上指导学生(包括应试时间的分配等考试的技巧问题),同时帮助学生查找问题——可以与学生谈话,了解他们的学习情况,解答他们的困惑与疑难问题。目的就是努力提高平均分——要充分相信我们的学生还有提升的空间,只有我们相信了,才能影响学生的心理,让他们也能相信自己能在最后的时段提升自己,否则,只能无奈地放弃。

2. 要确保学生学习时间的正常投入,否则想要提高语文成绩是不可能的——尤其是理科学生不主动学习语文的事实已经不能改变,这是通病;那么,就主动地改变自己,改变自己的方式方法,多为学生的实际考虑,多为他们的学习着想,不要去埋怨,更不要盲目地批评。

3. 按计划复习,做到专项训练与综合复习相结合;继续研究高考试题,选择有针对性的题目让学生做;练习要重质量,否则,做得再多也是无用功,得不偿失。因此,我们一定要精练精讲,提高有效性,消除盲目性。复习可以做到有所侧重,如对学生有增分余地的6分古诗词名句默写,要强化,这是完全可以得到的分,只要下工夫了,就有希望,因此需要促使学生去读与背,而且要不写错别字;能决定好成绩的选择题的应试能力也要尽力提高,加强训练,争取每人提高一道选择题的正答率,就是不小的收获;还有就是确保好成绩的作文分数要大多能达到基准分,虽然得 50 分不容易,但注意一下,做到书写工整,不离题,思想健康,字数达到 800,那么,作文拿个 42 或 43 分,应该不成问题。这样,就能进步了。

4. 要做好提优面对面的工作,做到比较强的针对性。努力使总分靠前的学生(考第一批的学生)与有潜力的学生的语文都能有所进步,争取不拉后腿。

精彩的课堂来自积累

教师的战场就是课堂,课堂的精彩成就教师的精彩,这是我们一生为之努力的目标与方向。然而,精彩的课堂不是一朝一夕就能完成的,因为偶尔的精彩像昙花不会永久,只有溶于心灵水到渠成的精彩才是真正的成功,而这需要我们经过不断的追求与扎实的积累。

周四与傅老师、组内教师一起听了葛英老师对庄子《逍遥游》的课堂诠释,应该说这是一节精彩的语文课。与我们组其他老师一样,葛老师的课堂充满了智慧与思想,符合"精彩课堂与智慧教师"的要求与标准,这是一个教师对语文教学日积月累的结果。

首先,这是一节实实在在的语文课。课堂以语言为核心,以语文活动为主体,以学生语文素养的提高为目的。阅读、诵读、品味、思考、概括与表达,都是地地道道的语文教学手段。而且,课堂兼顾到了应试与语文素养提高两方面,无论是字词教学还是文本内容的欣赏都能说明这一点。语文课上出语文味,这是语文教师的成功,也是一堂精彩语文课的基本保证。

其次,这是一节简单朴实的语文课。简单朴实充满了整堂课,如教学目标的设计简单不繁杂,共两点:一是理清学习思路,把握文意;二是体会文本的寓言特色,了解庄子的人生哲学。又如,教学环节的预设也比较简单,共三个:文本末段的字词教学,分析文中形象,拓展深化。而且,作为一节常态课,那种先言后文的教法是符合学生情况的,可以说这是比较有效的常态课。

再次,这是一节教学互动的语文课。新课堂讲究师生互动。纵观整堂课,可以说互动不断,无论是字词教学还是形象分析,都包含了互动的因素,尤其是最后的课外拓展,更是调动了学生的积极性,点燃了学生的思维,将文本教学推向了高潮。语文课堂本身就是一场戏,充满波澜,最后能够将这出戏推进达到高潮,实在不易,这是课堂精彩的最好体现。

葛英与组内许多教师一样,是一个充满激情、具有亲和力的优秀语文教师,作为中学一级教师的她在年轻教师中能起到带头引领作用。同时,她也是个需要成长的教师,还应得到进一步的历练与提高。因为精彩的课堂还包括许多元素,需要我们每个人不断加强与完善。下面的异议之处与葛英老师商榷。

第一,常态课也要树立把课堂真正还给学生,以生为本的教学理念。上海师范大学教授王荣生曾提出从关注教的活动转向为关注学的活动的理念。但这节课教师的讲授比例还是高了些,学生主要是以听众的身份出场的,这与新课程的标准有点距离。这点在后来的说课中,葛老师自己也说了。其实,从课堂有效性来说,教师讲得越多,也未必说明学生掌握得越多,有时甚至是产生相反的结果。因此,教师要放心地把课堂交给学生,不要牢牢地把握住话语权。

第二,慢慢走,欣赏啊。作为文学与哲学的经典文本,我们要舍得花时间让学生去"折腾"。我们应给学生足够的品读、思考的时间,慢慢读一读,想一想,不要走得太快了,不要总是想着赶进度。其实,就是完不成当堂的教学任务又何妨呢?譬如对文本最后段的语言现象的小结,对文中形象的概括以及课外拓展环节,教师留给学生的阅读与思考时间都是不够的,影响了教学的效果。

总之,精彩的课堂需要一点一滴的堆砌,教师的智慧需要一步一步累积。让我们立足于平时,扎根于课堂,每天进步一点点,每天精彩一点点。这样,我们的课堂就能成为我们精彩的人生舞台。

评课需要做到精细化

听课、说课、评课是学校校本教研最基本也是很重要的教研活动,开展精细化的听课、说课、评课活动是提升教师教研水平,促进自身专业发展的有效途径。9月7日,我们组三位男教师为全校师生展示了他们自己的语文课堂。下午,我们进行了精细化说课、评课活动,之后将相关资料传到内网,供大家参阅。

虽说对于一堂课,不同的人从不同的视角去看,会是"仁者见仁,智者见智",但要对一堂课做出恰当的评价,几个基本的标准应该还是可以确定的。那么,评课究竟评什么?我们是否可以从四个方面去看。第一是教师方面,第二是学生方面,第三是教材处理、教学设计,第四是课堂教学效果。下面我结合徐文兵、叶卫平老师的课来具体说一说(朱小栋老师的课我没听)。

从教师方面看,教师自身的专业素养是否厚实,教学的基本功底是否扎实,教师的教学理念是否符合新课程标准的要求,教师能否独立处理教材、设计教案,课堂教学中能否体现自身的教学个性与风格,教师是否具有较强的驾驭课堂,处理预设与生成关系的能力。一句话:教师对"教什么"和"怎么教"是否了然于胸。这一点,两位教师是绝对没问题的。徐文兵老师的口才、文言文的背诵赢得了老师们与学生们的认可;但徐老师自己讲得还是多了,留给学生的机会相对就少了,这与新课程的理念还有一点距离。叶卫平老师的沉着冷静、得体大方也渐渐成为一种风格。

从学生方面看,学生在课堂上学习的主体地位有没有得到真正的确立,学生参与课堂学习活动的兴趣、热情有没有得到激发,学生的思维有没有得到调动,学生的语言、思想、情感、审美等素养有没有得到应有的提升。课堂所组织的每一次学习活动是否都是围绕明确的学习目标进行的,学生通过活动是否获得了新的感悟体验或新的收获。叶卫平老师从学生作业的导入,到教学过程边讲解边练习,师生互动,不是教师一言堂,突出了学生的主体性;徐文兵老师凭他个人能力的展示,激发了学生的学习热情,对学生学习兴趣的提升有较大的作用,只是这样难免顾此失彼,学生学习的主体地位就受到了严峻的考验。

从教材与教学设计角度看,教师对教材文本的解读是否准确深刻,教学起点的选择是否准确合宜,教学流程是否简约,重点是否突出。叶卫平老师的课从学生作业中存在的问题导入新课,符合教学实际,提高了教学的针对性;教学内容的选择也符合实际,过程比较简约;教学方法的选择也恰到好处。徐文兵老师从作者背景的介绍、字词的疏通,到重点分析作者情绪的变化,这样的流程是可以的,不过,可能是徐老师多年任教高三,他的课深深打上了复习课的烙印,因此,有老师提出这样的疑问"这课是否适合高一学生",应该说是有道理的。

从教学效果来看,既要注重显性的知识、技能的训练和掌握,又要关注隐性的能力、素养的形成,从新课标的"三维目标"考查,是否关注到了学生思想方法、情感、态度与价值观的形成。应该说,叶卫平老师从作业导入,到过程的互动,既有简单的理论,更有方法的具体指导,学生的复习效果是可以保证的。徐文兵老师展示了自己精彩的口才、渊博的知识,尤其是当堂的背诵让我叹服不已;这是让学生喜欢自己,提高学生学习语文兴趣的能力。只是在过多展示教师自身素养的同时,难免忽视了学生的地位,课堂的实效或多或少受到影响。

以上的评课,仅仅是我的个人意见,难免有偏颇之处,与两位老师商榷,与大家共勉。上课需要精细化设计与管理,评课也需要精细化的规范,否则,流于形式的评课活动,效果是要打折扣的。

不断优化方式，让语文课更有效

我们知道，"新茶馆式"教学简单地说就是：读读、练练、议议、讲讲、做做。核心是一个"议"字，它的本质是对话，即经验与文本的对话，它提高了学生完成学业的效能，保证课堂教学的质量，也就是提高认知效果，减少无效劳动；它不但关注学生今天的发展，更加关注学生将来的发展。但这种教学方法对教师的要求很高，教师必须有丰富的知识、极其敏锐的课堂反应能力，真正做到精熟文本，才能使教学方法灵活、多样。

新茶馆式教学关注教师在课堂上是否进行了"读读、议议、做做"的环节，是否进行了良好的互动，包括师生互动，生生互动等，也就是进行对话，即师生对话，生生对话，师生与文本的对话，包括与作者编者的对话等。还要看这一环节内容的落实是否到位，对话的形式是否多样，对话的时间是否足够，对话的过程是否充实，教师的引导是否恰当，对话的效果是否有效等；这里包括朗读（齐读、自读，有声读、默读，分角色读、背诵等），文本探究（问题讨论、交流展示、延伸拓展等语文活动），语言基础运用与练习（与高考、会考试题接轨）等。我们的"35+10"课堂教学结构模式，关注我们教师在课堂上是否进行了"当堂训练"的环节。这要看教师是进行一言堂教学，还是讲练结合的教学。讲练结合要看课堂上讲练时间的分配是否合理，练的内容是否与学习的东西相吻合，练的形式是否多样合理等。当然，这一环节有时可以与上面的"做做"环节合二为一。

开学差不多一个月了，我们已经尝试了一个月的新教学模式，而且，组内两位老师也开了两堂公开交流课，供大家研讨探究。分别是今年2月23日我的作文课《材料作文的多角度立意》与3月7日沈滢老师的文言阅读课《烛之武退秦师》。应该说，这两堂课设计的理念均来自新茶馆式教学的"读读、讲讲、做做、议议、练练"，而且，在教学中两位老师也较好地运用了这种方式，也起到了一定的效果。但从更高要求来说，两堂课还有提升的空间，只要稍加修改，那么，课堂的有效性将大大增强。譬如我的作文课课堂气氛有点闷，学生回答问题很谨慎，没有放开。虽说有下午第一节精神状态不佳、本身材料作文的难度大等客观因素，但作为主导的教师应该反思自己的教学方式是否合理。如果对材料，我采用齐读，而不是默读，可能会调动学生的学习状态，提高氛围的热度；如果我再鼓励学生同桌或前后桌进行讨论，而不是建议他们如有问题可以讨论，那么"议议"的环节可能能提高课堂的效果。虽然时间会花费多一些，但过程会更精彩。

同样,沈滢的文言阅读课也可以做些改进,重点可以放在第三段,至少要花20分钟时间,深入分析语段,否则影响了教学效果。她只要将前半段25分钟时间缩减到15分钟,或放入自编作业,或删去可有可无的环节。集中精力突破第三段9句话,全力使用“读读、背背、说说、议议、品品、讲讲”的新茶馆式教学模式,在读中想,在读中讲,让读贯穿,让读帮助得出“烛之武说服秦穆公退师,采用的五步攻心战术”。然后,教师完成板书,帮助学生理清语段思路,了解文本内容。并且,在读读、想想、品品中,不知不觉也将这9句话背诵下来,完成了课后的背诵任务。

总之,我们实施新茶馆式教学模式,不是一蹴而就的,需要我们不断实践不断反思不断积累,这是一个学习内化的过程,更是一个创造出新的过程。因此,我们要有信心,有耐心,一步一个脚印,上好每一堂课,做精每一个环节,努力做出我们自己的特色来。

从一道文学类阅读题谈学生的思维倾向

2012年1月嘉兴市高三语文期末考试,采用了杭州试卷,其中文学阅读题材料选择了美国伯纳德·马拉默德的小说《春雨》。文中写了一个孤独内向的父亲乔治与女儿的男友之间交流的故事,传达了一种渴望与他人交流的孤独心情,也表现了一个父亲对女儿的爱。可是,我们的学生认为,这是两个男人之间同性恋的故事,说他们是基友。我真有点纳闷:怎么会有这种想法? 他们是怎样读出来的呢? 于是,我将他们的阅读结果带入文本中,试着去读一读。嗨,居然也说得过去,真奇怪。

你看——

第一题:当谈起弗洛伦斯时,乔治为什么会“有些不安,并且有点害怕”?

生答:因为他爱上了女儿的男友,觉得对不起女儿,有负疚心理,自然就感到不安了。从保罗的言语中可知他对女儿爱不起来,虽然她很爱他;说明保罗也可能爱上了他,那么,女儿就要失恋了,一想到女儿失恋的苦痛,而且是因为他自己的原因,他不知要发生什么事了,他的害怕是正常的。

第二题:怎样理解乔治的激动? 有一处是乔治被保罗邀请去散步,他进房间找雨鞋,他感到一阵激动。

生答:因为与自己心爱的人一起去大街上散步,他当然很兴奋与激动。平时他少言寡语,闷闷不乐,因为话不投机半句多,没有共同志趣的人。而今,保罗来了,他爱上了那个英俊的年轻人,而且他好像也爱他,否则,怎么会邀请他去散步呢?这种激动是不言而喻的。

第三题:"乔治想说的话又凝滞不动了",小说这样写有什么作用?请从主题与结构角度说一说。

生答:结构上留下空白,给我们以想象的空间。

主题方面:本来乔治想把心里话大胆地告诉家人,他不想再隐藏下去了,可是看到女儿在睡觉,并能听到她轻轻的呼噜声时,他又不忍心说了,因为他要说的对女儿来说不是什么惊喜的事,而是伤心的事。

初看,这样的答案还真有点意思,真可谓"仁者见仁,智者见智",但实际上是一种误读。

我们先来看看命题人提供的参考答案:

第一题:担心女儿与这个优秀青年因相处不好而分手,害怕自己因此失去这个难得的交流对象。

第二题:一向孤独内向、无人关心的乔治,因被保罗邀请散步,有了交流的机会而异常兴奋;他走出封闭的自我,在与大自然的接触中内心被唤醒,表现出从未有过的激动。

第三题:结构上有回环跌宕之美,既在意料之外,又在情理之中。先写乔治对生活有爱却不能说,受到保罗启发终于想说,但面对生活现实却又不能实现。

主题:使主题表达更为深刻。尽管乔治主观上做了很大努力,但孤独的困境始终使他无法表达对家人的爱。这一结局深刻说明了现代人要改变孤独的处境是非常艰难的。

很显然,我们的学生对这个文本的解读,只是作出了一种狭隘的理解,他们没有读出一个身处孤独的父亲对女儿深深的真挚的情感。

那么,为什么学生的思维那么片面呢?我想:

一是我们的学生绝大多数是独生子女,在生活中他们并没读懂父母对自己的爱,没能好好感受与品味来自父母的关爱。他们以自我为中心,比较自私,只知一味地接受,凡事不为他人考虑,没有养成"为别人想想"的习惯。当然,这说明我们的教育遇上了前所未有的尴尬。

二是我们的教育教学只关注分数与结果,急功近利的做法妨害了孩子基本价值观的正确形成,譬如我们作文教育中的文风问题,普遍存在真情实感的严重匮乏与谎言流行的硬伤。我们的教学严重忽略了学生学习过程的享受,尤其轻视了对学生进行多向思维的训练,损伤了孩子们正常的想象力与联想能力,致使他们的思维呈现比较平面与单一的现象。

三是孩子的阅读没有得到全面而科学的积极引导,在单一评价制度的氛围下,他们无奈地将自己有限的时间几乎全部投入到无限的作业中去,而阅读经典就成了一种稀罕事物。于是,爱好阅读的学生只能偷偷地自己阅读喜欢的书,受整个阅读氛围与文化品味的影响,他们选择的可能不是什么主流文化,久而久之,他们受到了那种边缘文化的关爱,直接导致他们的价值观与基本判断能力的低下。

四是《外国小说欣赏》本来就是一门难懂的课程,我们的学生对外国小说文本有一种陌生感与隔阂感,他们往往产生与核心内容不同的理解,而且经常为读不懂不知所云的故事而烦恼。其实,自由地读小说是浪漫的诗意的,但一旦要做题目考试了,就难免功利了,显然,这样的阅读就成为学生们的负担。

总之,对外国小说的欣赏,我们可以有自己的仁智之见,但必须要立足于文本,进行合理的解读,而不是想当然误读,否则,只能产生啼笑皆非的笑料。

语文教学随想

新世纪来临,教育观念在不断更新,崭新的教学理念也不断涌现。语文教学也如此,她向着开放、立体的角度,朝着有利于学生身心发展和审美的方向迅速发展,语文教师肩负着拯救国文的历史使命,任重而道远。对此,我也有一些感想,在这里从四个方面去简单谈谈,欢迎大家批评与指导。

一、语文教学是一场大而活的现代戏

语文是国语,语文教学不能太小家子气,应具有大家风范;语文教师应具有大语文观念,而不能仅仅局限于教材与教辅材料。"博大"应该是对语文的最好注释。教师需要用一生去备语文课,学生应该花一辈子去学语文。学语文要活学语文,学活语文,同理,教语文要活教语文,教活语文。如果只埋头于书本,精神是可嘉的,但效果未必就好。学习的目的在于运用,即学以致用。否则,学得再多再好,而不会运用,那么永远只是个知识仓库。

陆游有诗:"纸上得来终觉浅,绝知此事要躬行。"这告诉我们要在不断实践中去学好语文,教好语文。而语文无时不在,无处不在。我们的语文教学要生活化,我们要向生活学语文,向社会学语文,向大自然学语文,这样才能得天地之灵气,取语文之精华。我们要做有心人,留意身边的人和事,观察周围的一草一木,

哪怕一家店名(如杂七杂八杂货店),一家饭店里餐单上的一个错别字,都能让我们从中发现什么,这是语文学习的一部分。俗话说,老师有一桶水,才能给学生一碗水。现在看来,要改一下:教师要有一桶活水,才能给学生一碗可以饮用的水。我们教师不应只在课堂上指手划脚,发号施令,我们应与学生一起学习,在语文学习中起表率作用。要牢记"活到老,学到老"的道理,明白语文教学生活化的新概念(其实并不新,只是多年来经常被我们遗忘),才能稳立于朴素而神圣的三尺讲台,才能不做"误尽天下苍生"的罪人。放眼于大海,才能目光远大,给语文以蔚蓝碧澄的活水,才能永葆语文教学的青春。

二、语文教学是一出苦与乐的矛盾剧

"不经一番寒彻骨,哪得梅花扑鼻香",说明做任何事,要想成功都要下苦功夫。干坐着等好运来敲门,那是异想天开! 当然,学语文如此,教语文也如此。语文教学多少年来因受教学观念的限制,方法单一而死板,以致于学生丧失了学习的兴趣与积极性,教师也找不到教学的激情与创造性。而且,升学率指挥棒的绝对权威性与教材安排的欠科学性,让教师未上课胃口先倒,教师学生一起成为考试的奴隶,导致学生"高分低能"的现象,表面的繁荣与潜在的危机让语文教学走进了死胡同。学生学得苦,教师教得累,这是语文教学的共识。批不完的作业,写不完的笔记,考不完的试卷,语文的人文性就这样在这单调而机械的重复练习里消失殆尽了,好在这一切不久就成为历史,成为一种"美好"的回忆。语文教学的苦,在于教学的衔接上,初中毕业的学生来到高中就好像来到一个完全陌生的世界,许多不适应让学生感到被动与困惑。语文教学的苦在于学生没有养成一个良好的学习习惯,而且当教师将好的学习方法传授给他们时,他们却置若罔闻,如坠云里雾里。语文教学的苦在于学生缺乏一种学习的恒心,他们都喜欢立竿见影的效果,这是如今社会浮躁的产物,但语文办不到,学好语文非三年不可!

语文教学虽说有苦,但其中的乐趣也是无穷的,小则一首古诗,大则一篇名作经典,都能让语文课亮起来,乐起来。乐从何而来? 乐在生活中,没乐可以找乐。许许多多老师在语文教学中创造了极具风格的不同的愉快教学,让本无生气的教材灵动起来,让本来政治味很浓的语文课鲜艳起来,让本来中矩中规的发言轻松起来。快乐贯穿于教学的每一个细节,只要充满个性,充满美,充满创造气味,教师便心甘情愿当"牛"做"马",因为诗意在语文教学的每一个符号中流淌,不亦乐乎?

如果说班级是一个剧团的话，那么教师既是编剧，又是导演，而学生就是演员，他们自编自演了一出苦中有乐、苦中作乐的喜剧。因为语文是一道美味的菜，语文是一位乐呵呵的朋友。

三、语文教学是一曲真与美的交响乐

语文教学是一门艺术，"求真"永远是语文的一个目标。"学做真人"是思想教育的一部分，而语文教学也要渗透这种东西，要培养学生美好的思想感情。因为只要感情纯正了，才能学正语文，否则只能学歪了语文，学歪了做人的本质。

就拿作文教学来说吧，写记叙文，必须要求学生抒真情，叙真事，写真人……让"真"流淌于字里行间，让"真"挥洒于学生心田。当然，写作中的"真"更是艺术之真，未必就是生活之本真，即实事。

同样，任何一门艺术都追求美，语文教学也不例外。假如哪个教师的语文课不能给学生一种审美的愉悦，那毫无疑问他是失败者。那么美是什么？一次轻巧的提问，一句鼓舞人心的评语，一张亲切的笑脸，一句抑扬顿挫的话语，一口流行标准的国语，一行美观的粉笔字，一个幽默发笑的故事，一种匠心独到的构思……美存在于教学的每一个环节，美存在于每时每刻，美是教师花圃中自由竞放的花朵等待学生去采撷。只要我们善于观察，善于发现，美就在我们眼里心中。

语文教学是真、是美，是真与美的交响乐。

四、语文教学是一支新与奇的变奏曲

教育心理学家皮亚杰说过："教育的首要目标在于培养有能力创新的人，而不是重复前人所做的事情。"因此，培养创造精神，让学生学会创新是学校和老师的职责。因为创新才能获得永恒的生命，否则，我们的社会就不能进步。一位大学教授将一位把自己的讲义背得滚瓜烂熟的研究生辞退，原因很简单，她缺乏创造精神。

创新是新世纪对教育的要求，也是语文教学不能遗忘的方向，听、说、读、写都不能离开创新，创新离不开平时的科学训练。教会学生创新，教师自己首先要会创新，否则只能在岸上喊：创新，创新！在水中的学生一脸茫然，只能望而兴叹。创新来自对生活的感悟，没有人生来就会创新，我们只要培养想象能力、观察能力、分析能力，培养触发的功夫，培养求异思维和多向思维能力，并持之以恒，定会有效。我相信，我们必会创新每一天。

语文还应有一种"奇"的感觉，学习语文是全社会人的自觉行为，是我们日常生活的一部分。如果有一天，或许学校不必开设语文课了，或者说语文课不开

而开，语文教师不教而教，让人享受一种奇妙的希望，一种渴望已久的暖色调。如能达到这样的境界就可称"奇"了。当然，这还需要很长的时间，需要我们大家共同的努力。

如何让文言教学亲近我们的学生

高一新生入校已经一月有余，如果算上假期里的预备学习期，应该有两个月了。经历了新鲜感与神秘感后，高中的特点在学生心中已经不再是兴奋与让人膜拜了。他们本身的特点与习性也随着国庆长假的结束而显露了出来，他们有了"既来之，则安之"的"入乡随俗"的想法，并渐渐适应了比初中更艰辛的高中生活。这是自然而然的事情，我们谁也阻挡不了。我们能做的就是陪伴他们，与他们一起慢慢成长。

备课需要备学生，而与生交流是了解生情的一种有效途径。我的时间不仅定在规定的 20 分钟，而且经常是根据需要而来，利用课间几分钟比较自由地进行，地点也经常不是在办公室，否则有的学生会有一些紧张感，影响交流的效果。在与学生交流时，我听到了他们的一些学习困难，尤其是文言文学习的痛苦。虽然说当代学生曾有"一怕文言文，二怕周树人，三怕写作文"之说，但面对考试，我们不能停留在害怕上而自慰了事。于是，就有了分析的必要，研究的必要。

高一才学习了《劝学》与《师说》两篇短小的文章，都是要求背诵的。学生觉得前者相对容易，因为更短小，而且句式整齐，易于诵读；后者相对难多了，篇幅稍长一些，因此，背诵花费的时间明显多了。其实，他们感到的只是表面现象，深层的学习就完全不一了。拿《劝学》来说，文章虽短，但容量不小；可谓"简单《劝学》不简单"，其中丰富的语言现象足以让学生晕倒：什么"实词虚词"，什么"通假字"，什么"古今异义"，什么"词类活用"，什么"特殊句式"等等。花了眼，迷了心，一时不知所措，困难接踵而至；也可以说，语言现象的细化分析，导致了学生学习的紧张感。为了人文，不必如此，但为了考试，也只能如此。谁让我们与应试时代相亲相爱？

自身任教过初高中语文，我明白学生过渡阶段学习的这种感觉。但许多学生是有苦说不出来的，当然是自己的语文学习不到位，这需要我们老师给予一些指点与帮助了。除了课堂上，辅导也成了一种方式。但也有极个别学生，能说得头头是道，与我的想法颇为吻合，让我吃惊不小。那么，文言学习的初高中区别主要在哪？

初中学习的内容相对容易,翻译只要求直译即可,少数要意译;选文基本上是短小的记叙类文章,文意比较浅,易懂;中考的要求比高考明显低,一般是背诵,了解作品的思想情感与主题即可。而高中难度在选文《劝学》《师说》均是议论文,学生学习议论文的困难远远大于记叙文;高考的要求高,作业练习的难度就高;尤其是翻译的细化,各种语言现象很多,让学生感到很难,弄不清楚。

那么,我们该如何帮助学生学习呢?

一是了解学生的学习状态,调整好教学双方的心态。教师不能急,也让学生不要焦虑,以免学生产生学习恐惧的心理,始终保持良好的学习信心。

二是立足课堂,进行文言教学。要尽可能降低难度,让学生能够接受,千万不要把简单的问题复杂化;而且,对于难点要反复讲解,尽可能"复杂问题简单化",把握好学习效果与监控。如文言句式的学习,什么定语后置、宾语前置等学生比较难掌握的考点,要分析到位,还要不时地指点与重复,起到强调的作用。必要时,进行一些语法的教学补充。

三是要在与初中接轨的同时与高考接轨。文言学习的要求尽可能做到一步到位,以免产生脱节,影响学生的学习,使学生产生迷惑与困惑,直至丧失信心与动力。

总之,文言文是我们教学的重点与难点,也是我们教学的突破点与增长点。只要坚持不懈,共同努力,我们有理由相信文言文教学一定会走出冬季,迎来春天。

语文作业自编需小结

开学三月了,自编作业也进行了三个月,我们组自编作业的实施情况需要做一小结。

一、使用状况

1. 全校高一高二所有班级自开学以来,均能较好地使用我们的自编作业。自编作业能按照学校要求的格式进行编排,作业时间总量控制在30～40分钟,并基本做到每课一练。

2. 作业分为基础训练、文本品读与能力拓展等板块,包括选择、填空、简答、片段作文等题型;自编作业分为专项练习与综合练习,平时主要是专项练习,训练基础知识;周末(一般是两周一次)是综合练习,训练的是综合学习能力,主要以高考模拟卷为主。

3. 资料主要来源于教材、教辅材料、教学网等,是教师根据自己对教材的理解与生情而编制成的,既能灵活编制,又较切合考试的实际;作业编制的内容一部分是在寒假完成的,一部分是开学后进行的。

4. 作业的编写由备课组成员分工完成,实行作业统一,资料共享,但具体教学进度不同班级之间有快慢差别,因而,同一份作业的使用时间是有先后的。

5. 自编作业不是语文作业的全部,它与诵读、课外阅读、写字、作文等作业形式相辅相成,都是我们作业的一部分。名篇名句,尤其是文言文的诵读主要安排在早自修,也可以在其他自修时间;课外阅读时间主要在自修时间;高一还有写字,安排在课余,如午休期间;作文主要是在周末完成,一月一次。

6. 作业要求教师先做全做,作业及时批改、讲评,并进行二次批改;作业资料由学生自己负责保管,便于他们随时翻阅,温故知新。第一次月考的部分试题均来自我们的自编作业。

二、存在问题

1. 这是我校刚开始进行自编作业的试验,因此,在试题的选择上我们难免存有一些漏洞,也难以达到精选的高标准;而且,作业的来源往往是摘抄的较多,原创的相当少,或者说改编的不多。

2. 高二学习内容是《外国小说欣赏》选修,因此,知识点或者考点比较单一,这样就不利于学生在期末联考中考出好成绩。

3. 自编作业的资料让学生自己保管,因为个性与习惯的不同,部分学生不太珍惜这些作业纸,他们做过了也就扔掉了。而且,自编作业给学生直接的感觉比较"土",印刷质量相对也差一些。就这点来说,自编作业资料不如原来的《作业本》那样引起学生的重视,也不便于收藏与保管。

4. 学生在月考中成绩不尽人意,虽然一些题目平时在作业中已经做过,但还是错误百出。

三、正在改进的做法

1. 我组教师在接下来的题目编制上已经开始向精挑细选方向努力,坚持不求数量求质量,保证作业效果的编写理念。

2. 作业及时反馈,讲评要注重学习与考试方法的传授,增加个别辅导与点拨,提高作业的有效性。

3. 高二由于是学习选修课《外国文学欣赏》,没有文言文的学习内容,而期末考试中将出现课外文言文的比重,因此,高二早读主要是必修一至必修五中的文言名篇诵读与《论语选读》的诵读。我们为此还印发了相关篇目的诵读内容，以减轻学生的负担；而每次专项训练也有课外文言文的专题训练，这也是高考中的难点，从现在开始进行适当的训练，将有助于他们提前熟悉这类作业，提前寻找课外文言文的题感。

四、今后改进的措施

1. 我们会继续要求教师在题目编制上尽可能做到精挑细选，不求数量求质量，并进行作业分层管理，保证作业的效果，并将这种理念扎实落实到行动中去。

2. 要关注学生的作业状况，重批改，包括两次批改；在全面讲评的同时，还要加强个别辅导，力求提高作业的针对性与有效性。

3. 作业编写要有梯度，注意分层，因为班级之间的差异较大，学情不一，体现在作业上也要有所不同，以提高作业的有效性。

4. 高二新课即将结束，我们将自主安排学习内容，这对我们进行自编作业是一种挑战，既增加了其中的难度，也增加了其中的工作量。这就需要我们有足够的心理准备，早作打算。

第四辑　拥抱课堂——语文教师的亮剑战术

克服自卑，实现超越

——骑桶者的自我救赎

　　卡夫卡的短篇小说《骑桶者》(收录于选修教材《外国小说欣赏》,人民教育出版社)写于1917年寒冷的一二月间,背景是第一次世界大战中奥匈帝国最艰苦的一个冬天的真实情况:缺煤。小说写了一个类似于乞丐的穷人——骑桶者,"煤桶空了""火炉里透出寒气",他必须"向煤店老板要求帮助",因为"我不能活活冻死"。只是让他纠结的是"煤店老板对于我的通常的请求已经麻木不仁",看来他的借煤不付钱的行为已经严重影响到了他的信誉与名声。

　　可是,现实是残酷的,他必须直面寒冷的季节。当穷人面临生存与诚信的双重危机的时候,他必须首先得到自我的最大宽慰,才有勇气走出家门。于是,他想象自己"像一个乞丐",倒在门槛上,得到了女主人的"咖啡",或者得到了老板的"一铲煤"。在这种精神的鼓舞下,他还想给老板一个惊喜,以便得到他们的同情。因为他改变了自己的行走方式,他不是走着拎着桶去,而是骑着桶飞去(当然,选择飞翔也是因为他害怕失败,万一被无情地拒绝,就可以及时撤离逃去)。这些都是作为穷人的他的积极态度,然而,贫病交加的他心中的自卑心理也紧紧缠绕着,他在骑着桶飞的过程中犹豫起来,害怕起来。他"极不寻常地高高漂浮在煤店老板的地窖穹顶前",不敢降落到老板家门前,只是高高看着老板在写字。他只是在空中向老板喊道:借煤。他不断重申"我有了钱,就会给你的""向来守信用;只是眼下没钱了"。老板好像听到了,他想出来看看是哪个老顾客,但老板娘不许他出来,理由是温暖体贴的:"你昨天夜里咳嗽得多么厉害""只为一件凭空想象出来的买卖""让你的肺遭殃"。于是,老板娘出来看了。老板娘究竟是否看到他?学生们争论不休,他们纷纷从文本里找信息,说理由。其实,老板娘是否真的看到骑桶者并不重要;老板娘是否有意用围裙将他扇到冰山区域,让他"永远消失,不复再见"也不重要。因为"智者见智,仁者见仁",只要言之有理都行,我们欣赏小说应该是多元的。

我们知道有些客观因素是无法改变的,能够改变的只有我们自己。骑桶借煤者不必去怪罪老板或老板娘,不必说老板的吝啬与势利,谁让你穷得经常借煤不付钱,物质的贫乏让你连做人的最起码的诚信也失去了。人应该从自身找原因,既然你已经出发了,为什么还是不敢下来,以致于老板娘没抬头,没看到你也在情理之中。贫穷并不可怕,要勇于面对,要像鲁迅先生说的那样:"敢于直面惨淡的人生,敢于正视淋漓的鲜血。"因此,我们要让学生明白,这篇小说讲了人与世界的不通融性,说明的不是老板娘的狠心残酷,而是骑桶者对世界的畏惧恐慌,这是他的性格弱点在人际交往挫败中的一次体现,是他的自卑心理导致他害怕做出该有的积极行动,从而借煤失败,乃至造成"永远消失"的悲剧。

那么,自卑者的出路在何方?学生纷纷献计,于是,我顺势布置了一个想象(片段)作文题,鼓励学生大胆虚构,用自己的故事来阐述骑桶者的命运。虽然从学生构思中看出,骑桶者能成功借到煤的情况有好多种,如有人献计让骑桶者通过第三者向老板借煤,有人则主张老板主动献爱心,把煤送到骑桶者家等,应该说他们的想象是丰富的,但这不够合理,与小说的主旨有偏差,与"克服自卑,实现超越",让骑桶者完成自我救赎的学习活动有距离,所以,这些学生习作在这里就不再罗列了。而相对来说合情合理的学生想象,以"他应该拎着桶去,直接开口借煤",或者"他可以骑着桶飞去,但不能漂浮在高高的空中,要勇敢地下来"等说法比较多一些。下面我们来欣赏一下两篇比较典型的片段作文。

学生甲:"骑桶者虽然有点犹豫,但冬天的冷酷使他鼓起一百倍的勇气,拎着桶大步朝老板家走去。一路走,他一路想,怎样向老板开口。因为已经有多次借煤没付钱的历史,让他变得很不自在。很快到了老板家门口,他又犹豫起来,手几次想敲门又缩了回来,嘴几次张开要叫喊老板又没有发出什么声音。这样过了3分钟,他似乎感觉又度过了3天。最后,他终于砰砰砰地敲打老板家的门。闻声开门的是老板娘,一看是他就马上关了大门不理他了。他急了,又是敲门,又是叫喊,'老板,行行好……'里面没有声音,他有点绝望了,他伤心地流下了眼泪。大约过了3分钟,他似乎感觉度过了3年。他慢慢转身回家,就在这时,老板家的门开了,老板咳嗽着向他招手。他顿时跳了起来,接过煤,谢过老板,飞一般地跑了。他成功了。"

这是个务实型作者,他让主人公拎着桶去借煤,比较直截了当。语段通过语言、行动、心理描写,写出了骑桶者真实的内心世界,尤其是借到前的犹豫与借到后的兴奋形成了强烈对比，给人比较深刻的印象，而细节"老板咳嗽着向他招手"切合文本，也很逼真。

学生乙："骑桶者左思右想，还是觉得应该向老板借煤，因为严酷的现实，让他无法犹豫。考虑到前两次已经说了很多理由，该还的期限也已到了。这次，总不能还是这样去忽悠吧。因此，他终于想出一个借煤的方式，前两次都是提桶走去的，这次要变个花样。本想人钻在桶里，一路滚去。可是滚着滚着，滚到路边的水沟里去了。他从桶里钻了出来，两腿跨坐在桶上，想究竟怎么办。突然，桶飞了起来，他赶紧抓住桶的两边。飞啊飞，朝老板家飞去。他想，这是天意。一会儿就到了老板家上空，桶居然不动了。怎么？桶也害怕了？他看到了老板与老板娘。可是，就是下不去。他在空中徘徊许久，心想不能老这样下去了，否则是没用的。于是，不知哪来的力量，他用屁股向下一撞桶。桶就往下而去，'砰'地一声巨响，桶稳稳地停在老板家门口。也许是外面的响声惊扰了老板家，老板娘开了门，看见他坐在煤桶上朝她傻笑。也许被他的幽默与滑稽感动了，老板娘笑了起来，并且很爽快地借给他煤。"

这是个浪漫型作者，还是希望主人公与文本中一般骑着桶飞去，而且似乎是命中注定让他飞去借煤的。语段主要通过动作与心理活动描写，来表现他的机智与幽默。当然，这个结尾比较有趣，且不说是否合理，但至少充满了小作者的善意与爱心。

《自卑与超越》的作者阿德勒（奥）说过，"促使人类作出种种行为的，是人类对未来的期望，即自我的理想，个人能借之获得优越感，并能维护自身的尊严。"因此，我们的主人公——骑桶者只有克服自己的心理障碍，主动积极地付诸行动，才能完成自己的精神救赎与人生超越。也许这就是小说欣赏的意义与价值。

陈的不是情感，是智慧

——《陈情表》解读

李密的《陈情表》是一篇经典散文，人教版、语文版、苏教版等各种版本教材都将其囊括其中，足以说明它的文学地位。苏教版必修五第二专题的主题是"此情可待成追忆"，将《陈情表》定性为亲情的典范之文。而我以为，作者在文中晒的不仅仅是自己对祖母的浓浓亲情，更是一种面对刀光剑影生命攸关时表现出的不凡智慧。

我们可以从解题入文，本文的标题是《陈情表》，"表"是古代臣子向君主陈情的一种奏章,如诸葛亮的《出师表》等;"陈"是陈述的意思。通过预习课文,我们即可整体感知文本内容:是谁陈情? 是李密;向谁陈情? 向晋武帝司马炎;陈什么情? 陈对祖母的尽孝之情。很显然,李密遇上了人生中不可逾越的难题,我们可从文中读到相关信息:公元 267 年,晋武帝司马炎为了拉拢西蜀人士,大力征招西蜀名贤到朝中做官,李密也在其中,但李密不愿应诏。他是亡国降臣,如果不从,必然被以为是"矜守名节",是要招来杀身之祸的,如"竹林七贤"中的嵇康因为公开表示不合作,写了《与山巨源绝交书》,而最终被杀。因此,要使晋武帝不但不怪罪,而且得到允许,是非常困难的,这是一个考验李密智商的人生课题。而且,作者要表达的感情是复杂的,既有伺奉祖母的骨肉之情,对亡国蜀的怀旧之情,也有对新王朝的疑虑之情与对司马炎征聘的惶惑之情,这些使他很纠结。好在能紧紧抓住侍奉祖母的"孝"这条情感主线,他终于完成了这篇申诉自己不能应诏原因的充满情感与智慧的《陈情表》。

文本第一部分他提出事实根据——家庭的不幸和祖孙相依为命的情形,使武帝对自己由恼怒峻责化为同情怜悯。

第二部分他陈述两难处境——孝顺祖母和回报国恩之间的矛盾。先表达感激朝廷之情,再提出矛盾。

第三部分他逐一破解难题——以"孝"治天下是治国纲领,孝养祖母合情也合法,为下文"愿乞终养"给出了理论根据。自己出仕蜀是"图宦达,不矜名节",如今不能出仕是因为祖母病笃。

第四部分他提出具体实施方法——先尽孝后尽忠。陈情的目的是"愿乞终养",作者尽孝之时短,尽忠之日长,遂提出"终养"要求。最后表达了自己对朝廷"生当陨首,死当结草"的忠心。

显然,李密陈的是至真至诚的亲情,他采用的是凄切婉转的陈情技巧。出于"情",归于"理",融理于情,融情于事。我们只有多多诵读,在诵读中逐步体会他的情感与愿望。结果,李密的文章打动了晋武帝,他不但答应了李密的请求,还赐给了他两个奴婢,以便帮助他照顾祖母刘氏。也许正因为此举打动了李密,以至祖母死后守完孝,他高兴地出来做官了,一直做到汉中太守。

其实,李密哪里知道自己用情感与智慧解决了的人生难题,恰恰被晋武帝司马炎利用了。可以这么说,司马炎也是用自己的智慧赢得了李密,赢得了自己的天下。

我们知道,司马炎之所以青睐李密,一定要让他出来做官,是有历史原因的。

我国古代以"忠孝"治天下,"君为臣纲,父为子纲"。要忠首先要孝,不孝之子怎能忠呢?这样才能稳固封建统治。但司马炎不敢以"忠"来治天下,因为"司马昭之心,路人皆知",其父的行为证明了其中的渊源。同时,司马炎继承父亲爵位后,马上一脚踢了魏帝,自立为皇,改国号为晋。所以,如果他以"忠"来治天下,岂不让世人耻笑。于是,他选择了以"孝"治理天下。因此,李密的《陈情表》围绕"孝"字做文章,与其说是他的至情至性打动了司马炎,不如说是文章的主题正中了司马炎的下怀。于是,司马炎顺水推舟,既做了人情,又找到了可以为自己政治服务的好工具。自然,《陈情表》的广泛流传,为司马炎宣传孝道起到了很大的作用,也为他赢得了心胸宽广的好名声。同时,该文很快成为人人诵读的教科书,感动了一代代人,也打动了苏轼,他说:"读《出师表》不哭者不忠,读《陈情表》不哭者不孝。"甚是!

文学史上较少以一篇文章成功的作家,而李密便是。他的偶尔之作《陈情表》一不小心成就了他的孝名与文才。因为《陈情表》陈的不仅仅是情感,更是智慧。

肉身斗士 PK 青铜野兽

——关于《炮兽》场景的对比法解读

《炮兽》一文节选自法国作家雨果晚年炉火纯青的代表作《九三年》,肉身斗士与青铜野兽之间的战斗场景紧紧抓住了读者的心,尤其是其中立体的对比手法显示了浪漫主义瑰丽的艺术效果,使之成为经典语文的范本。

场景就是场面描写,是以人物为中心的环境描写,一般由人物、事件和环境组成;场景的功能之一是揭示人物的性格,为塑造人物服务。而雨果创作主张"美丑对照原则",对照法是他创作中最喜欢采取的方法。我们不难发现《炮兽》在人物塑造上运用了对照法,而且在几个场景之间也充满了鲜明的对比和动静的结合。

开头第一场景是个惊心动魄的画面:"炮队里一尊二十四磅重弹的大炮滑脱了",它"突然变成了一头形容不出的怪兽""像一支箭似的从船的一端射到另一端,旋转、闪避、脱逃、停顿、冲撞、击破、杀害、歼灭",它有"豹子的敏捷,大象的重量,老鼠的灵巧……"这些描写为关键人物的出场营造了令人窒息的紧张气氛。面对这样的怪物,人是没有办法的。"你不能够杀死它,它是死的。同时它也活着。"因此,人是怯懦的渺小的,"头一下子就压死了四个人""又把第五个人碾成两半",炮兽"获得了充分的自由。它成为自己的主人,也是这条船的主人"，而船长与大副这两个勇士吓得"一句话也不说，脸色发青，犹豫不决"；但他们的乘客推开他们，神情自如，没有失态，显示出他勇敢坚定的性格。这里，主要场面是慌乱骚动，而船长、大副和老人在一起的次要场面是相对宁静的，炮兽的强大疯狂与人的渺小怯懦形成了对比，勇士的六神无主与老人的沉着冷静形成了强弱的反差，也为下文神秘人物的正式出场作了必要的铺垫。

第二场景炮兽"继续破坏船的工作"，形势越来越严峻，船长也陷入了绝望，"现在只有上帝能够救我们了"，其他人更是束手无策。在这危难之际，英勇无畏的炮队队长挺身而出，这是大炮与炮手的较量。他"手里拿着一根铁棍""身轻体软，又敏捷又灵便"，但他"像一条水蛇似地东躲西闪"，显然，他只有躲闪的份，他"被迫退到船舷"。在这千钧一发之际，那个年老的乘客终于出手了，他"冲了出去，动作比这一切凶猛的搏斗更加迅速。他抓住一袋伪钞，扔到大炮的车轮中间"，终于，他与汉子一起把炮兽制服了。"斗争结束了。汉子胜利了。蚂蚁战胜了巨象。侏儒俘虏了雷电。"如果说船员只有束手无策，那么，炮队队长就是英勇无比了；如果说炮队队长有的只是勇气，那么，神秘老人就是有勇更有谋了。显然，这场战斗老人更胜一筹。这一场景，人物之间的对比尤为明显，更将重量级人物朗德纳克侯爵的坚毅果敢、智勇双全的性格完美呈现。

第三场景应该说是神秘老人朗德纳克侯爵一个人的表演舞台，他的个性展露无遗。他先是不动声色地把自己"身上的圣路易十字勋章取下来，系在炮手的短衫上"。这一举动让水手们激动不已，他们情不自禁地欢呼"乌拉"；而炮手自己也不免"受宠若惊"。然而，接下去将军的话让人瞠目结舌，"现在，把这个人拉去枪毙"，这使本来十分明朗的场景一下子变得阴森可怕。于是"惊惶代替了欢呼"，场景变成"坟墓般的寂静"。炮手的神态从"掩盖不住"的得意到"受宠若惊"又到"低下了头"；水手们的反应由"欢呼"到"惊惶"到"静寂"。这一场景中，神秘老人对炮队队长前后两次迥异的处置态度，使他成为本场景的绝对主角，老人的性格因此更鲜明起来："没有任何过失是可以补救的。勇敢必须奖励，疏忽必须惩罚。"赏功、罚罪、处决三个场面，人们的心情从欢喜、惊愕到哀伤，上天入地，跌宕起伏，对比强烈。

总之，《炮兽》以精彩的场景对比，刻画了一个智勇双全的侯爵形象。"狭路相逢勇者胜"，勇勇争斗智者赢。无论是无能的船长、大副、水手们，还是有勇无谋的炮队队长，其实都是为衬托老人而设计的道具。因此，《炮兽》是一场肉身斗士与青铜野兽之间的战斗，更是一个男人的经典战争。

清兵卫与绘画

学了《清兵卫与葫芦》后,我让学生发挥自己的想象,续写一个结尾——《清兵卫与绘画》。因为文本最后一句是这样写的:可是他的父亲,对于他喜欢绘画,又在开始嘀咕了。

从中我们可以看到,清兵卫是幸运的,他又有了自己新的爱好,但他又是不幸的,因为他父亲又开始嘀咕了。我们都为他的新爱好而担忧,不知他能坚持多久。于是,我让学生进行读写一体化训练,发挥他们的创造性与自主性,但想象要符合人物的性格特点,情节也要合情合理。

我读到了几种学生的想象,现列举如下:

1. 清兵卫绘画又遭到了父亲与教员的否定,他的命运与《清兵卫与葫芦》一样,爱好遭遇摧残。如岳思毅同学写道他喜欢画画,喜欢画黑猫,结果不小心惊了父亲,使得画被愤怒的父亲撕了;如王雨梦同学用 800 字的篇幅详细地写了一个原文中的小人物——校役,他因为赌钱,把赚来的 50 元钱输了,而且还欠了债,于是就想到让清兵卫帮助做几个葫芦卖钱,他的请求得到了他父亲的认可,但清兵卫爱上了画画,不想再伺弄葫芦了,惹怒了父亲,画被父亲撕破,应该说这个故事的想象很丰富。朱望秋同学写了他上街时,被上次卖给他好葫芦的老太太叫住,因为又有好葫芦了,然而,已经喜欢画画的他却逃走了,这个细节很传神,耐人寻味。金飞同学写道,他画的画得不到教员的认可,他离家出走,后来成了有名的画家,教员知道后感到很后悔。葛建聪同学等写道,他画画得不到教员与父亲的认可,情节、结局与小说基本相同。周洁写道,他在家里墙上到处乱画,被父亲打,他的心碎了。向哲浩同学写道,他的画被父亲破坏时,几张画正好被风吹到窗外,被人捡到,辗转后他的艺术水准被发现,这个细节与小说原文交待葫芦的价值这一段有异曲同工之妙,而且能揭示主题。

2. 清兵卫喜欢画画,并得到了老师与父亲的认可。朱峰同学写道因为校役醉酒后吐露真言,说出了那个好葫芦的价值,使得清兵卫的父亲改变了对清兵卫的看法,于是支持他画画,虽然将他作为赚钱的工具,但至少支持他画画了,也符合人物的性格。曹萍同学写道他父亲经过多次教育无果后,就决定由他去,这反而解救了他,成就了他的梦想。孙煜飞同学写道他上课画老师的肖像,但这个老师比较通情达理,老师去家访惊动了家长,好在他是鼓励他的爱好不是告状的,这是一个美好的愿望,也是可能的。滕涛同学写道教员去家访,因为他画的画在比赛中得了第一名,为学校赢得了荣誉。王洁同学说他遇到了一个美术老师,说他有美术天分,他交了好运,从此迈上了理想的高坡。章凯波同学写道,由于他母亲的极力支持,清兵卫成了当地有名的画家。顾盛吉同学写道,他处理好了学习与画画的关系,做到两不误,当然得到了家长与教员的表扬——一个善良的梦。王梦涛同学写道,他在上次买到好葫芦的小摊上买到了一支神笔,神笔马良教会了他画画的技艺,清兵卫画出了许许多多好画,终于成为名画家,想象丰富,只是写得比较简单,应该具体些。岳佳良同学让他努力学习,成为建筑师,后来他的画得到了朋友的认可。

这次作业是片段作文,字数要求在 100 到 300 字,或者说 300 字的小作文,当然长的不限,可以 800 字,乃至上千,因人而宜,因人而异,不强求;同时,我给学生足够的时间构思,不要求马上交,否则,就难免有逼作业的感觉。但在会考逼近,月考来临,作业压人的时间里,我还是做得太匆忙了,不够从容。同时,我从网上选择了有代表性的两篇范文,让他们看看别人是怎么构思的,有什么相似与不同之处,哪些地方值得我们借鉴与学习。

● 范文 1

自从清兵卫的父亲砸碎了他十几个葫芦以后,清兵卫就再也没有接触过葫芦。他又迷上了绘画,就像当初迷上葫芦一样,这下他的父亲又开始嘀咕了。

清兵卫失去他心爱的葫芦后,有好些天他都像丢了魂一样,整天呆呆地坐着,叫他,他也不搭理。直到一天,他在放学回家的途中,看见一个海边写生的画家,他的生活才又发生了变化。清兵卫站在画家身后,看到蔚蓝的大海、雪白的浪花和天空飞翔的海鸥,在画家的笔下犹如被赋予了生命一样。他激动得脸颊通红,两眼放光,着魔地看着画家行云流水般地挥舞着画笔。直到夕阳收起最后一抹余晖,那画家收拾好画具离开,他才若有所思地回家了。

自那以后,小镇上的人们常常看见一个孩子在海边、码头画画,那个孩子就是清兵卫,他是那样的着迷,几乎天天放学都要去写生,回到家里就端着画板,一个人躲在屋里。他父亲常常嘀咕说这孩子又中邪了,好几次要拿筷子吃饭,可伸手抓过去却像是在拿画笔。

清兵卫走在路上,只要看见有画,他就会停下来看个仔细,常常忘了时间,若遇见有人在写生,更是诸事忘到脑后,非要看到人家收拾好画具走了以后,他才肯回家，为这他没少挨父亲的骂。他为了画好暴风雨时的大海，一有暴风雨来临，他就披上雨衣，躲到海边的岩洞里专注地观察大海的咆哮，后来他画了一幅画，是一只海燕在暴风雨中与大海搏击，他将画送给了那位卖给他葫芦的老婆婆。

清兵卫还喜欢画人物肖像，他喜欢观察各种人物的特征与他们的职业特点，所以小镇街头的小贩、渔民和许许多多劳动的人都成了他的素材。然而，一次上课时，他一边观察讲台上的教员，一边给他画素描。不幸的是，他被发现了，当教员看到自己在讲台上的形象，被表现在纸上时，他怒不可遏。当晚，教员带着那素描家访来了，清兵卫的父亲当着教员的面用斧子劈碎了清兵卫所有的画具，那教员满意地离开了清兵卫的家。清兵卫面无血色，默默地收拾好画具的残骸，准备将它们葬在海边。从此，小镇上的人们再见不到那背着画夹的熟悉背影。

清兵卫的绘画生涯仿佛就此结束，然而他给老婆婆的那幅画，后来却被一个画商看中了，卖了个高价钱。据说，当你盯着海浪看时，海燕仿佛就要被吞噬了，可是当你盯着海燕看时，海燕却像是冲出海浪，冲上云霄了。听那画商说那是视觉误差的效果。

●点评

文章抓住了清兵卫因父亲砸碎了他的葫芦而像丢了魂一样切入，写清兵卫在这时遇上了画家写生并深深地触动了他，从此以后，他就迷上了绘画，但结局和原文一样，爱好最终被父亲和老师扼杀了。作者还抓住细节描写去刻画人物性格。如"好几次要拿筷子吃饭，可伸手抓过去却像是在拿画笔"这句话刻画出清兵卫爱绘画已达到如痴的地步。

●范文2

对于绘画，他的热情绝不亚于对葫芦的喜爱，只要一有空，他就拿出画夹，在上面勾勒着。他专注于他的爱好，留意身边的每一种事物。

他父母还会不时唠叨一两句，但这对于他喜爱绘画却没有太大的影响，倒是在学校里教员那副让人生厌的面孔和那些刺耳的话，让他恨得跟什么似的。可是他却没有能力，也不敢去反抗，只是看着他的画在教员的手下变成废纸，心里刀割似的疼。

然而他并没有像先前放弃葫芦一样轻易放弃绘画，因为在他心中，一个很茫远却日渐清晰的梦已经开始慢慢萌发出青绿的嫩芽……他喜欢自然风光，还是在他很小的时候,他父亲带他去看真正的森林,从那时起,他就爱上了那起伏荡漾、连绵不绝的林海,所以,他特别喜欢写生。

那次听一个同学说,不远处有一个小岛,上面的景色让人陶醉,他便动了心,暗暗决定去造访那个小岛。

于是,第二天学校里就少了一个背画夹的男孩,取而代之的是教员尖利的怒吼声。而此时,他正躲在船舱的角落里,紧抱着画夹,听着大海的波涛声和忽远忽近的脚步声。

在船停在一个小岛边时,他下了船,坐在一块石头上,支起画夹,开始描绘他的梦。他准备下一艘船经过这儿时,就回去。

作品完成了,他只等坐船回家了,他天真地望着茫茫的大海,不知不觉昏昏沉沉地睡着了。

醒来时,他已经躺在自己的床上,身边围着一大群人。母亲坐在床边抽泣着,父亲正满面愁容地踱来踱去,手里拿着那幅画,他不禁打了一个寒战,很自然想到了它的下场……看见他醒过来,父亲急忙坐到他身边,把那幅画在他眼前晃晃:"这是你画的?"他神情木然地点了点头。"这位先生要高价收购这幅画,并且要你和他一起学画!"父亲指着身旁一位穿着讲究的先生,语调已经兴奋得不能抑制。

清兵卫被这突如其来的好运惊呆了,他机械地扫视了一下周围的人。"哇!"的一声叫出来,发疯地向外跑去……

以后,再也没有人见过这位叫清兵卫的男孩了。

●点评

文章结构完整,在本文里清兵卫对绘画没有轻言放弃,而是专注于自己的爱好,并取得成功。小说在此本应有一个完美的结局,但作者却别出心裁——清兵卫承受不住巨大的惊喜,疯了。这个结局令人深思。文章的语言流畅、生动,符合人物的性格特征。如"母亲坐在床边抽泣着,父亲正满面愁容地踱来踱去,手里拿着那幅画,他不禁打了个寒战,很自然想到它的下场……"句中的"不禁打了个寒战",刻画出清兵卫非常害怕,为下文的"喜疯了"蓄势。

总之,老师要给学生足够的时间进行阅读与写作,进行品味与交流,而且应该多肯定,多表扬。让他们在互相交流学习中,学到一些什么,并享受到成就感,以提高他们阅读与写作的信心与动力。

母亲，我们该如何表达对你的爱

——母亲节作文练习小结

又是一年一度的母亲节，我提前一周向学生布置了作业:向自己的母亲表达爱心,然后将活动的具体过程写下来,并写下自己的感受。为了预防个别学生可能对自己的母亲有想法,不愿写,于是我留了余地,即也可以写写自己对母亲的看法,只要有真情实感即可。下周一,有10位学生作业交不出来,原因是不知写什么,也许是对自己的母亲太熟悉了,反正就是不想写。我想,为什么学生年龄大了,却不敢大声说妈妈我爱你,不敢表达自己的爱了?

一些学生随便写几句,很简单,算是交差了。大多数学生都写了为母亲献爱心,或打扫卫生,或做饭烧菜,或送礼物(鲜花、蛋糕、饰品等),或洗脚揉肩,或打电话发短信,或说一声祝福语,或来不及说就这样一直藏在心中。沈艺同学认为母亲的爱是唯一的,母亲很容易满足,一个拥抱,一声问候,一个笑容都能让母亲快乐一天,她要像母亲爱她那样爱母亲。对于孩子的感恩,许多家长说,只要你好好学习了,就是对母亲的最好报答。这样的回答反映了一种社会现实,也是让学生伤心的理由。也有个别学生认为这个作业没意义,因为向母亲表达感恩之情,不能是作业,但他自己又没什么亲情活动,显然这是一种狡辩而已。如五班的滕同学说,"我的情感不是一次作业,也不要以作业的形式来表达,这是被动的……"我告诉他亲情应该主动表达,那么你为何不去表达了呢? 你可以试着去做,然后写一写。而他的个性比较强,有自己的主见,性格比较傲气,却没有具体的行动。

当然,让我高兴的是这次收获了两篇相对比较好的文章,如沈沁的《母亲节感想》,文笔优美,妙语连珠;赵佳的《我的19岁苍老了谁的容颜》,题目有诗意,语言不错,感情真挚。我将其中的片段打印下来,附在后面。

母亲节感想
沈沁

不是我选择了最好的,是那最好的选择了我。　　　　　　——题记

对于母爱,我不太习惯用"伟大"这个词来修饰,因为她遮盖了那份细腻与体贴。在我眼里,母爱就是我生活的细节部分,一句安慰的话语,一个抚慰的动作,看似微不足道,却足以诠释一切。

是你让我明白追求的价值，也为我点亮了前方的指路灯。现在，以后，我都将沿着这条路走下去。

这，就是你给予的，不加任何修饰，却天籁般贴切。

认为你虽不善言辞，却总喜欢唠唠叨叨，以为自己已经长大，但在你眼里我却永远是个孩子；以为自己可以独身一个人坚强地面对生活，但生活告诉我我并不是形只影单，因为还有你。

打开记忆的闸门，所有的欢笑都记录着我一个人，而在悲伤时却都只会想起你一个人。于情于理，也难怪诗中常将家比作儿女的避风港。

每次朝你发火，你都淡淡地让我消火。我知道你比我更难受，你想替我分担那些痛，只是你没有把爱挂在嘴边。淡淡的，给我你那无微不至的爱。

母亲节，你的节日。不过我更希望每天都是母亲节，让我天天对你好。

亲人只有一次缘分，无论这辈子我会和你相处多久，也请好好珍惜共聚的时光；下辈子，无论爱与不爱，都不会再见。

我的 19 岁苍老了谁的容颜
赵佳

从呱呱坠地到咿呀学语，从步履蹒跚到放肆奔跑，转眼十九载春秋，是母亲脸上一年年加深的皱纹见证了我的成长。

是她，忍着剧痛将我带到这个世界；是她，在多少个夜里缝补我的顽皮；是她，一直为我默默地付出却不求任何回报。她，在脑海中始终是那样温柔地对我微笑。

母亲节，也许孩提时代的我并没有过多的了解，只是偶尔看到花店里的花卖得很火爆，然后攒着口袋里的钱匆忙地走向下一个转角处，去买诱人的冰淇淋。

到了初中，每天路过花店也没朝里面瞥过一眼，只是母亲节这天被涌动的人流卷进花店，看到那么一束，便买下了。虽说无心，却看到母亲如花笑靥，心里暖暖的。

上了高中，离家的孤独更是让我怀念母亲可口的饭菜。每每周末回家，便将桌子上的饭菜吃个精光，倒不是有多饿，只是很留恋这样的味道。母亲节却要留在学校，有点无奈。于是，前一天便去了花店买了一束康乃馨插在妈妈的房里。我知道，母亲向来是喜欢花的。

多少个无眠的夜里，是我的不懂事苍老了母亲的容颜，是我的顽皮让母亲慌乱了手脚，是我的年少轻狂让母亲的眼角一次次滚下泪珠。那泪珠清澈透明泛着光，却饱含辛酸与溺爱。大爱无言，年少的我们又怎么不知，可是谁又曾为我们的母亲做过些什么呢？

拉着母亲的手走在大街上，走了好久，才发现母亲的手早已不再像我小时候那样光滑。抬起头，才看见妈妈的头上不知何时多了那些银丝，眼睛顿时被这银丝发出的光刺痛着，转过头擦去充斥在眼角的泪水，抱怨着说："妈，你的手怎么那么粗糙？"然后放开手便一个人迅速地向前走去，头也不回。那是怎样的心情，心疼着母亲，于是每每走过化妆品店总会留意一下是否有适合母亲的护肤品。

母亲节，多少次只是淡淡地一笔带过，总以为母亲为我做的一切都是理所当然，却从未想过，其实母亲也需要爱，也需要我们去疼爱。

文学教育能"慢慢走，欣赏"吗

风景迷人的阿尔卑斯山山谷中的一条公路边，插着一个标牌语，提醒驾车人："慢慢走，欣赏啊！"是啊，文学作品就是一道道美丽的风景，需要我们仔细领略，慢慢品味。而语文教师就是文学旅游的向导，有责任去积极引导学生走进丰富多彩的文学世界，与学生一起寻觅思想，体悟情感，咀嚼语言，享受人生。

然而，事实上我们当今的语文是"快教学"，我们设法早点上完课文，早点进入多做练习的复习阶段，以便能在考试中获得好分数。几乎每篇文章都是两节课结束战斗，然后巩固练习。我们教学的真正目的似乎只有一个，那就是帮助学生赢得高分通过考试。当神圣的语文教学仅仅成为一种狭隘的工具时，我们面对文学作品，怎么可能做到"慢慢走，欣赏啊"？于是，许多文学史上的经典美文只能进行蜻蜓点水式的学习或是匆匆的"长文短教"，教学目标只能有所取舍。因此，学生在课堂上学到的仅仅是其一，而其二呢？只有让学生自己抽时间去自学了。但在如此功利的时代，他们有心情去探究这"其二"吗？也许，在课堂上他们的学习兴趣刚被激发出来，就被老师点到为止。他们对文学的热情之火刚被点燃，就被生硬地熄灭了。等到将来，他们自己可以自由支配时间了，他们还会想起那部曾经让他心动的经典吗？还能找到曾经初恋般的感觉吗？因此，我觉得这种走马观花式的文学欣赏方法未能给学生带来什么深刻的印象，是否可以休矣？

我想，对于一些经典作品，是否可以采用"一周语文"品读法，让学生们用一周的时间陶醉其中,得到真正的文学熏陶。如史铁生的《我与地坛》,朱自清的《荷塘月色》,鲁迅的《祝福》,曹雪芹的《林黛玉进贾府》等文本,岂是两个 45 分钟能简单了之的,我以为徜徉其中一周时间绝不为过。就让我们好好经营"史铁生周""朱自清周""鲁迅周""曹雪芹周"吧,让我们沉浸其间,慢慢品味欣赏,感受领悟,也许能得到文学的一点感染与积累呢。

当然,我们语文教师不是不愿,而是不敢这么做。因为在"分数第一""分数至上"的年代,我们的语文素质教育活动往往被看成是另类,会遭致沉重的打击,乃至四面楚歌而被孤立。因为素质教育不一定能带来好分数,而分数是硬道理,连分数都没有了,还谈什么文学欣赏与熏陶?在考试面前,语文历来是弱势学科,文学欣赏一直是上不了厅堂的"二奶"。于是,经过失败的教训后,许许多多语文教师很无奈地妥协了,也学乖了。他们更注重分数了,少讲一点,多练一点。他们知道只有做试卷是正儿八经的事,只有将文本肢解为一道道习题才是务正业。为此,有的教师干脆将课文随便讲讲,而用练习纸作业本来代替上课了。结果考下来,学生的分数提高了,于是领导大会小会都表扬这些教师,并作为优秀经验宣传并加以推广。因此,我们的学生从刚踏进高中的第一天起,就得到了"分数第一"的明确答案,那些最宝贵的青春时代,注定要在痛苦的炼狱中被消耗了。

同时,我们如果真的开设"一周语文"的话,势必导致处于花季岁月中的少男少女,会痴情地爱上一篇经典,爱上一个作家,爱上语文。这样的话,就麻烦了,就意味着他们很有可能花费大量时间在文学上,从而影响了其他学科的学习,影响了考试总分。这样,就违背了他们上高中的初衷了,成了"大逆不道"的事了,这种后果是任何一个语文教师都承受不起的。

由此看来,文学教育要真正做到"慢慢走,欣赏啊",还真的不容易,我们语文教师还要继续那急功近利的伤心教育。

阅读教学"介绍作者与背景"环节巧处理

《普通高中语文课程标准》中说:"应引导学生在阅读文学作品时努力做到知人论世,通过查阅有关资料,了解与作品相关的作家经历、时代背景、创作动机以及作品的社会影响等,加深对作家作品的理解。"同时,我们教师也有义务去帮助学生进行阅读与鉴赏活动,给学生适当补充一些学生不知道的背景材料,让他们及时准确地了解作家作品。但我们在实施"介绍作者与背景"这一环节时,往往千篇一律地将它放在课文学习的一开始,这几乎成了一种不变的常规模式。其实,我觉得应该根据文本解读与教学的实际需要,灵活安排这一环节,不必拘泥于常规做法,从而提高阅读教学的有效性与针对性,让它真正起到帮助学生学习的作用。

那么,在进行阅读与鉴赏时,我们何时介绍作者与背景比较恰当呢? 下面我从三方面来谈谈自己的看法。

第一 将背景介绍放在学习开头

1. 面对一些较长文章的节选部分,我们要考虑到上下文的衔接问题,经常是不知上文写了什么内容,因此,就有必要补充相关背景让学生了解。像高二年级选修教材《外国小说欣赏》中的许多文章都要这么做。如《娜塔莎》一文节选自列夫·托尔斯泰的长篇小说《战争与和平》中的第二卷第三部第 14、16 节和第二卷第五部的第 15 节。学生对作者与事情发生的背景是陌生的,因此,在学习这篇课文前要让学生去寻找相关资料了解情况,或者老师在学习前给学生作适当的补充,这样有助于他们理解文本内容,提高学习效率。还如苏教版必修五中的《长亭送别》节选自《西厢记》,在学习时要对相关背景作介绍,以便学生对课文内容的理解容易些。

2. 对一些学习上有难度的课文,要做必要的知识或背景介绍。如达尔文的《〈物种起源〉绪论》是科技类说明文,学生学习起来有困难,那么就可以在学习一开始时向学生介绍达尔文与他的《物种起源》,让他们对相关内容有所了解,以便为他们的学习打下基础。又如鲁迅的《记念刘和珍君》,在学习前先让学生了解相关背景知识,否则他们对文本的理解就困难了。

3. 对一些文言文的学习,作者与背景往往要介绍在前,以便帮助学生了解文本,减少学习的盲目感。如学习李密的《陈情表》,要向学生介绍李密的家庭背景和为官情况,可让学生了解他的"孝"与"忠",从而更好地了解文本讲述的他的复杂情感。又如学习司马迁的《报任安书》,要介绍李陵案与司马迁之祸,以便让学生能更深刻地理解作者为梦想而"隐忍苟活"的顽强毅力。

第二 将背景介绍放在学习最后

1. 这种做法主要适合于一些文章的节选部分,为了学生能够对小说的内容有个整体的了解,可以将小说后来发展的情节与学生进行交流。如《外国小说欣赏》中的《炮兽》一文节选自《九三年》,选文故事就是发生在小说开头。而学生没时间去阅读原著的全文,可以让他们基本熟悉一下故事的大概,能对叛军头目朗德纳克侯爵带领舰船从英国偷渡到法国,企图勾结当地的反动武装发动反革命叛乱的目的有个相对初步的了解。又如莎士比亚的《罗密欧与朱丽叶》的节选部分,要让学生对故事梗概有所了解,尤其是后来剧本的发展情况,以便对节选部分的文本学习有个比较全面的印象,而不是某个片段的零散感。

2. 面对一些记叙与抒情味很浓的文章,可以在学习后介绍一些相关材料,以便学生更好地了解背景,做到对主人公情感感知的完整性。如学习《记念刘和珍君》后,让学生了解事情发展的最后结果,知道烈士的血没有白流,他们的牺牲有伟大的意义和影响。又如学习了李密的《陈情表》后,学生可能很关心祖母刘氏去世之后李密的情况,就可以补充一些资料:刘氏亡后,李密丧限期满,才入京任太子洗马,后官至汉中太守。

3. 对涉及到的有争议的历史事件或人物,可以介绍一些后来发展的情况,对相关人与事有个辩证全面的认识,从而加深对课文的理解。如《记念刘和珍君》中被鲁迅口诛笔伐的杨荫榆,后来她的言行是发生了很大的变化的,有必要适当介绍一下:据杨绛先生的回忆,1929 年杨荫榆在苏州东吴大学任教,因为学校开除学生,她愤而辞职。后来有研究者说:此一杨荫榆,彼一杨荫榆……这种对学生的宽容,与女师大时期的影响是否有一定关系呢? 是否包含了杨荫榆对先前粗暴言行的某种悔意呢?

第三　将背景介绍放在学习中,即遇到问题时再作介绍,有利于加强问题探究的针对性

1. 放在学生对作者情感无法准确理解的时候:如《听听那冷雨》创作于“一九七四年春分之夜”,海峡两岸已经隔离了 25 年,可以补充一些背景。如他在刻画“冷雨”时是如何“伸回去,伸回那块大陆”的? 引导学生从文本中找到相关语句,如“不过那一块土地是久违了,二十五年,一切都断了,只有气候,只有气象报告还牵连在一起……”又如“无论赤县也好神州也好中国也好,变来变去,只要仓颉的灵感不灭,美丽的中文不老,那形象,那磁石一般的向心力当必然长在。”从中我们感受到作者思念故乡、想念大陆的文化情怀与悠悠情思,也加深了对文本的理解。

2. 放在学生对课文内容无法准确把握的地方:如《侍坐》,孔子的四个弟子子路、曾晳、冉有、公西华在述志时的口吻一个比一个谦逊,尤其是公西华只愿做个小相就满足了,为什么呢? 一方面,这是他们的性格不同,子路有个性、直率,又有点自负,自然是“率尔”而已;冉有的性格内向,言辞就谦逊了,他把自己想治理的国家假设为"方六七十"的小国;而公西华在礼节上也谦虚多了,老师点他名后,他不说自己能做什么,而说自己愿意学习,如果有人赏识他,他愿做个小相。另一方面,这与他们的年龄有关。根据资料得知,当年孔子60岁,子路51岁,曾皙39岁,冉有31岁,而公西华只有18岁,因此,年纪最小的公西华面对胸怀大志的两位学长,他只有选择做个小相了。老师在这时将相关资料介绍给学生,能让学生加深对文本内容的理解。

3. 放在学生对主题的把握出现困惑时:如杨绛的《老王》,文本记叙了老王给作者"送鸡蛋、香油"等小事,从而赞美老王的高贵品质。学生一时难以理解,这时讲当时的时代背景就恰到好处:事情发生在"文革"前后,那个物质精神都极度贫穷的年代,人们只有勉强简单地度日,没有多余的物品,而且人与人之间极度缺乏信任,尤其是杨绛的老公、著名作家钱钟书先生被下放之后的岁月,一般人都对她避而远之,但老王不避嫌是多么的难能可贵。这样,学生就会豁然开朗,真正明白老王的为人了。

总之,阅读教学什么时候向学生介绍作者或时代背景,要具体看不同文本的不同需要,而没有固定的格式,只要能服务于学生更好地学习文本这个教学宗旨就行。

阅读教学培养学生"一家之言"学习理念的策略

《语文课程标准》与阅读教学心理学告诉我们:阅读是搜集处理信息、认识世界、发展思维、获得审美体验的重要途径。阅读教学是教师、学生、文本编者、文本作者之间的多重对话,是思想心灵交流的动态过程。阅读中的对话和交流应指向每一个学生的个体阅读。教师既是与学生平等的对话者,又是阅读活动的组织者。教师要为学生的阅读创造良好的环境,提供有利条件,充分关注学生阅读态度的主动性、阅读需求的多样性、阅读心理的独特性,尊重学生个人的见解,应鼓励学生批判质疑,发表不同意见。由此可见,我们教师应该在阅读教学中培养学生"一家之言"的学习理念。

"一家之言",《现代汉语词典》上说是指有独特见解、自成体系的学术论述,也泛指一个学派或个人的理论、说法。如果按这样高标准来衡量我们的教师与学生,要求是高了点,因此,本文的"一家之言"仅仅指个人的一种看法、想法、说法而已,或者说是读者对文本进行解读时的"仁者见仁""智者见智"的原则。

著名特级教师于漪说,学生根据自己的知识储存和敏锐的观察能力,对教材的某些内容、语言表达上的问题,或对教师的讲解、同伴的发言提出不同的看法时,教师要满腔热忱地对待,保护这种积极性,切不可置之不理,更不能挫伤、压抑,使刚爆出的火苗熄灭。所以,我们需充分尊重学生的阅读见解,尤其欢迎他们对文本、作者、老师同学发表不同的看法,坚决不能轻率地予以否定,甚至是无情地阻止他们发言,从而抹杀学生的探究热情与智慧,以保持课堂问题的同一性,追求所谓的和谐。

那么,阅读教学如何培养学生"一家之言"的学习理念呢? 我认为:

一、课内学习是根本的实验基地

1.培养学生"一家之言"学习理念,不要过于迷信作者的观点,可与文本作者进行平等交流。

如人教版教材《米洛斯的维纳斯》中,作者认为,维纳斯"为了如此秀丽迷人,必须失去双臂",这个观点也仅仅是一家之言,我们可以同意,更可反对,并谈一谈自己的看法,只要言之有理,言之有据。

苏教版必修一中周晓枫的《斑纹》,写了关于蛇的寓言与传说,主要是为了引发读者的兴趣,以作者强烈的情感来加强读者的情感体验,丰富文章的文化内涵。不只说明了蛇的斑纹,更生动细致地塑造了一个阴险、诡秘、恶毒的形象,使文章富于情趣,饶有意味。应该说作者所说的蛇是西方《圣经》传说中的形象,而不是东方的,更不是中国文化中蛇的美好形象,如《白蛇传》中的白蛇等。因此,我们要鼓励学生质疑,大胆说出自己的理解。

2.培养学生"一家之言"的学习理念,不要盲目崇拜教师的权威,师生、生生之间可以进行互动。

特级教师吴稷曾在《谈创造性思维的培养》中说,创造性思维要求青少年敢于怀疑,敢于向书本和权威挑战,而不墨守成规,人云亦云。教师不要独占讲坛,搞一言堂,应热情鼓励学生独立思考,发挥创见。即使意见不完全正确,甚至不正确,只要言之有理,也不要简单否定,粗暴压制。因此,教师要在课堂设置一个质疑的环节,让学生逐步养成质疑的习惯,习惯一旦养成,学生就能经常问几个为什么,不盲从,不轻信。

我们知道,教师对文本的解读,仅仅代表了教师对文本的个人理解,或者是教师在结合了许多资料进行分析比较后选择的一种适合自己与生情的对文本的综合见解。虽融入了许多专家的观点,但就本体而言,教师的说法还是属于一家之言,是可以进一步研讨与商榷的。因此,教师应该欢迎学生对自己的看法进行思维的碰撞,让课堂成为具有思维含金量的课堂,而不是教师个人思想的一言展示。千万不要拘泥于一家之言,避免观点陈旧或结论偏激的现象,否则,这就是不民主的课堂。同样,学生的发言也是一家之言,老师与同学可以同意,可以反对,当然是尊重的反对,是建立在平等基础上的一种交流,这样才能使课堂成为真正意义上的学堂。

3.培养学生"一家之言"学习理念,既要忠于原著,又要敢于与专家进行对话,有选择地吸收他人的研究成果。

《论语》选读是高二上学期的学习内容,但学生对《论语》是陌生的,甚至是敬而远之的。为了达到理想的学习效果,可以向学生介绍相关专家的研究成果,为学生解读《论语》形成自己的看法见解提供必要的素材与理论依据;也可提供学生一份书目,让学生研读时参考。如南怀瑾的《论语别裁》,于丹、蔡健清、安德义各自编著的《论语解读》等,都体现了自己的个性。

教师在讲授新课时,在忠于原著的基础上,展现自己的解读风格,更不忘凸显学生的主体作用,保护他们解读时的个性。教师应该鼓励学生不要一味地迷信专家,要敢于与专家对话。如于丹的《论语解读》在社会上反响很大,她对《论语》主题的挖掘比较大胆大气,被称为"于丹现象"。其实,对于丹本身来讲,解读仅是一家之言而已。于丹自己曾在电视节目中表示,她认同不同声音的存在,就像盲人摸象一样,只有发出更多的不同声音,才能更接近事实真相。

同时,我们在吸收专家的成果时,不能照搬照抄,要有所选择。如蔡健清编写的《论语解读》,是编著者参考有关权威书籍,按照"信、达、雅"原则,首先对原文有关字词进行注释,帮助读者扫除阅读障碍,然后用现代汉语对每一章进行翻译,能直译则直译,若要补译则补译;因时代久远及语言习惯的差异,有的只能意译,但与《论语》"修身、齐家、治国、平天下"的本义一致。因此,从翻译句子的角度来说,他的解读比较适合考试,是比较理想的参考书。

使学生了解孔子与那个时代,让《论语》真正走进学生的心灵,同时,让"一家之言"的学习理念不再仅仅是一句口号。

二、课外学习是不可或缺的延伸

培养学生"一家之言"的学习理念,就要重视培养学生的创新思维。而创新思维训练仅仅依靠课堂是远远不够的,我们还要重视课外学习这一重要的方式。因为课外在时间的掌握安排和具体的实践操作等方面都比较灵活,而且,课外丰富的空间资源为创新思维的培养开辟了广阔的天地。为此,我们可以这样做:

1. 研究性学习:从狭义看,研究性学习是一门独立的课程,指在教学过程中以问题为载体,创设一种类似科学研究的情境和途径,让学生通过自己收集、分析和处理信息来实际感受和体验知识的生产过程,进而了解社会,学会学习,培养分析问题、解决问题的能力和创造能力。这种课程形态的核心是要改变学生的学习方式,是一种强调主动探究式的学习,是培养学生创新精神和实践能力,是推行素质教育的一种新的尝试和实践。其目的在于开阔学生的视野,启迪学生的思维,使学生在实践过程中培养"一家之言"的理念。

2. 专题辩论会:专题辩论是发挥学生主体性与教师主导性的一种最佳组合方式,教师的作用表现在对学生的辩论准备工作的指导作用上。在广泛征询学生意见的基础上,教师确定一个在学生中能引发矛盾和争鸣的辩论题目。教师应帮助学生利用图书馆丰富的资源,搜集相关的资料,指导学生撰写辩论词以及辩论应注意的事项。通过辩论前的准备工作和整个辩论过程,培养学生创新思维精神,有利于学生"一家之言"理念的形成。

3. 小论文撰写:长期以来,语文教师给学生课外布置的作业往往是以应试为目的的试卷作业。其实在学业相对轻松的高一、高二年级,根据所学的内容,教师可以指定一个题目,或让学生自拟题目,要求学生在一个学期内写一篇小论文,字数在 1500 字左右。论文要求观点鲜明,发表自己独特见解,这对培养他们"一家之言"的理念起到推动作用。

三、操作原则是成功的有力保证

为了更好地培养学生"一家之言"的理念,对他们进行创新思维的训练,教师在实际操作中还要坚持两个原则:

1. 问题有所取舍:教师在培养学生"一家之言"的理念,培养学生创新思维能力这一问题上,要考虑到中学生不同的思维发展特点,对于问题探究应有所取舍,最好选择有助于培养学生发散思维能力的问题。因为目前以应试为目的的中学教育,对中学生聚合式思维的关注和培养要远远高于对发散式思维,其结果是聚合式思维能力阻碍和压抑了发散式思维能力的发展。

2. 评价合乎情理:培养学生"一家之言"的理念,培养学生的创新思维都旨在发挥学生的主体性作用,但教师的主导作用也不容淡化。我们须知鼓励学生发表见解和感受,这绝不等同于鼓励学生海阔天空纵横乱谈,或者鼓励学生追求标新立异式的不合情理的"一家之言",而是建立在尊重文本基础上的真正意义上的解读。教师不但要善于发现学生思维活动中闪亮的智慧火花,并予以表扬,而且还要剖析学生思维运动中不正确或片面的观点，并帮助学生发现问题，一起找到满意的解答。同时，使学生意识到，创新实质上是一个扬弃的过程，既不是简单的全盘否定，更不是无条件的全盘接受，而要发挥自己的"一家之言"，让阅读变得有意义有生气。

总之，阅读教学要积极培养学生"一家之言"的理念，努力培养学生的创新思维，尊重学生主体性参与的地位，让语文教学气氛活跃起来，让语文教学充满灵气与神气。

评点式作文让课外阅读动起来

一、课外阅读缺席的后果很严重

1. 课外阅读远离了本应书香飘飘的校园

当分数成为唯一，应试横行江湖，学生的校园生活注定是整齐划一、单调枯燥的，他们的人文素养势必是一贫如洗、严重匮乏的。"十年寒窗"早已夺走了他们充满稚气与闪亮的目光，匆匆的脚步声响起的是为成绩而焦虑的忧心忡忡，忙碌的背影呈现的是疲惫不堪。因为留给他们自由支配的学习时间是极其有限的，每天一大叠练习卷让他们整天处于陀螺般的机械运转中，强烈的功利性学习让语文坠入了无望的黑洞。而且，许许多多学校迫于高考的压力，是明文规定不准看小说等课外书的，语文教师坚持自己的教育梦想，积极引导学生，进行语文课外阅读，可是多年的磨炼已经使得他们的耳朵成就了超一流的抵抗力。高考是他们坚定的信念毋容怀疑，高考是一道灿烂的风景深深吸住了他们的目光，他们会断然拒绝一切美丽的诱惑，对高考忠贞不二。因此，课外阅读远离了本应书香飘飘的校园，语文也远离了语文教学的本真，让人欲哭无泪，心灰胆寒。

2. 反复机械的阅读训练很难练出实效

学生学习效率不高，学习能力低下，尤其是阅读能力徘徊不前，让人怀疑我们平时作业的有效性与针对性。每年高考成绩出来，进行数据比对分析，不难发现现代文阅读失分严重。不禁要问，我们每天做了那么多的练习，为什么学生还是拿不到高分数呢？当然，除了开放性题目在答案把握上的困难外，主要是学生的理解能力出了问题。因为平时的练习更多注重的是量的重复，不是质的飞跃。教师不断出卷让学生做，做了批，批了讲评；然后，再出卷，再考试，再批卷，再讲评；如此循环往复，以至无穷。12 年中小学语文学习，做了无数的阅读训练题，但最终的效果是可想而知的。老师学生都很苦很累，但得到的回报还是那么少。

很显然,重复的阅读训练是很难练出实效的。

3. 学生难堪的写作能力一直是老师心中的痛

当校园没有浓厚的课外阅读氛围时,学生的作文只能是一种带着镣铐的痛苦的行为,绝对不是生命里甜蜜的享受。学了这么多年的语文,但我们的高中生在作文中错字连篇、病句接连不断者有之,运用的素材老套、胡编乱造者有之,语言干巴乏味、陈词滥调者有之,情感玩虚失真、内容空洞者有之,思维颠倒混乱、不知所云者更有之……其实,我们许多高中学生平时油嘴滑舌口才不凡,但一到写文章就咬牙切齿痛苦不已,他们的书面表达能力可怜到令人难以置信的地步,更不用说写什么议论文了,他们的说理能力实在让人不敢恭维。这些情况确实让人深思。

二、让课外阅读成为堂堂正正的语文作业

语文教育专家潘新和教授认为高中写作教学应以议论文为重点。他说,一个高中毕业生必须对社会、人生有自己的独立思考与见解,要能够与他人进行思想的沟通、交流以至交锋。语文教师必须明白,议论文写作是中学阶段最重要的教学目标,是必须培养的"共能"。而议论主要凭借的是学养,阅读是积累学养不可或缺的途径;积累学养不但取决于阅读的质,更取决于阅读的量。不但要多读,而且要与写读书笔记相结合。

是啊,课外阅读的艰难并不可怕,我们也不必去埋怨学生对阅读的消极与冷漠。作为老师,我们能做什么呢?我们该如何去帮助学生进行有效的阅读,并不断提高他们的写作水平?多年来我采用"剪贴·评点·共享"的评点式作文法,让课外阅读成为堂堂正正的语文作业,为学生的阅读写作营造了良好的氛围,也取得了一定的效果。

首先,主动出击,积极诱导。我拿出自己多年来读书看报剪贴下来的厚厚的近 20 本本子,让学生初步体验人类宝贵财富的精神魅力。学生们轮流翻看我的剪贴本,啧啧称奇,有的还提出向我借阅的想法。我趁势告诉他们,我发表的400 多篇(首)文学作品,100 多篇教育教学文章,许多素材均来自我的这个"仓库",许多人听后羡慕不已。于是,我趁热打铁,告诉他们我们也将开展这项活动,希望大家踊跃参加,学生们拍手称快。

其次,剪贴与评点。我在课上郑重布置了这项作文计划,即从读书看报开始,逐步踏上美丽的文字之旅。我让学生们准备好一本厚一些的软面抄或硬面抄笔记本,告诉他们将自己平时读到的喜欢的短小精悍的文章,剪下来,贴到本子上,每周 1 到 3 篇;有的学生不舍得将新书刊裁剪,我就让他们去把自己喜欢的文章复印下来,再粘贴上去。因为是他们喜欢的文章,就一定有与他们思想情感产生共鸣之处,那么,就能把那些想说的话写出来,写到文章的下方。文字可长可短,长则 500 字,短则 100 字,或感想,或评点,或质疑,只要有自己的真情实感,有自己的思考。

再次,交流与共享。一段时间之后,学生对这项活动的新鲜感已逐渐褪去。那么,作为教师有义务再给他们旺一把火,添一些柴。我就让他们把自己积累的美文佳作"活动"起来,进行同学之间彼此的交流与资源共享。一则将一些优秀的剪贴本在班级进行展示,供他人参观评阅;二则利用课前 5 分钟时间开展故事或阅读感悟的演说、评点与互动交流活动,每天一人精心准备,依次逐一进行。这样做的一个明显优点是可以化静为动,可以锻练学生的口语表达能力;同时,同学之间对那些优秀的文章可以进行讨论交流,有助于内化吸收。

三、评点式作文不是教学的终点,而是人生的起点

1. 评点式作文这种作业模式,在动手、动脑、动笔中,与文本进行了积极的对话,回归了教学的本真,为写作教学注入激情,激发了学生的兴趣。有人称之为"可爱的作业",因为它能将学习负担变成一种乐趣。虽然他们的评点文字显得简单稚嫩甚至不够到位,但是那种参与生活敢想敢说的意识已经基本形成。许多学生说,一边剪贴一边评点很过瘾,而且能上讲台交流,心情真的很爽,很有成就感。

2. 学生读书读报,既关心时代的发展,又增加他们的人文积累,符合新课程作文对学生的要求。而且读书后,作评点,抒写真情实感,是议论文写作的基础工程,合乎新课标"追求思维的创新、表达的创新"的要求。同时,它有助于引导学生有感而发,大胆阐述自己的想法与观点,培养他们理性思维,也与高考作文的要求接轨。

3. 评点式作文紧贴高中语文教学的本质,使阅读与写作相结合,有助于提高学生的应用能力、审美能力、思辨能力,更能提升学生的思想与情感的境界。王元华在《作业革新》中说:"读写结合以阅读为依托,以写作为归宿,展示了他们阅读作品感悟作品的思维过程与思想高度,便于他们养成一种独立思考、独立判断、善于分析的学习习惯。"毕业多年的学生回到母校来看我,经常提起那些剪贴本的故事,在读报读书中他们学到了许多教科书里没有的东西,这也许会长久温暖他们的人生之路。显然,这种作业不是我们教学的终点,而是他们人生的起点。

高一文言文教学应与高考相衔接

"高考也是一种素质教育",众多高中教育专家都认为:高一即高复。换言之,高一是高考复习的一个重要组成部分。去年的《语文周报》连载了湖北周德富老师的文章《高一要为高考做哪些准备》,足以看出高一这个基础的重要。所以,高一的文言文教学也要为高考复习作准备,不妨从以下几个方面入手。

1. 养成良好学习习惯,掌握良好学习方法

叶圣陶说:"有好习惯,也有坏习惯。好习惯养成了,一辈子受用;坏习惯养成了,一辈子吃它的亏,想改也不容易。"(《学习语文要养成好习惯》)学习文言文也要养成好习惯,比如预习复习,熟读背诵,归纳实词、虚词、句式,多阅读多积累,自我设疑等。

就拿背诵来说,《课程目标》规定,诵读古代诗词与文言文,背诵一定数量的名篇。而背诵名言警句现在每年高考有 4 到 5 分,内容既有课内教材,也有课外的出自名家的名篇。这就告诉我们,必须把教材要求背诵的课文背诵下来,不仅要背得熟,而且要默写无误,否则与背不出一样的效果。

2. 学会学习,举一反三

人本主义心理学的一位代表人物罗杰斯主张,最好的和最有效的学习不是学习静止的知识,而是学会如何学习。他在《学习的自由》一书中说,教育的目标是促进变化和学习,培养能适应变化与知道如何学习的人。

文言文教学要提高学生的自学能力,通过课堂教学、阅读、练习,熟能生巧,融会贯通,形成能力,而不是仅仅为学课文而教课文。因为"教材无非是个例子,凭这个例子要使学生能够举一反三"(叶圣陶),因为我们的"教是为了不需要教"。只有教会学生如何学习,教师才真正算尽到了责任。这不仅仅是课堂的需要,更是 21 世纪人才必需的四项基本能力"学会求知,学会做事,学会共处,学会做人"所要求的,其核心就是促进学生的发展。所以,我们要在课堂上教给学生灵活而有用的方法,如猜测词义、展开联想(串联比联)、诵读等,反复训练,定有效果。

3. 课外延伸,多读经典

现代语文教育心理学研究表明,文言文阅读如果只在课上进行,是很难形成能力的,因此,有必要加强文言文的课外阅读。选择的作品有详细注解,有阅读提示,教师应当指导和督促学生认真阅读。学生在课外阅读中遇到不懂的地方,

要求他们查工具书,尽量自己解决,教师也要加强指导,如挑选一些例子在课堂上点拨。

文言文的作品可以读《语文读本》上的相关文章,这是编者精心为高中学生而编写的,应该好好利用。还可以读一读《古文观止》上的经典散文。只要持之以恒,文言文阅读能力必能提高,这对高考大有裨益。布罗纳指出,"如果资料要得到有效的利用,必须把它变成学习者试图解决问题的手段。"

4.学会翻译,学会应试

我们掌握一些实词、虚词、句式,最终也是为了翻译。因为文言文命题从2002年起作了调整,增加了翻译题。说明高考已由原来客观性的选择题改为书面表达的主观性试题。其实只要平时多掌握一些字词句,课堂上多译,尤其要在具体的语境中联系上下文读一读、猜一猜、想一想,同时在平时的训练中可使用一些翻译的方法,如留、对、换、增、删、调等,相信自己的水平会提高。

教师要多研究近几年的高考文言文试题与《高考考试说明》,了解一些信息,以便有的放矢,提高学习有效度。还要让学生认真对待平时的练习测试,"平时即高考",同时教给学生应试的方法,如何读题,如何审题,如何解题等。

高一文言文如何与初中教学相衔接

学语文不可能立竿见影,要立足于平时,扎根于基础,在注重积累的同时,还要讲究一些方法,学文言文更是如此。高一是整个高中阶段的基础,许多学生对文言文往往有无所适从之感,所以教师在平时教学中应注意几个衔接问题,尤其是与初中文言文教学相衔接。这样,学生就学有根基,学有依托,也会较快适应高中的文言文学习。

《全日制普通高级中学语文教学大纲(试验修订版)》中规定高中语文的教学目的是:"要在初中的基础上,进一步提高学生正确理解和运用祖国语言文字的水平,使他们具有适应实际需要的现代文阅读能力、写作能力和口语交际能力,具有初步的文学鉴赏能力和阅读浅易文言文的能力……"《大纲》强调了"要在初中的基础上",我们的高中教学不能脱离了初中这个基础。

高中语文教学参考书在"教学建议"中写道:初中的文言文教学,只是"读读背背,不做具体要求"。高中的古代散文教学,则要求培养阅读浅易文言文的能力。因此,除仍应要求"读读背背",积累语言材料,增加感情知识外,还应引导学生积累文言字词句的知识。而且对后者应该予以足够的重视,放在重要的地位。

显然,这个建议在重视了对初中文言文教学的衔接的基础上,提出了高中教学的新重点。这告诉我们高一文言文教学既要承上,又要启下,做好过渡,即衔接这一环节。

那么,我们在平时的教学中应如何与初中相衔接呢?

我以为可从以下几方面去做。

一、基础知识的衔接

"万丈高楼平地起",基础的作用是不言而喻的。而且中教法告诉我们,文言文阅读,重点应放在理解文言常用词语和句式上,放在熟读和背诵课文上,只有这样才能有效地积累语言材料,形成一定的语感。因此高中课文的练习都是从理解字词句和熟读背诵两方面安排的。同样,初中文言文教学也要重视熟读背诵,注意一些文言常用词语、常见句式。

同现代汉语一样,文言文也是实词占大多数。因此要读懂文言文,掌握一定数量的文言实词是非常重要的。《高中语文教学大纲》(试验修订版)要求学生重点掌握 146 个常用文言实词。而文言实词具有以下特点:1. 单音节词占多数;2. 古今异义;3. 一词多义;4. 通假字。这些特点在初中文言文教学中都已出现过。这就要求教师引导学生在平时的练习中对常用词进行归纳对比,并与初中教材相联系,以便能引起学生的回忆,加深对词的印象。如《烛之武退秦师》《勾践灭吴》等课文后的练习中都安排了一词多义的比较作业,而且都有初高中内容,注意到了衔接。

除了实词,还有虚词和一些常用的句式也要注意衔接。如高一文言文有省略句、被动句、判断句、倒装句,这在初中接触过,教学时要注意联想与回忆,既加深了理解,又增加了积累。就拿宾语前置句中为强调宾语,加重语气,借助助词"之"使宾语提前的类型。如初中课文《陋室铭》中有"何陋之有?",高一有"何厌之有?"(《烛之武退秦师》)、"何后之有?"(《勾践灭吴》)、"我之谓也"(《秋水》)等,足以延伸与比较,可以加深理解,形成积累。类似例子举不胜举。

"积土成山,风雨兴焉;积水成渊,蛟龙生焉……故不积跬步,无以至千里;不积小流,无以成江海。"在学习中,基础的积累是多么重要。当然,要掌握一定量的词语与句式,非下一番功夫不可。要多读多记,勤查工具书,要将一个词放在具体的语境中反复揣摩。丰富的积累,能使我们尽快提高阅读文言文的能力。

二、教材文体、内容的衔接

据高中第一册教参单元说明,这套教科书第一、二、三册中的古代散文,大致按文学史的顺序编排,如第一册第五单元是先秦历史散文。前两文是教读课文,篇幅不长,以记叙为主,内容生动有趣,语言比较浅显,要求学生在理解字词句的基础上熟读成诵,以培养阅读能力。自读课文要求学生在熟读的基础上,了解文章的基本内容。而浙教版初中语文第五册文言文阅读单元,选择了几篇记叙性文言文,如《愚公移山》《晏子使楚两则》《史记两则》(节选)等,这些文章篇幅较短,语言浅显,内容具有教育意义,要求学生熟读背诵的同时,了解一些字词句的语言现象(据初三教材单元说明)。这就要求教师从文言文记叙类文章的特点去架设教学的桥梁,帮助学生的学习。

在课文内容的关联上,初高中也可以衔接。如《寡人之于国也》中的前四段曾在初中学过,题为《以五十步笑百步》,在处理教材时前四段可略讲。另外该文后半部分中有"涂有饿莩而不知发"句,可以联系初中课文《杀人以梃与刃》中的"野有饿莩"之句。而《烛之武退秦师》《触龙说赵太后》中的烛之武、触龙的口才可以与《语文读本》中的《晏子使楚》中的晏子相比,而初中学过《晏子使楚》,让学生回忆一下。同样,学孔子《论语》中的《四子侍坐》时,可让学生背诵初中学过的《论语》六则,与学生一起重温"学而不思则罔,思而不学则殆"的哲理,"温故而知新"的重要以及"有朋自远方来"的快乐。

三、学法教法的衔接

"读书百遍,其义自见",认真阅读、反复阅读对于学好文言文尤为重要。语文教学专家认为学习文言文的主要困难是词句古奥难懂,学生对文中许多词语的意义、语法特点、记载的历史文化、典章制度感到陌生,或者从未接触过。那么,解决的方法之一就是诵读。诵读的目的在于理解,因此,诵读训练要有计划、有过程、有结果,教师要进行指导。而初中的文言文都要求熟读全文、背诵片段或全文。这在学法教法上有延续性,需要衔接。

宋人朱熹说:"大抵观书先须熟读,使其言皆若出于吾之口;继以精思,使其意若出于吾之心,然后可以有得尔。"这说明文言文教学应该而且必须让课堂响起琅琅的读书声。因为诵读是进入作品的最有效的途径,是形成语感的重要手段,是理解积累的必要前提。

当然,除了诵读以外,还要勤做练习,勤查工具书,这是初中文言文的学法,同时也适用于高中学生。只是高中学习还要学生多领悟、多归纳对比,这在高中语文第一册第一个文言单元后编者为学生安排的既实用又科学的学习方法,具有上下联系前后衔接的指导意义。综上所说,无论是基础知识、能力的培养,还是学法教法,高一文言文要与初中教学相衔接。这样,可以引导学生从已知到未知,用已知解未知,否则容易产生认知上的陌生,导致心理上的隔膜。

对话教学应立足文本又超越文本

新课程指出"阅读教学是学生、教师、文本之间的对话过程",这就要求我们在教学中采用对话的学习方式,师生之间、生生之间、师生与作者或编者之间都可以进行对话,进行平等的交流。但对话必须有一个前提,那就是立足于文本,否则,再精彩的对话也是盲目的、无效的,是游离于主题的、多余的。

《祝福》是鲁迅的著名小说,一直是高中语文教科书尊贵的客人,当然,该文的学习方法也是多种多样的。许多公开课,老师们都选择了这篇经典课文,而且就"祥林嫂的死亡原因"作讨论探究。下面,我们先来看看两个对话教学的片断:

精美例文

案例一:张老师问:祥林嫂是怎么死的?

学生们议论纷纷,小组讨论很热烈。张老师最后让同学们在全班进行交流:

生1:她是自杀的,鲁镇人不会谋害她的,因为她既无钱更无色。

生2:她是鲁四老爷让人杀的,因为他强奸了她,怕她告发。

生3:凶手应该是四婶,鲁四老爷与祥林嫂通奸,四婶能咽得下这口气吗?

生4:杀人的是柳妈,祥林嫂是鲁四老爷的情人,她吃醋了。

生5:错错错,你们都错了。祥林嫂沦为乞丐后,遇上了鲁镇丐帮帮主,他要她做他的压寨夫人;祥林嫂想想自己好歹是从名门出来的,怎肯下嫁给他,于是一气之下他就把她误杀了。

……

学生们争论不休,课堂上充满了笑声。张老师也很开心,他表扬了同学们丰富的想象力,并鼓励他们将自己的联想写成故事,作为课堂学习的延伸。

案例二:林老师选择"让学生从文本中找出相关语句来说明祥林嫂死亡原

因"的教法。

学生们在翻书,在思考,也在相互讨论。然后,在林老师的启发下,他们开始回答。

生1:她死于寒冷与饥饿。因为她已沦为乞丐,那是大雪天(如"在阴沉的雪天里""夹着团团飞舞的雪花"都能说明),她会冻死的;而且,她"手中提着竹篮,内中有一个破碗,空的",没有食物充饥,是活不了几时的。

生2:她应该死于精神的失落与绝望。我们知道,捐了门槛后,她的"眼光也分外有神",但四婶的一声"你放着罢,祥林嫂!"让她很绝望,她"失神的站着""眼睛窈陷下去""呆坐着,直是一个木偶人"。当一个人看不到生活的希望了,没有寄托了,她能坚持多久呢?

生3:她可能死于"我"的"说不清"。这是很伤她的心的,她满怀希望来问"我","我"却"说不清",让她很失望地离去。因为模糊语言是要人命的,所以"我"也很自责。

老师问:如果你是"我",你会怎样回答她的问题?为什么?

……

生4:能不能说她死于鲁四老爷的哪些封建礼教?

老师追问:从哪里可以看出他是封建礼教的维护者?

学生4:从他的书房布置足于说明。如那个大大的"寿"字,那幅对联内容,那几本书等。

老师:很好。

生5:她也死于周围人的冷漠。他们来听她讲阿毛的故事,之后还要笑她,一点同情心也没有。包括那个柳妈,将她的伤心的故事传播开去,使祥林嫂不止一次被鲁镇人讥讽。

生6:她死于自己的愚昧与迷信……

最后,老师提议进行"祥林嫂之死之我见"的小课题研究。

同样的课文,同样的问题,不同的切入方法,体现了教师不同的教学理念。这里涉及到一个"立足文本与超越文本"的问题。

虽然新课标"提倡多角度的、有创意的阅读,利用阅读期待、阅读反思和批判等环节,拓展思维空间,提高阅读质量",但这不等于说我们可以随意进行脱离文本的无根阅读,因为文本是对话教学之根。且不说张老师的课气氛很好,学生也很开心,也不说后面的想象作文有什么意义,单说学生的回答就游离于文本之外,看似热闹,实质上是无效的。这种对文本的解读是一种严重的误读,根本不是什么超越了文本的阅读。因为超越文本的解读是必须建立在充分理解文本的基础上的,而不是像他们那样撇开文本,进行凭空想象,甚至是毫无根据的瞎说。相反,林老师的课堂也许没有张老师的那么热闹,但学生能根据老师的教学设计深入到文本里,进行符合事理的解读,是合情合理的。学生这种根据相关问题认真探究文本,结合背景,深入思考,又加以概括的探究方法,是学习语文的一种好方法,是一种有效的学习。而老师追问的问题——"如果你是'我',你会如何回答她的问题,为什么?"和最后布置的研究性学习小课题"祥林嫂之死之我见",可以说是紧密地联系了文本,又高于文本。

那么,我们在阅读教学中该如何做到"在立足文本的基础上进行超越文本的探究"呢?我认为这里有一个对对话教学进行管理的问题。具体地说:

1. 教师对问题的设计要立足文本。如林老师向学生提的问题:请从文本中找出相关语句来说明祥林嫂死亡原因。是要求学生"从文本中找",而不是脱离文本的无端猜测。

2. 对学生的回答要善于引导,智慧生成。如林老师追问学生 3 的问题:如果你是"我",你会如何回答她的问题,为什么?

3. 努力挖掘教材的生长点,充分利用教材中的材料,设计实践活动。如林老师最后布置的研究性学习小课题"祥林嫂之死之我见",让学生查阅资料,撰写小论文,立足于文本,又超越了文本。

看来,如何去体现学生的主动性,发掘学生的思维,促进他们的成长,是值得我们每一个语文教师思考的问题。我们追求的是表面的轰轰烈烈,表面的动,还是学生内心的动,思维的动?我想答案应该是很明确的。所以,我们在课堂上应积极引导学生精读文本,探究文本,尤其要把握细节,绝对不能仅停留在故事情节的层面上,做到在理解文本的基础上去延伸拓展,从而超越文本。因为,那些无效探究是背离语文教学的目标的,也远离新课程的指导思想。

不忧厄运悖念,只怕自己放弃

——培根的《论厄运》赏读

丰富想象　智慧作者

培根(1561～1626),英国著名的唯物主义哲学家和科学家,"哲学史和科学史上划时代的人物"。马克思称他为"英国唯物主义和整个现代实验科学的真正鼻祖"，他是第一个提出"知识就是力量"的人。他在文学上的主要代表作是《培根论人生》，涉及社会风尚、处世哲学、治学方法、人生经验等内容，见解深刻独到，分析周密严谨，文风老辣锐利，体现了他"高度的阅历，丰富的想象，有力的机智，透彻的智慧"（黑格尔语）。

清晰思路 分明逻辑

本文选自《培根论人生》，短短 400 多字，论述了厄运的作用和价值。文章思路清楚，环环相扣而又逻辑分明。文章可分三层：

第一层（开头——"横渡波涛翻滚的生活之海"），引用名言和神话故事，指出"战胜厄运则更令人惊叹"，对厄运无所畏惧的人才是"真正的伟人"。

第二层（"幸运所需要的美德"——"比对所罗门财富的刻画要更动人"），通过不同的启示与比较，指出厄运需要的美德是坚忍。

第三层（"一切幸运都并非没有烦恼"——结尾），以具体的事物为喻，说明厄运中孕育着希望，"最美好的品质"可以在厄运中凸显出来。

这三层意思逐层深入，见解不断丰富，让我们从新的视角去透视人生的厄运，对人生的逆境有了全新的认识。

美丽修辞 诗性语言

据说，诗人雪莱读了培根的散文后，曾赞叹说：培根是个诗人。诚然，我们从这篇文章中也读到了作者那些美丽的修辞与充满诗性的语言。

一是引用。文本大量引用西方思想史上先哲以及《圣经》中的名言事例，但议论通俗易懂，形象生动，入情入理，有一种典雅的风韵。

二是比喻。比喻优美隽永，不流俗。如"最美的刺绣，是以明丽的花朵映衬于暗淡的背景，而绝不是以暗淡的花朵映衬于明丽的背景""人的美德犹如名贵的香料，在烈火焚烧中散发出最浓郁的芳香"，既较好地说明了自己的观点，也使表达充满诗意。

三是对比。本文在论述时多用对比手法，上下句相互映衬，语句整齐，节奏和谐。如"幸运所需要的美德是节制，而厄运所需要的美德是坚忍""一切幸运都并非没有烦恼，而一切厄运也决非没有希望"等，言有尽而意无穷，让我们体会到蕴含其中的诗性智慧。

课外拓展　有效积累

名言类

1. 灾祸是一个人的真正试金石。——鲍蒙特与弗莱彻《荣誉之胜利》

2. 苦难磨炼一些人，也毁灭另一些人。——富勒《至理名言》

3. 烈火试真金，逆境试强者。——塞内加《论天意》

4. 那些没能将我杀死的事物，会使我变得更有力。——尼采《偶像的黄昏》

5. 没有经历过逆境的人不知道自己的力量。——琼森《确实可靠》

事例类

1. 已故苹果公司的创始人乔布斯曾在对美国斯坦福大学毕业生的演讲中，叙述了他自己生命中三个真实的厄运故事：从贵族学校退学，被自己创办的苹果公司开除，被医生诊断患胰腺癌。但他引以为豪的口头禅是"在碰到厄运的那一刻说我是最棒的"。

2. 海明威的小说《老人与海》中桑提亚哥是一个不断遭到命运之神捉弄的老人。他在海上苦斗了84天终于制服了一只比他的小船大几倍的马林鱼，刚得到一点胜利的喜悦，可是厄运又来临了。遭到了成群鲨鱼的围攻，他用鱼叉、船桨等拼命抗击鲨鱼群。奋斗了三天三夜，当桑提亚哥回到岸边时，马林鱼只剩一副骨架了。虽然老人最终未能战胜厄运，但他却是一位精神上的强者。他留下一句响当当的名言："人是不能被打败的，你可以把他消灭，但不能打败他。"

3. "我的人生中只有两条路，要么赶紧死，要么精彩地活着。"这是无臂钢琴师刘伟的励志名言。刘伟10岁时因事故被截去双臂；12岁时，他在康复医院水疗池学会了游泳，两年后在全国残疾人游泳锦标赛上夺得两枚金牌；10岁他学习打字；19岁学习钢琴，一年后就达到弹钢琴专业7级水平；22岁挑战吉尼斯世界纪录，一分钟打出了231个字母，成为世界上用脚打字最快的人；23岁他登上了维也纳金色大厅舞台，让世界见证了中国男孩的奇迹。他被评为2011年感动中国人物。

4. 张海迪，5岁因患脊髓病导致胸以下全部瘫痪。她以顽强的毅力和恒心与疾病做斗争，经受了严峻考验。她发愤自学，完成了小学、中学全部课程，自学了大学英语、日语、德语和世界语，并攻读了大学和硕士研究生的课程。1983年她开始从事文学创作，先后翻译了《海边诊所》等小说，编著了《向天空敞开的窗口》《生命的追问》《轮椅上的梦》等书籍。其中《轮椅上的梦》在日本和韩国出版，《生命的追问》出版不到半年，已重印3次，获得了全国"五个一工程"图书奖。

与苦难和谐相处

——周国平《直面苦难》赏读

当苦难悄悄降临,当生活来不及通知苦难已经爱上我们,我们该如何面对苦难:是逃避不见,还是直面迎接? 这是人生给我们拟出的一道考题,需要我们用行动来回答。而中国现代作家、学者周国平的回答是"直面苦难"。

那么,什么是苦难呢? 周国平说:"所谓苦难,是指那种造成巨大痛苦的事件和境遇。它包括个人不可抗拒的天灾人祸,例如遭遇乱世或灾荒,患重病乃至绝症,挚爱的亲人死亡等;也包括个人在生活中遇到的重大挫折,例如失恋、婚姻破裂、事业失败等。"如果说培根在《论厄运》中阐述的是传统的英雄主义"苦难观"的话,那么,显然周国平在本文里倡导的是一种普通人的"苦难观"。作者认为面对苦难的是有血有肉的普通人,他们面对的是生活中平凡的苦难,因此过分夸大苦难的积极作用和美化苦难英雄的做法是错误的。因此,作者说:"只有以软弱的天性勇敢地承受着寻常苦难的人们,才是我的兄弟姐妹。"

周国平以其哲学修养为基础,汲取学术界最新的思想成果,对当代人的生存状况进行了深度思考,并以杂感、随笔的形式表达出来,写了不少独具特色的哲理散文。本文就选自他的《人生哲思语编》,这是一本长短参差、自由灵活的"感悟体"散文集子。而课文节选的八段文字,依照原来格式,分为三个部分,以空行隔开。

第一部分(第1-3段):在自然悲剧前,我们注定失败,但我们咬牙坚持,以尊严的方式承受苦难。作者采取众生的视角,透视苦难悲剧的世俗性,揭示出平常生活中苦难的真实面目,"只是朝生暮死的众生""愈发感到了生命的卑微""不具有英雄色彩的勇气""没有观众,没有证人,也没有期待,没有援军",虽然悲壮,但也突出了人类尊严的崇高。

第二部分(第4-7段):应认清苦难的消极性,不用浮夸的言辞美化苦难,遮蔽苦难的真实面貌。这里的每一句话几乎都是作者的观点,我们面对的是"平常的苦难",它"磨钝了多少敏感的心灵""毁灭了多少失意的英雄"。因此,我们要辩证全面地认识苦难。

第三部分(第8段):作者否定了世俗对苦难英雄的错误期待,指出苦难英雄也只是我们"芸芸众生中的一员",我们"依然会被卷入世俗生活的旋涡",因为"生命中那些最深刻的体会必定也是最无奈的",但我们依然"有足够的勇气面对生活中已经发生的一切""甚至敢于深入到悲剧的核心"。

面对苦难，作者以真挚的情感，灵动的气息，诗一般的语言作出了智慧的回答，而最响亮的回答是行动，《妞妞——一个父亲的札记》就是最好的见证：一个父亲守着他注定要夭折的孩子，这种场景虽异乎寻常，却令人心碎地发生了。妞妞出生不久就被诊断患有绝症，带着这绝症可爱也可怜地度过了短促的一岁半时间。至情至性的周国平用他的笔留住了和妞妞相处 562 个日日夜夜的故事，留下了满纸的冷峻与温柔。

同样，中外历史上许许多多人都用自己的实际行动对"如何面对苦难"做出了最有力的诠释。司马迁"隐忍苟活，幽于粪土之中而不辞"，终于写出了"成一家之言"的《史记》；"举世皆浊我独清，众人皆醉我独醒"的屈原，为了坚守美德，"宁赴湘流，葬于江鱼之腹中"；在漫漫长夜里思考的海伦·凯勒向世界发出了"假如给我三天光明"的请求；被剥夺聆听美妙音乐权利的贝多芬击出了"扼住命运喉咙"的最强音……

有人曾说，面对苦难人有三种境界，即忍受、承受、享受。我们知道，"人生一世，草木一秋""不如意事常八九"，仅仅去忍受苦难是远远不够的；同样能真正做到"不以物喜，不以己悲"地去享受苦难的，又有几人？因此，我们必须学会去承受苦难，承担苦难的一切责任，如鲁迅在《记念刘和珍君》中所言的真的猛士那样，"敢于直面惨淡的人生，敢于正视淋漓的鲜血"，因为"没有上帝来拯救我们""这灾难正是上帝亲手降下的"，我们要靠自己的力量，用坚强的内心去面对人生的一切苦难。也许人生来就是承受苦难的，我们要勇敢地承受，本能地承受，在苦难面前不退缩、不倒下。只有这样，我们才维护了人在大自然面前的体面，维护了人类精神的尊严。

2011 年 3 月 11 日日本大地震，当地民众表现出少有的淡定，留住了人类在灾难前的尊严；电影《泰坦尼克号》中，当船渐渐沉没时，船上乐队为众生奏响了"最后的音乐"，他们为众人送行，也为自己送行，保住了人类在死亡面前的尊严；汶川大地震后，一些艺术家把遇难孩子的名字刻在弹珠上，并收集死难者生前的用品、照片、文字，辅以生平资料，让他们的生命变得丰富，这是给受难者的人性尊严；德国的艺术作品《绊脚石》，把二战时犹太受难者的名字和生卒年月刻上黄铜，翻开城市街道的砖头，换上这些刻有名字的石头，让人们暂停赶路的脚步，静静倾听那些逝去灵魂的声音，这是对灾难记忆的文化尊重。

让我们直面人生的苦难，不去想如何战胜它。因为苦难是我们生活的常态，不必消灭。让苦难伴随我们生活,伴随我们成长。正如我们战胜不了自然,就与自然共济;我们也战胜不了苦难,就让我们与苦难和谐相处。

"职业是生病,业余在写作"

——《我与地坛》导学

【直击课文】

试想:一个人遭受双腿残废的沉重打击,而且又找不到工作找不到出路,他会做什么?

史铁生选择的是"走"进地坛,从一个世界走进另一个世界,而且从此与地坛结下不解之缘。在地坛,他思考着挣扎着,收获了对人生的启示,收获了顽强生活与奋斗的力量。他将自己的所见所闻所思所感记录下来,变成了一篇篇情感真挚的文章,出版了一部部震撼人心的著作,并于2002年获华语文学传媒大奖年度杰出成就奖。他自称是"职业是生病,业余在写作",直到2010年12月31号因突发脑溢血离开人世。

《我与地坛》是他的代表作,教科书只选了一二部分。第一部分写地坛,写人与景的关系,着重是写地坛给他的启示。开头写了"我"与地坛的缘分,"仿佛这古园就是为了等我,而历尽沧桑在那儿等待了四百多年""我一下子就理解了它的意图。正如我在一篇小说中所说的:在人口密聚的城市里,有这样一个宁静的去处,像是上帝的苦心安排";文章也写了"我"在地坛的人生感悟,"我一连几小时专心致志地想关于死的事,也以同样的耐心和方式想过我为什么要出生。这样想了好几年,最后事情终于弄明白了:一个人,出生了,这就不再是一个可以辩论的问题,而只是上帝交给他的一个事实;上帝在交给我们这件事实的时候,已经顺便保证了它的结果,所以死是一件不必急于求成的事,死是一个必然会降临的节日。"

当然,这一部分写得更多的是地坛,三处景物描写与"我"的感悟连在一起,实际上也是"我"对生命与世界的解读。第三段写了地坛除去了人工的雕琢,磨灭了身上的浮华与光芒,让生命显露本真,"我"看到了人生真相,"到处的野草荒藤也都茂盛得自在坦荡"。第五段写自然园中小昆虫都按照自己的方式生活着,向人们展现缤纷的生命世界,诉说着生命的美丽。你看:蜂儿如一朵小雾稳稳地停在半空;蚂蚁摇头晃脑捋着触须,猛然间想透了什么,转身疾行而去;瓢虫爬得不耐烦了,累了祈祷一回便支开翅膀,忽悠一下升空了;树干上留着一只蝉蜕,寂寞如一间空屋……这些使我领悟到活着的喜悦感,"园子荒芜但并不衰败"。第七段景物描写也是对生命的解读,他写了"祭坛石门中的落日",照得地上的每一个坎坷都灿烂;他写了高歌的"一群雨燕",把天地都叫喊得苍凉;写了"冬天雪地上孩子的脚印",总给人许多猜想;写了"那些苍黑的古柏",无论你忧郁还是欣喜,它们都镇静地站在那儿;还写道"暴雨骤临园中,激起一阵阵灼烈而清纯的草木和泥土的气味"等。

第二部分写母亲,主要以生动的细节来刻画母亲复杂的心理,"每次我要动身时,她便无言地帮我准备,帮助我上了轮椅车,看着我摇车拐出小院;这以后她会怎样,当年我不曾想过。有一回我摇车出了小院;想起一件什么事又返身回来,看见母亲仍站在原地,还是送我走时的姿势,望着我拐出小院去的那处墙角,对我的回来竟一时没有反应。待她再次送我出门的时候,她说:'出去活动活动,去地坛看看书,我说这挺好。'许多年以后我才渐渐听出,母亲这话实际上是自我安慰,是暗自的祷告,是给我的提示,是恳求与嘱咐。"

这段更写了"我"与母亲的关系,着重写母亲对"我"的影响和激励,母亲给"我"生存的启示。"那时她的儿子,还太年轻,还来不及为母亲想,他被命运击昏了头,一心以为自己是世上最不幸的一个,不知道儿子的不幸在母亲那儿总是要加倍的。她有一个长到二十岁上忽然截瘫了的儿子,这是她唯一的儿子;她情愿截瘫的是自己而不是儿子,可这事无法代替;她想,只要儿子能活下去哪怕自己去死呢也行,可她又确信一个人不能仅仅是活着,儿子得有一条路走向自己的幸福;而这条路呢,没有谁能保证她的儿子终于能找到。这样一个母亲,注定是活得最苦的母亲"等。

这部分还写了"我"对母亲的深深思念:"摇着轮椅在园中慢慢走""我只想着一件事:母亲已经不在了""我心里只默念着一句话:可是母亲已经不在了",读后让人感慨万千。

【难点解答】
作者写母亲与自己如何面对厄运这一核心问题有什么联系?

写母亲多次到园中找"我",母亲默默忍受着活着不如离开人世的痛苦,表现出坚强的意志和惊人的毅力,她无私地奉献出毫不张扬的母爱,以行动感染熏陶残疾的儿子。因此,写母亲,实际上是写"我"对母亲的理解,对母亲对待生命、对待命运的态度的理解。一开始"我"是不理解母亲的,渐渐地随着年龄的增长、思考的深入、精神的丰富,"我"终于读懂了母亲,读懂了生活。母亲的爱、意志、命运与苦难,让"我"明白了生存的意义与价值,也让"我"在逆境中变得更加坚强。母亲盼望儿子找到一条自立、自强的幸福之路,具体的没有也无法明说。但在母亲伟大的爱的指引下,"我"找到了那条适合自己的路。所以,写母亲不仅仅是写母亲,更是写"我"应该如何活下去,如何面对苦难与厄运的问题。

【资料链接】

史铁生对命运独特的看法

人家让史铁生拜佛,他不拜。因为,佛不能使他瘫痪的双腿站立起来,因为,如果佛要人"拜"才肯保佑人,那他就不称其为佛。他认为佛之本义乃"觉悟",是一个动词,是行为而非绝顶的一处宝座。

人家让他算命,他不算。因为,如果命好则无须算,"好"自会来;如命不好,更不必算,乐得活一天高兴一天,省却明知前程险恶,还不得不步步逼近那灾难,成天战战兢兢,何苦!高人说能"为你避灾",铁生也不信,因为那就是命运无定了,其所"算",乃是妄说,还算它干什么?

但史铁生似乎又"信命"。他说:"万事万物,你若预测它的未来,你就会说它有无数种可能,可你若回过头去看它的以往,你就会知道其实只有一条命定的路。"难道一个人所走的路不都是"这一条"路?但这并非不要把握"命运"。铁生的奋斗精神和创作实践证明了他是一个不向命运低头的人。

杰作是用人品画出来的

——《最后的常春藤叶》导学

【直击课文】

《最后的常春藤叶》是美国作家欧·亨利的一篇著名短篇小说。在这篇小说中,作家讲述了老画家贝尔曼用生命绘制毕生杰作,点燃别人即将熄灭的生命火花的故事,歌颂了艺术家之间相濡以沫的友谊,特别是老画家贝尔曼舍己救人的品德。

小说按照情节的开端、发展、高潮、结局可分为四个部分。

第一部分(开头到"她恢复的机会准能从十分之一提高到五分之一"),开端,交待了故事发生的地点——一个下层艺术家聚集的小区;人物——主人公苏艾和琼珊;事情的起因——琼珊得了肺炎,生命垂危。

第二部分("医生走后"到"扮作隐居的矿工"),发展,尽管好友苏艾不断鼓励,但琼珊还是信心不足,对她不予理睬,只是痴痴地望着窗外凋零的藤叶。

第三部分("第二天早晨"到"我希望有朝一日能去那不勒斯海湾写生"),高潮,出乎琼姗与读者的意料,那最后一篇叶子居然还顽强地活在树上,琼姗因此也燃起了生的欲望。

第四部分("下午,医生来了"到结尾),结局,琼姗脱离了危险,最后的一片常春藤叶竟然挽救了一个几乎失去希望的生命。这是一片怎样的叶子呢?苏艾为我们揭开了谜底。

文中的三位人物形象都很鲜明,可谓栩栩如生。那么,究竟谁是这篇小说的主人公呢?面对这个开放性的问题,答案应该是"仁者见仁,智者见智"。也许你会说是琼姗,因为小说着重写的就是她生病的故事,而且篇幅最长,同时,我们不难发现这个学习专题的中心话题是"珍爱生命",似乎也与她有关;也许你认为是苏艾,因为她与琼姗一起最先出场的,而且她贯穿了这篇小说的始终,写出了她们之间真挚的友谊,读者都为琼姗能拥有这样一位好友而感到欣慰。但真正要确定一个人物的关键之处,还要看这个人物与小说主题的关系。显然,文中最感动人的地方是贝尔曼在风雨夜里画叶子,小说表现的是他那舍己救人的精神,这片叶子是延续琼姗生命的"精神支柱",这是这个学习板块的关键词,也许这就是许多人将贝尔曼作为小说第一主人公的坚定理由。

这篇小说对贝尔曼的描写,主要是正面描写,即肖像描写与语言描写。肖像描写很简单,就一句"年纪六十开外,有一把像是米开朗基罗的摩西雕像的胡子,从萨蒂尔似的脑袋上顺着小鬼般的身体卷垂下来",很有画家的个性;接着又对他的性格进行了描述,将一个暴躁、酗酒成性、牢骚满腹、穷困潦倒、郁郁不得志的老画家形象推到我们的眼前;当得知琼姗的病情后,他"讽刺地咆哮了一阵子";又说,"可怜的琼姗小姐""可恶的藤叶""愿意为你效劳""像琼姗小姐那样的好人实在不应该在这种地方害病",这些语言表现了他的善良、富有同情心、拥有爱心的精神,为下文他的"杰作"的出场做了较好的铺垫。

其实,整篇小说作者对后来才亮相的老画家贝尔曼的描写并不多,甚至连他最感人的画叶子的镜头都没写明,当然这给我们读者留下了无限的想象空间。你可以大胆地想象贝尔曼度过了一个怎样的夜晚,这篇杰作是怎样闪亮出炉的,总之,只要合情合理,我们都能成为欧·亨利的小帮手,成为一名小说家。

【难点解答】

为什么我们的编者选择《最后的常春藤叶》这个标题?有什么作用?

这篇小说的标题有几种不同的版本,如《最后的一片叶子》《两个病人的故事》《绝处逢生的琼姗》等,那编者为什么选择《最后的常春藤叶》呢？应该说是"常春"这两个字给人一种美好的感觉,"常春"是充满希望和朝气蓬勃的意思,那是春天与青春的主色调,给人带来灿烂阳光与美丽的希望。

我们知道,标题是文章的眼睛,"常春藤叶"为什么是"最后"的呢？这是一种希望的象征,点明了文章的主题,同时,它还是文章的线索,因为小说中的人与事都与叶子有关。琼姗病重,看着窗外飘落的常春藤叶,对自己的生命感到无望;而苏艾为了帮琼姗看病,想卖画赚钱,于是请老贝尔曼当模特,当他听说了事情的原委后,当晚就冒着风雨用心血画了那片"最后的常春藤叶";而这片叶子成了金贵的"稻草",救了琼姗的命——那是她生命的寄托,同时这片叶子也要了老画家的命——成就了那曲"奉献之歌",成就了他呕心沥血的杰作。

【资料链接】

关于"欧·亨利式结尾"

所谓"欧·亨利式结尾",通常指短篇小说大师们常常在文章情节结尾时突然让人物的心理情境发生出人意料的变化,或使主人公命运陡然逆转,出现意想不到的结果,但又在情理之中,符合生活实际,从而造成独特的艺术魅力。这种结尾艺术,在欧·亨利式作品中有充分体现。他一生共创作了三百篇短篇小说和一部长篇小说,著名的短篇小说有《麦琪的礼物》《警察与赞美诗》和《最后的常春藤叶》等。就以他的小说《警察与赞美诗》为例来说说这种艺术。综观全文苏比曾几次惹事生非,想进监狱得以安身,可他总是"背运"。当苏比受到赞美诗的感化,欲改邪归正时,警察却以"莫须有"的罪名将他投入了监狱。在所有人都认为苏比将要平安度过一生之时警察出现了并将他带上了法庭。这是典型的"欧·亨利式结尾"就犹如看见黎明的人又跌入黑暗一般,让读者的心一揪,回味无穷,发人深省,久久难以忘怀。而欧·亨利就很好地运用了这种方法,并借此深刻地反映社会善恶不分的现实。

你喜欢木兰吗

《木兰诗》是我国南北朝时期北方的一首长篇叙事民歌,又称《木兰辞》。《木兰诗》讲述了一个叫木兰的女孩,女扮男装,替父从军,在战场上建立功勋,回朝后不愿作官,但求回家团聚的故事。热情赞扬了这位奇女子勤劳善良的品质,保家卫国的热情,英勇战斗的精神。一千多年来,木兰代父从军的故事家喻户晓,木兰的形象一直深受人们的喜爱。

几年前,我在教学该文时设计了一道开放题:你喜欢木兰吗?为什么?意在让学生讨论一千多年来木兰形象一直深受人们喜爱的原因。所以,我预设了许多理由,以便与学生交流。然而,几个男生的回答打乱了我的教学计划。面对这节课上的生成问题,我临时对内容作了相应的调整,也就有了我的课后反思。

那天是三月八日,我与学生一起走近木兰。我抛出的皮球是"你喜欢木兰这个形象吗",为什么?一会儿,许多学生都举起了手,尤其以男生居多,因此,我想先听听男生的看法。

男生甲:老师,我不喜欢木兰。

老师:为什么?

男生甲:女子可以待在家里,不必到外面去打仗。

老师追问:我们来看看课文,木兰为什么要代父从军?

学生迅速找到了相关句子,并齐声朗读起来:阿爷无大儿,木兰无长兄……

老师:对了,很好。不过,甲同学还是很体谅女性的,体现了男子汉的风度。

男生甲:不,老师,你误解我的意思了。

老师:哦,请具体说明。

男生甲:女人应该待在家里,另外,我不喜欢女英雄。

我吃惊了。请注意他用了"应该"这个词,是否在告诉我他意识里根本就瞧不起女子呢?我发觉有问题了,我示意他先坐下。我想听听其他男生的观点,以便做个分析或比较。就说:"同意甲的观点的同学请举手。"

"刷,刷,刷……"9个。我怕有错,又点了一次,还是9个。也就是说,全班共18个男生中有一半人反对女子成为英雄的。我知道加上有几个不敢举手的,这比例必定超出了一半。我的目光扫了学生一圈,发现班长(男)没举手,好像在水中抓到了救命稻草一样。我马上请班长谈谈他的看法。

班长:老师,我,我也不喜欢木兰。

出乎意料的回答,但我还是想听听他的理由。

班长:因为木兰没去做尚书郎,自己不能升官发财,也不能给家里带来荣华富贵。

天哪!我差点晕倒了。这可是我一向相当器重的班长的回答,但是,我很快就冷静下来,至少他们的回答是一种真实的声音。然而,我该怎么办呢?我急中生智,就将皮球挡回到学生中。我说,请同学们讨论一下:女子可以成为英雄吗?假如你是木兰,你会做尚书郎吗?

于是,两人一组,四人一堆,学生们马上投入到讨论中,气氛非常热烈。我一边在学生中穿行,一边在思考,这个问题该如何解决才比较妥当。

讨论后,全班交流,女生们纷纷发言:

男女平等,谁说女的不能做英雄?

都什么时代了,还有这种旧思想?

如果我是花木兰,我也不做尚书郎,因为木兰从军的目的不是为了升官发财,而是一种孝心,既孝父母,又报效国家。

难道人生的目的仅仅是为了升官吗?做个普通人不是也很好吗?

……

顿时,女生的发言主宰了课堂,刚才还活跃的男生一时全哑了下来。也许他们不想与女生争论,也许他们也意识到自己的偏激。我想他们的沉默必定不是对女生的认同。也许,这时该我登场了。我语重心长地说:"首先,我感谢同学们对我的信任,因为你们敞开心扉,说出了自己的真心话,为此,我感到很高兴。当然,我在尊重你们的看法同时,也想表达自己的意见供你们参考。也许有的同学受到环境与传统观念的影响,还或多或少存在一些男尊女卑的落后思想,我感到非常遗憾,这说明我们的教育出了问题。但是,我们现在有这样的想法并不可怕,可怕的是一直有这种想法而不想改变。我不会将自己的想法强加给你们,欢迎你们随时与我讨论这个问题。今天是三八妇女节,这样的讨论显得很有价值。"

课后,我的心情还难以平静,我进行了反思。应该说,这是一节真实的课,这是新课程改革带给我们的享受。我想假如当我提出问题时,学生们异口同声说"喜欢",也许表面上看起来让人感到赏心悦目,但实际上是在遭遇欺骗。与其如此,不如听到学生们这些真实的声音,虽然真实得有点残酷,有点酸涩,但能带给我许多思考。说真的,要不是亲历,真的难以相信,都21世纪了,我们的学生还会有这样的想法。《课程标准》告诉我们:"在语文学习活动中,培养爱国主义感情、社会主义道德品质,逐步形成积极的人生态度和正确的价值观。"同时,建议老师重视情感、态度与价值观的正确导向。因此,当我遭遇这个难题时,就积极引导,恰当教育,因为我们教书的目的也是为了育人。当然我的引导不可能一下子改变他们头脑中一些顽固的旧思想,因为这需要一个较长的过程,尤其是需要得到社会、家庭的大力配合。否则,再强大的学校教育也是徒劳的。诗人穆旦在《成熟》一诗中写道:"年轻的是学得聪明,年老的因此也继续他们的愚蠢,未来在敌视中,痛苦在于那改变明天的已为今天所改变。"所以,我们语文教学可以通过文本,与学生进行人生的交流,平等的交流,但不能忘了我们是"平等中的首席"。

我们就是新茶馆式教学

——以《我与地坛》为例

11 月 7 日,周三,立冬,语文组新茶馆式教学全校展示课。我又经历了一次磨炼与蜕变,如文本中的蝉蜕一般,既感到寂寞又获得新生。寂寞的是那个备课过程,那个沉下去的滋味;新生的是那个过程中学到的东西,与自己对自己的超越。

面对这篇经典老课文,如何才能上出新意来,是我在备课时应该思考的。可是,"新意"两字好打,却要在课上展示出来,还真不容易,只能努力去做吧。

我首先做的是选择教学内容,即上什么的问题,一节课我能上什么上多少。上浅了,学生不愿听;上难了,学生听不懂;上多了,学生接受不了;上少了,学生不过瘾……后来,我选择了文本主题、作者的心路历程与融情于景、情景交融的写作手法,作为自己这节课的教学目标。其次,便是怎么教的问题,采用什么教学方式。我们正在实践的新茶馆式教学,自然是最佳的选择,这是毋容置疑的;"读读、讲讲、议议、评评、练练",方式已经多样化了,关键是我如何进行具体的操作,而操作是很难的,即使样本一样,两个人的临场发挥不同,也会呈现不同的风景。

当然,无论是新课文还是老文章,我们的教学要立足于我们的学情,要设计符合我们学生认知规律的方案,这样才能有用。于是,崇尚简单的我,简单设计了几个环节:从导入激趣——整体感知——重点研读——延伸拓展——作业布置;重心当然是"整体感知"与"重点研读",尤其是"重点研读"第 3、5、7 自然段的景物描写,这不仅是教学的重点,更是教学的难点。自然,难点如何突破,又是一个实际的问题。

我用图片导入作者,让学生基本了解作者情况后,就走进文本,了解文本"面"上的问题,让学生在读读、讲讲、议议中,感知了文本的大概内容,也为接下来在"点"上的细读,做好铺垫。

在研读第 3、5、7 段时,我抛出了"我是(似)地坛"的导入标题,意在告诉学生"我与地坛融为一体"的情境;这样的说法新是新,有点哲学"天人合一"的意思,也有点诗化了,但也有一些可以商榷之处。如果没有我后面这句话的补充说明,学生是很难懂的。在这三段学习中,我主要引领学生研读了第5、7两段,这两段的情景交融、融情于景的手法更明显。因为是细读,你说是意象分析法也可,由于切入点比较小,因此,相对来说,学生还是能说出自己的感悟,至于是否恰当就另当别论了,只要能调动起学生的积极性就好了。在读读、想想、讲讲、议议中,学生对景物描写中的融情于景的手法,比以前更清晰了,而且还对作者的前后心理变化有了明确的感知。

应该说,这堂课学生的表现还是不错的,能够积极配合教学,因此,我基本达到了自己的教学目的。但语文是门遗憾的艺术,有些地方还有改进的余地。尤其是新茶馆式教学"读读、讲讲、议议、评评、练练"的五个环节上,需要改进之处更是不容马虎,值得玩味的。

首先是"读读",除了学生自读外,课堂的后半段学生的自读与齐读几乎没了,主要是因为时间不够了,原来整体感知这个环节准备用15分钟,结果用了差不多20分钟,显然,学生对文本的熟悉程度还不够,比我预计得要稍逊一些。尤其是像张祝平老师评课时说的,在讲讲、议议之后,再来读读,这时的读读比一开始的读读,效果肯定更好,因为学生已经理解了文本的内容。因此,我可以让读读的形式更多样化一点,也使课堂的色调更丰富一些,课堂的张力就更明显了。

其次是最难把握的"议议"环节,时间的分配还不够合理。主要原因还是因为时间的紧张,而教学内容相对较多,导致"议议"仓促了,而仓促之中必有疏漏;除非我把上面的有关内容省却一点,让环节更简炼,这样就能留出充裕的时间来,让学生好好去议议那些重要的问题了。尤其是像难点的突破等环节,需要我们舍得花费时间让学生去"议议"。因为这个环节做得好,我们教学的提升空间也就大了。这是我们教学的难点,也是增长点。

总之,要做好新茶馆式教学,做好"读读、讲讲、议议、评评、练练"这五环节,我们还要在平时的教学中,多实践,多思考,多总结。我相信,只要我们努力,我们必然会从"荒芜"走向"荒芜但不衰败",乃至品尝到"熨帖而微苦"的味道。

第五辑　亲吻作文——语文教师的修炼功夫

为自己的作文取个温暖而诗意的名字

面对高考作文,首先是审题,然后是准备写作。如果是命题作文,我们在题目上别无选择;如果是话题或新材料作文,那我们首先要给自己的作文取个美丽的题目。现代诗人海子在《面朝大海,春暖花开》中写道:"给每一条河每一座山取一个温暖的名字",而河与山是大自然的作品。那么,我们面对自己的心灵之作时,为何不精心设计一个富于诗意而温暖的标题呢? 什么是题目? 古人云:题者,额也;目者,眼也。由此可见,文章的题目就如同人的额头、眼睛那么显要,它能反映考生的文学修养与智慧。而且,"题好一半文",一个小实新巧、有创意、恰到好处的题目可以起到先声夺人、吸引读者眼球的作用。尤其是在高考作文中,题目往往影响着阅卷老师的评判,最终决定自己的作文得分。因此,为作文取个"嘉名",等于为高考加分。

一、先来品一品2009年高考阅读材料与优秀作文标题的精当

(一)2009 年高考阅读材料标题赏析

1.全国卷《彩色的荒漠》:荒漠怎么是彩色的呢? 似乎有点矛盾,却营造了阅读的悬念。

2.湖南卷《云南看云》(沈从文):粘连的修辞格,有诗意更浪漫,让读者想像去云之南能看到怎样的云彩呢?

3.重庆卷《瓷器的意味》(池莉):瓷器是好东西,会有什么意味?"意味"一词够有意味的了。

4.浙江卷《魔盒》(英国 大卫·洛契佛特):一个有吸引力的盒子,一个有吸引力的标题,都在一个简洁的"魔"字上。

5.江西卷《木车的激情》(张炜):拟人化的手法,让我们充满阅读的激情。

6.宁夏卷《寻找教育的曙光》:一个直奔主题的标题,带给我们许多期待与

希望。

……

（二）2009 年高考优秀作文标题赏析

1. 广东一考生《短命的常识》：在话题前加上修饰语"短命的"，似乎有违于生活常理，却吊起了阅卷人的胃口。

2. 上海一考生《和而不同的中国智慧》：题目不同凡响。传统文化统治于"和"的境界，"和而不同"乃中国智慧的经典体现。

3. 河南一考生《因材施教，发展自我》：观点鲜明，合乎题意，揭示中心。

4. 浙江一考生《绿叶·情意》：词语并列，两个关键词点明了主题，简单明了。

5. 浙江一考生《家的方向》：运用比喻，表达台湾对回归大陆的期盼，比较新颖。

6. 浙江一考生《根对叶说》：拟人手法的运用，切合文题命意，抒情味浓。

……

一个个精彩的标题，左右了你我的视线，让我们感受到标题要与文章内容相吻合，能揭示主题，并能运用修辞，制造悬念，有诗意，具有概括性、形象性的特点。一篇优秀的阅读材料首先要有一个优秀的标题，带给我们耳目一新的享受；一篇优秀的考场作文也离不开一个靓丽的标题，送给阅卷老师赏心悦目的感觉。由此可知，一个好的标题对于一篇作文是多么的重要。

二、再来看一看标题拟定时存在的瑕疵

纵观许许多多的考场作文，它们的平庸是从标题开始的。它们在标题拟制上存在着这样那样的瑕疵：

1. 大而空，不切合中心。如 2009 年浙江高考作文，根据歌词《绿叶对根的深情》所表达的主旨写一文。有人取题为《谈"感恩"》，虽说根据材料可以指向感恩这一主题，但这是"绿叶"对"根"的单方面感恩，不是双方对等的感恩，审题时一定要注意到这一点。因此，不管三七二十一就以《谈"感恩"》为题，就有点草率，题意有点大，显得空泛。又如面对"诚信"话题，有人却以《学会做人》为题，语意明显增大，未能揭示文章的具体内容，不如改为《诚信与做人》来得实在而明确。

2. 话题即标题，缺乏概括性。话题仅仅是命题人提供的写作范围，并不等于让你以此为标题。如果你看到以"一枝一叶一世界"为话题作文,就以《一枝一叶一世界》为标题;看到以"心灵的选择"为话题作文,就以《心灵的选择》为标题,那么,即使不因此而失分,也会给阅卷人留下你作文构思随意和水平低下的初步印象。因此,我们要结合自己的生活体验与阅读积累,并根据自己对材料的理解,将准备要写的内容进行概括,凝聚成一个扣题而响亮的标题。

3.喜欢用"无题",故作高深。不管是什么材料,有考生动不动就用《无题》做标题,给人以高深莫测的感觉。其实是故作高深,腹中空空。难道面对话题或材料时,你的心里真的只是"无题"吗? 显然不是。那么,为何不将自己的真实情感写出来,"我手写我心",既能彻底释放自己的心情,又能顺利获得应得的考分,何乐而不为呢?

4.缺乏新意,随意性强。许多考生在标题的选择上非常随意,缺乏新意,也许他们平时没有养成这样的习惯,可能一些教师也是这样引导学生的:文章只要不离题就行,何必为题目多费心思呢? 这样表面上看起来不拘小节,实际上往往是因小失大。如以"行走在消逝中"为话题,一些考生就简单地以《行走》《生活在消逝》等为题目,只要确保不离题就行,至于文学性与艺术性就置之脑后了。完全没有《在消逝中飘香》《在天地间坦荡地微笑》《握住流逝的魂》《消逝中的永恒》等满分作文的题目来得精彩,给人许多遐想。

三、最是那标题拟制方法的巧妙

好标题的拟制能体现一个考生的文化素养与智慧,正如生活中许多人精心装扮自己的眼睛一样,作文标题也需要我们下点工夫与功夫,让它既符合主题,又给人以美感。那么,我们应该如何去拟制一个精彩的标题呢? 方法有很多,这里介绍常用的几种:

1.学会"引用",其乐无穷

(1)引用、化用经典诗句

以"假如记忆可以移植"为话题,取题为《前不见古人,后不见来者》,引自陈子昂《登幽州台歌》,表示对移植记忆的困惑;以"答案是丰富多彩的"为话题,用标题《横看成岭侧成峰》,引用了苏轼《题西林壁》中的句子,恰到好处;以"诚信"为话题,化用裴多菲的诗句"若为自由故,两者皆可抛",变标题为《若为人生故,诚信不可抛》,既主题明确,又巧妙;以"光明"为话题,用《光明的黑眼睛》为题,是化用了现代诗人顾城的诗句"黑夜给了我黑色的眼睛,我却用它寻找光明"。

（2）引用、化用歌词歌名

以"读书"为话题的《有多少书可以重读》，化用《有多少爱可以重来》；以"网络世界"为话题的《都是网络惹的祸》，化用了《都是月亮惹的祸》；以"理解"为话题的《对面的老妈看过来》，化用了《对面的女孩看过来》……还有以"诚信"为话题的《我诚信，我美丽》；以"环保"为话题的《我想有个家——一只小鸟的心声》；以"学习生活"为话题的《谁的眼泪在飞》；以"母亲"为话题的《谁是你最爱的人》等。

（3）引用、化用广告语和网络流行语

电视广告语家喻户晓，也易于在作文标题上引用，如以"诚信"为话题——《真诚到永远》（海尔电器广告语）；2005 年山东卷一优秀作文标题为《大家好，才是真的好》，引用了好迪公司的一款洗发水广告词，道出了双赢的好处，可谓恰到好处；《读书就是爱自己》化用广告语"爱你就是爱自己"，鲜明生动。

我们生活在网络时代，必将与网络流行语撞个满怀，就拿 2009 年来说就有许多，如"××，你妈喊你回家吃饭"、"被……"等，这些流行语经常被人在文章标题上套用；如果我们适当引用或仿用流行语，让标题具有时代特征，可以起到意想不到的效果。譬如以"过年"为话题，就能用《我们过的不是年，是快乐》；以"爱情"为话题，可说《哥只是个传说》等。

（4）引用、化用名言佳句

仿拟名言名句，既是对经典文化的合理继承，更是作者智慧的闪亮展示。如以"诚信"为话题，以《诚以养德，信以修身》为标题，化用了诸葛亮的名句"静以养德，体以修身"；以"人文素养与发展"为话题，以《人文与经济齐飞》为题，是化用了王勃《滕王阁序》中"落霞与孤鹜齐飞"的句子；以"生活的考验"为话题，引用了高尔基的名篇《海燕》中的名句"让暴风雨来得更猛烈些吧"；以"素质教育"为话题，可以引用鲁迅《狂人日记》中的句子："救救孩子"；……另外，《四十而立》化用了孔子的"三十而立"；《爱是怎样炼成的》化用了奥斯特洛夫斯基的"钢铁是怎样炼成的"等。

2. 运用修辞，再难不辞

修辞能增强说服力和感染力，能够生动形象地把语意表达出来。用修辞来拟标题，是很常见的，如运用对比的《"小事情"与"大道理"》《躺着读书，站着做人》；运用拟人的《留些诚信给自己取暖》《小草的自述》；运用比喻的《人文素养——发展的灯塔》《朋友就是生产力》;运用借代的《人生需要掌声》;运用设问的《错? 对!》;运用通感的《绿色可听》;运用顶真的《读书乐,乐读书》等。还有对偶、层递、设问、呼告、双关、夸张、反语、反复等,这里就不一一举例了。

3. 使用符号,令人思考

(1) 数学符号

以"玩"为话题——《6 + 1 > 7》,阐述适当的玩有助于提高学习效率;

以"成功"为话题——《努力 + 方法 + 坚持 = 成功》,说明成功需要的三要素;

以"素质教育"为话题——《分数 ≠ 素质》,观点明确;

以"诚信"为话题——《7 - 1 = 0》,说明只要信用出现问题,全盘皆输。

(2) 标点符号

标点符号属无声语言,用之拟写文题,清新、形象、生动,往往给人留下广阔的思维空间。如2000年浙江一考生所拟题为"人生,丰富多彩!",作者以感叹号为题,语势铿锵有力,形象地表明"人生没有固定的格式",并点出只要"把握好手中的生活之舵,人生将丰富多彩"这一主旨。

又如2005年全国卷话题是"出人意料和情理之中",一安徽考生的作文标题是《"什么?"——"是该这样!"》,这标题怪怪的:什么意思? 作者要写什么? 读完全文,你会由衷的赞叹:这是个好标题!"什么?"代指出乎意料,"是该这样!"则指情理之中,前者质疑,后者解释,这一标题不仅紧扣话题、巧设悬念,而且简洁含蓄、新颖别致。

4. 活用句式,加强语势

这种拟题方式主要是采用祈使句、设问句、反问句等句式来加强语势,从而吸引读者的目光。以设问句式为例,可以使用"谁""什么""能否""为何""哪里""怎样""如何"等词语来提问,而具体的答案就在文中。标题如《是谁忘了端午节》《我们用什么点亮青春》《我能否相信自己》《哪里是我温馨的家园》《妈妈,我该怎样报答你》《一个人如何去西藏》等。

5. 反饰反常,矛盾制胜

用反义词的互饰来反映思想,叫反饰。如《为了忘却的纪念》《冬天里的春天》《都市里的村庄》《陌生的朋友》《不是朋友的朋友》《公开的秘密》《痛苦的甜蜜》《古老而年轻的话题》……，两个截然对立的反义词并列修饰同一个事物，看起来矛盾，实际上是不矛盾的，从而起到意想不到的效果。

有些题目看起来有点反常理，然而却能吸引人的注意力，起到出奇制胜的作用。如以"竞争"为话题——《感谢你的对手》；以"痛苦"为话题——《珍视你的苦痛》；以"失败"为话题——《为失败而笑》；以"诚信"为话题——《拍卖诚信》；以"门"为话题——《防盗门不防盗》；以"永远"为话题——《永远有多远》；以"远方"为话题——《远方并不遥远》等。

四、更不忘拟题时应注意的几许事项

1. 标题要扣题，不要牵强附会，即题目概括的内容要和作文内容相一致。否则，再怎么精彩的标题，一旦与主题无关，都是无用的，甚至是犯了致命错误。

2. 标题的范围要尽量小，要从自己的思考角度切入，不要太大太泛；如果标题取得太大了，可以采用副标题的形式加以补充限制。

3. 题目要简练，有高度概括性。标题不要太长，一般不要超过 10 个字，标题过长则显得不紧凑，可能影响语意的准确表达。

4. 标题要合理求巧出新，不要落入俗套。题目力求做到生动、新鲜、醒目，不要太陈旧，乃至呆滞，让读者望而生厌，兴趣锐减。

总之，文章标题设计得好与否，效果大不相同，所以，我们在日常的作文训练中不要轻视标题的作用，要积极进行标题的拟定练习，并养成重视标题的好习惯，力争在高考中把作文写得更精彩。

做足"题"上文章，为高考作文加分

高考语文，作文是分数的第一大户，向来是兵家必争之地。而从历年考试情况来看，总有一些考生因为自己没有在"题"上下功夫，即没有走好"读题与审题，选题、搜题与拟题，开题、扣题、点题与收题"这几步，而导致作文没有发挥出自己应有的水平，很无奈地接受遗憾。所以，我认为高考作文要在"题"上做好功夫，千万不要怕浪费时间。走好了这几步，经常会有"事半功倍"的奇效。

一、读题与审题

读题，就是读材料，读提示，读要求；并且要仔细读、反复读，不可一目十行地粗读跳读。而读题往往与审题连在一起，可以边读边审，边审边读，不断推敲。

那么，读题审题时要注意什么呢？我认为可以做到"三要三不要"。

1. 如果是材料作文的,要明白所提供材料的意思,不要一知半解,模棱两可。如有提示语的要研究分析,调动自己的思维,较准确地把握材料的内涵,并能领会运用,不要避开提示,自己另起炉灶。如2009年浙江卷作文题,在材料后有一提示语:"根据歌词所表达的主旨,结合自己的生活体验与阅读积累,写一篇文章。可以写自己的经历、感受和见解,可以讲述身边的故事,也可以发表评论。"根据提示语,我们知道了要写自己的东西,要有真情实感,或记叙,或议论等信息,否则我们的审题就会出现偏差。所以,为了能在最短的时间里充分理解材料的中心,就必须充分利用提示语。而且,许多作文题的提示语多用问句的形式,如2009年江西省高考"关于兔首、鼠首铜像拍卖"材料中的"你对蔡铭超的行为有什么看法?"等。这类以问句形式出现的提示语,是在提示考生要表达自己的观点和想法,在文章中留下属于自己的声音,这是近年来高考作文的方向。

2. 如果是话题作文的,要围绕话题,吃透话题的意思,不要片面理解话题,甚至是曲解话题。虽然题目中有"文体自选、立意自定、题目自拟"的自由开放度,但这并不等于我们可以不审题了,可以自己想怎么写就怎么写,可以随便离开话题自己畅所欲言,而脱离了话题的具体范围的限制。所以,要想自己的作文符合题意,就要认真阅读和理解作文题的内容,包括材料、提示、话题和要求等。事实上,许多高考作文的要求中都有"所写内容必须在话题范围之内"这一项,意在提醒和告诉考生需照章办事,不要出轨。因此,希望我们的考生严格遵守这种"纪律",否则偏题离题的结果是很可惜的。

3. 要抓住"要求"或"注意"这根稻草,不要凭感觉,掉以轻心而不合情理。这里有对立意、文体、题目的要求,有字数的规定和其他要求。虽然"文体自选、立意自定、题目自拟"与"字数不少于800字"基本已成为大多数试卷的共识,但也有的试卷是有限制的,要仔细看清,如在文体方面,2009湖南卷是"请以'踮起脚尖'为题目,写一篇不少于800字的议论文或记叙文",而江苏卷、福建卷、北京卷、浙江卷、重庆卷都是"除诗歌外,文体不限"等。另外,因为有一些考生投机取巧,存侥幸心理,背作文套作文,所以一些省市的试卷中出现了"不得套作与抄袭"的要求或注意。其实,这是作文的底线,也是做人的底线——诚信,我们切不可置之不理。

二、选题、搜题与拟题

1. 选题首先是对文体的选择。擅长理性思维、会说理议事的同学可选择议论文;擅长形象思维、会写人叙事的同学可选择微型小说;情感丰富、擅长抒情的同学可选择散文。一般不主张选择写诗歌与文言文。因为诗歌与文言文在写作与评卷上尺度都比较难把握,除非你真正有这方面的特长,否则不要去冒险,而且许多作文题经常是"诗歌除外"。

2.选题还包括对题材的选择,也可称作搜题。就是搜索一下自己积累的素材哪些可以用,哪些重点用,哪些概括用;为了写得顺手,充分展现自己的个性,可以选择自己最拿手的素材,即自己最感兴趣的最熟悉的材料。因为最感兴趣最熟悉的,往往也最容易做到言之有理、言之有情,自己的感受越深,写起来也越得心应手。如果你最喜欢历史故事,尤其对某个朝代有专门研究,在保证切题的前提下,可以在那里挖掘素材,尽可能挖得丰富些、深刻些。

同时,想想以前自己学过的经典课文,哪篇在结构、立意等方面可以借鉴;回忆自己以前写过的优秀习作,哪篇可以套用一些内容,再做什么补充,这样可以节省许多时间。别人发表的优秀文章我们不能也不可以套作,但自己写过的为什么不好好利用呢?

3.拟题,就是拟写标题。为自己的作文取一个合乎题意的,能体现个性的题目,因为"好题一半文",马虎不得,而且一开始动笔时就要写好,否则,如果后面时间紧了,很容易遗忘,导致缺题。而缺题给评卷老师的第一印象就差了,负面效应远不止被扣去2分这么简单。如果是话题作文,一般情况,不要以话题作为自己文章的标题。否则会给评卷老师一个随意、缺乏创新的印象,因为拟题恰恰是显示你才气的一个平台,千万不要轻易放弃这个展现自己风采的机会。

我们知道,文章标题如人的眼睛,写活了,作用是不可低估的。所以,我们要求自己取的文章题目首先要能概括文章内容或主旨,引发人们的思考;其次题目要醒目,能吸引人的眼球;最好能具有哲理或诗意。如我们可以化用古诗名句,如山西高考作文,曾用"横看成岭侧成峰"作题;对西方国家对我们的偏见与误解的材料,可以用孔子的名句"己所不欲,勿施与人"来取题。也可引用流行歌词来增添时代与文化气息,如"其实你不懂我的心","我的未来不是梦"等。更可以用修辞手法来取题,如比喻、引用、双关、设问、拟人、借代等,像四川高考作文题《生命是常开不败的花》,一个形象的比喻,有哲理,富诗意。当然,也可使用数学公式作题,如写社会教育与家庭教育的重要,用《5+2=0》,即5天的学校教育,加上2天的社会教育与家庭教育就成零了。

三、开题、扣题、点题与收题

完成了上面几步,就得思考如何开题、扣题、点题与收题了。

1.开题一定要重视,评卷老师往往十分关注你的开篇。如果一段两段之后,他还不明白你在写什么,说明你的开题出问题了。我们一般要求文章要开门见山,入题要快,一篇800字的文章一开始没有理由玩捉迷藏,让人难以捉摸。所以,运用什么方式来开题,语言表达如何选用,或者运用什么修辞,怎样让语言精美,做到开篇引人入胜,先声夺人,都是我们落笔前要构思好的。

2.扣题就是材料、引语或话题中的关键字至少在文中出现三次以上。开头三句话内应点题一次,结尾应回扣标题,做到首尾呼应。行文中间也不忘扣题一次。事实上,几次扣题与点题也是在不断提醒自己在写作过程中不要跑题或偏题,同时让评卷老师明确感到你那清晰的行文思路。

3.点题主要是指选择写记叙文的考生,对主题的表达一定要明确,不要含蓄,甚至隐晦,让评卷老师在短时间里摸不着头脑,从而影响打分。点题,可以使评卷老师明白你的写作意图,告诉他你的文章与试题有关。

4.结尾要收题,与前面扣题中的"结尾应回扣标题,做到首尾呼应"有关联;同时,要知道,如果时间十分紧张,作文完成刹车有点困难的情况下,也要不忘收题。即使前面行文快一些,刹车生硬点,也一定要在篇末点题收尾,给评卷老师一个文章完篇的印象,否则结构不完整,是要影响得分的。

所以面对高考"第一大题"的作文是马虎不得的,花上5~10分钟时间去思考,是值得的。切不可因为担心时间紧张而匆忙动笔,一边想一边写,又修修补补、改改划划。这样所花的时间反而会更多,而且文章的思路不会连贯,语言也不会通顺,质量也就可想而知了。

放慢脚步,看看世界

一、素材库

1.日全食观测:5分钟,白天终于读懂夜的黑

2009年7月22日上午9点多,300年难遇的日全食奇观,中国至少4亿人停下脚步,抬头仰望。因为整条日全食带有相当一部分集中在中国境内,自西向东覆盖人口稠密的长江流域,包括上海、浙江北部、江苏南部、江西北部、安徽、湖南北部、湖北、重庆、四川、云南西北部、西藏东南部等地区。那天,时间凝固了,有那么多的人放下手头的工作,有那么多的车靠在路边,有那么多的行人停下脚步,他们不仅仅为了望望天,拿起观测镜看太阳,而且很自然地走出了敬畏自然、向往科学与人文的重要一步,这可是从未有过的事。这是多么令人振奋的事啊!

在壮美的天空中,人们看到了"钻石环"与"贝利珠",看到了地球的其他兄弟,看到了色球与日冕,更看到了因日全食而变化的地面风光。虽然有的地方由于下雨看不到太阳,但人们都用心地度过了这5分钟;人们从来没有这样强烈的渴望黑暗,渴望这5分钟早点到来,甚至,5分钟过后,许许多多人依然不愿离去,他们的眼睛还是痴迷地望着天空——5分钟实在是太短暂了。但正因为这5分钟,"夸父"们的欢呼声响彻云霄;这5分钟,最美的风景全洋溢在"嫦娥"们的脸上;这5分钟,世界共享了没有光明却温暖无比的天文嘉年华;这5分钟,白天终于读懂了夜的黑。

2. 梭罗实验:静静地生活,静静地思考

1845年7月4日,28岁的梭罗独自来到城郊瓦尔登湖边的森林里,住进了耗资28.125美元亲手搭建的小木屋,家具仅一床、一桌、三椅而已。他过着简单而朴素的农垦生活,种点蚕豆、豌豆、土豆、玉米、萝卜;闲暇时阅读《伊利亚特》《论语》《孟子》以及自然这部大书。他在瓦尔登湖边思考生活的真正意义;他踏遍了康城周围所有的土地;他观察大自然细微的变化,并把自己的所见所闻所思所想记下来。两年又两个月后,他的实验结束。1854年,梭罗出版了著名的《瓦尔登湖》。他说:"我到林中去,因为我希望静静地生活,只面对生活的基本事实,看看我是否学得到生活要教育我的东西,免得到了临死的时候,才发现我根本就没有生活过。"

3. 印第安人谚语:别走得太快,等一等灵魂

印第安人有一个发现,肉身和灵魂脚步的速度有时是不一致的,肉身走太快了,会把灵魂走丢了。按照他们的信仰,如果连续三天赶路,第四天必须停下来休息一天,以免灵魂赶不上匆匆的脚步。

在墨西哥,一群土著人帮雇主搬行李,中途突然停了下来,无论雇主怎么催促,即使生气或乞求,他们还是不肯挪动半步。数小时后,领头的一声令下,他们才继续行走。后来领头的向雇主解释,他们起先走得太快,把自己的灵魂走丢了,因此他们必须停下来,等灵魂赶上来。

二、新题推介

1. 美国人保尔·昆内特有两份职业,既是自由撰稿人,又是临床心理学家。他写过500多篇故事、散文和专栏文章,都发表在美国一流的户外运动杂志上。他最喜欢的业余生活是垂钓,为此,写过几部有关钓鱼方面的书,其中《钓鱼课》主要讲钓鱼的哲学,一种欣赏生活的哲学。文中说过这样一段话,"到目前为

止,我已经钓了50年的鱼了。钓鱼也许已经成了我信奉的一门宗教。它接纳一切的信条和旗号,欢迎所有的人生方式和各种各样的男女,不论精神与肉体是破碎残损还是完整无缺。任何一位探求者,任何一位香客,任何一位满怀希望的旅行者,只要他相信垂钓这门艺术和运动,都可以找到某种有意义、有目的、传统和令人惊奇的东西。"

读后,你有什么想法?请写一篇文章,立意自定,文体自选,题目自拟,不得抄袭。

导引:

在这个浮躁的时代,钓鱼是一件多么浪漫又多么奢侈的事情,人们宁愿整天堕入物欲横流里,也不愿让自己停下脚步,在湖边静坐等待鱼儿的问候;没有时间是最好的托词,没有心情是真正的缘由。曾经的浪漫已经淡忘,曾经的梦想早成过眼烟云。虽然我们的物质世界已经相当丰富,但我们的精神领域却越来越苍白无力。

当然,现在纯粹的姜太公已经没有了,但我们也能找到几个专心垂钓者,他们大多是离退休的老人,结伴去湖边散心,同时又能收获一些战利品,回家孝敬老伴,其乐融融。是啊,宁静的湖边值得我们向往,因为那是我们心灵的栖息地,灵魂的温暖港湾;只要用心去垂钓那一湖幽静,我们必定能钓起心灵的安宁与虔诚。

2. 下面是美国诗人弗罗斯特的诗歌《鸟儿会喜欢什么》:

当我沿向上的山路/慢悠悠信步回家/一只小鸟一阵啼鸣/仿佛是请求我停下。

我停下脚步转过身子/而要是我当时不转身/我就不会看见西天/像火一样燃烧的云彩。

所以当我重新上路后/又听见它放声啼鸣/我出于对它的敬重/又满怀希望转身。

晚霞!——而在山下/在黑沉沉的山谷里/一点火星般的灯光/一切都显得平淡无奇。

要不是它不肯闭嘴/而是一遍一遍地呼唤/那我肯定早已离去/因晚霞早已经消散。

我把它留在荒野/去采集天上的星星/我不知我能否知道/鸟儿会喜欢什么。

读后,你有什么想法?请写一篇文章,立意自定,文体自选,题目自拟,不得抄袭。

导引：

首先要读懂这首诗的意思，把握它的主旨。"我"听见鸟鸣，"仿佛是请求我停下"，于是，这生活中的鸟鸣声被诗人赋予不一般的意义了。因为它让我停下，于是我看见了"像火一样燃烧的云彩"；它让我再停下，于是我看见了美丽的"晚霞"；而且，它让我"采集天上的星星"。如果没有鸟鸣，我这个忙碌的人是不会去关注什么云彩、晚霞和星星的，可以说这是些无用的东西，远不如"灯光"来得实用，虽然它"平淡无奇"。

因此，在弗罗斯特的这首诗中响着的阵阵鸟鸣，其实是人们灵魂深处渴望的声声呼唤。如何对待这呼唤呢？应该像诗中所言"我出于对它的敬重，又满怀希望转身"，说明我们的心灵没死，只是一时被外物蒙住了双眼，我们还有救。机遇来了，就要马上抓住，那就注目云彩、晚霞和星星。提醒自己，千万别走得太快，设法让自己慢下来，让灵魂跟上自己，就是"慢慢走，欣赏啊"，也如倡导艺术化人生的周作人所说的"一边走，一边慢慢看风景啊"！

诗歌读透了，那么，就可以根据相关内容进行作文了，或叙事，或抒情，或议论。

3.《世界是平的》一书中说，每当太阳升起时，你就开始奔跑。是啊，我们每天都忙得脚不沾地、要死要活，甚至忙得无法停下脚步来看一看自己在忙什么，怎么可能有"慢悠悠"的闲心欣赏这个世界呢？

而提倡"慢生活"的专家认为，"慢"不是随随便便地浪费时间，而是放慢脚步等一下自己的灵魂，使之照着自然的速度生长。台湾导演蔡明亮曾拍过记录片《小树慢慢长大》，同时，他自己也种了一棵小树，他每天看着它慢慢长大；他放慢脚步，从容工作；他细细品味小树，咀嚼生活。

读了上面的材料后，你有什么感想？你认为我们的生活需要"慢慢走，欣赏啊"的理念与行动吗？请写一篇文章，立意自定，文体自选，题目自拟，不得抄袭。

两类材料，观点虽然相左，但比较鲜明。因此，我们首先要明确自己赞成什么，反对什么，不要模棱两可；"我手写我心"，将自己的真情实感大胆地秀出来，不要忸忸怩怩，更不能虚情假意编瞎话；构思时，尽量选择一个自己感到满意的角度，选择一种自己比较拿手的文体，或叙事，或抒情，或议论；行文前，最好先拟一个写作提纲，对写作过程进行规划，以免中间一不小心跑了；同时别忘了为自己的作文取一个符合题意的好标题，能吸引人的更好啦，因为"好题一半文"嘛。

三、考点推介:表达生动

美丽的语言让表达长出生动的翅膀

一般来说,优秀作文都离不开"表达生动",即"语言有文采,表现力强"。《高考语文考试说明》对作文考试明确分为基础和发展两个等级,而发展等级就包含"有文采"的要求,具体地说,就是"用词贴切,句式灵活,善于运用修辞手法,文句有表现力"。其实,只要我们能做到做好了其中的一两点,我们的语言表达就生动了。

那么,如何让自己的作文做到"有文采"呢? 接下来,我结合《慢慢走,欣赏啊》这一专题中的相关文本来谈一谈。

第一 用词贴切

"用词贴切"要求文句用词恰当、准确,符合所表现事物的特性。"用词贴切"主要包括动词使用生动,形容词使用妥当,叠音词使用形象以及一些旧词的巧妙新用。这里,主要说说叠词的贴切运用。

叠词主要有叠音词、双声叠韵词等。例如朱自清《荷塘月色》第 4 段"曲曲折折的荷塘上面……",就有"曲曲折折"、"田田"、"亭亭"、"层层"、"袅娜"、"粒粒"、"星星"、"缕缕"、"渺茫"、"密密"、"脉脉"等 11 个词,它们能精确达意外,在音节上还给人以琅琅上口的审美享受。

如余光中《听听那冷雨》第一段开始就有许多叠词,如"料料峭峭"、"淋淋漓漓"、"淅淅沥沥"、"天潮潮地湿湿"、"走入霏霏令人更想入非非"、"凄凄切切"等,把雨的特点刻画得淋漓尽致,雨的缠绵、细密、柔情等溢于言表了。

第二 句式灵活

"句式灵活"是指句式富于变化,或单句与复句,或整句与散句,或长句与短句,或陈述句与疑问句等。这里就举长句与短句的事例。

《听听那冷雨》就有长短句的奇妙变化:第三段有句子"听听,那冷雨。看看,那冷雨。嗅嗅闻闻,那冷雨。舔舔吧,那冷雨"。都是短句,而且参差跳跃,产生"大珠小珠落玉盘"的美妙效果。而第十段中,作为诗人的余光中写下充满诗意的长句,"回忆江南的雨下得满地是江湖下在桥上和船上,也下在四川在秧田和蛙塘——下肥了嘉陵江下湿了布谷咕咕的啼声",一气呵成,诗情澎湃,过瘾!

第三 善于运用修辞手法

"善于运用修辞手法"就是要善于运用比喻、拟人、排比、对比、夸张、通感等常见的修辞,使语言形象生动,富于表现力。还是用《荷塘月色》第四段为例,作者综合运用了多种修辞手法,将月光下荷塘中的荷叶、荷花、荷香和流水的特点,生动活泼地表现了出来,文辞清丽喜人。如:

1."叶子出水很高,像亭亭的舞女的裙。"(明喻)

2."有袅娜地开着的,有羞涩地打着朵儿的(拟人);正如一粒粒的明珠,又如碧天里的星星,又如刚出浴的美人。"(博喻、排比)

3."微风过处,送来缕缕清香,仿佛远处高楼上渺茫的歌声似的。"(通感)

第四　文句有表现力

"文句有表现力",是指文句含义与韵味的丰富性和对事物的特点进行生动、细致、形象的描写。例如鲁迅的《祝福》中有一些细节描写与《听听那冷雨》中运用感觉来描写雨,具有丰富的含义,有表现力。

1.《祝福》中精彩的细节描写使文章成了语言的经典,如"两次微笑"、"三写眼睛"、"四场飞雪"、"五处写钱"等,尤其她的眼睛,描写得活灵活现,成了她心灵世界的展示台。祥林嫂二到鲁镇时"眼角上带些泪痕",表现她夫死子亡后的极度悲伤;捐了门槛后"眼光也分外有神",以为从此可以摆脱歧视了;她受了打击后"眼睛窈陷下去",说明她精神崩溃后心灵痛苦。显然,这是作者刻意为之的,鲁迅曾说"要极俭省地画出一个人的特点,最好是画出他的眼睛"。

2.《听听那冷雨》是一篇感觉性的散文,作者用自己的感觉来写,就需要读者运用自己的感觉来参与品味。如第三段"听听,那冷雨。看看,那冷雨。嗅嗅闻闻,那冷雨。舐舐吧,那冷雨。"冷雨可以"听、看、嗅、舐",是结合了听、视、嗅、味等感觉,文句很有表现力,给读者鲜明而丰富的印象。难怪柯灵评价此文是"直接用文字的雨珠,声色光影,密密麻麻,纵横交织而成的"。

总之,作文既是心灵的呈现,更是语言的张扬,愿你们拥有属于自己的个性语言。

横看成岭侧成峰,妙笔生花任你行

——2005年高考作文题随想

2005年高考作文题可谓是五花八门,精彩纷呈,确实给人带来许多遐想。这里我从以下三个方面展开自己的想象,说说自己对这些作文题的一些感受。

一、记叙与议论,作文的两大美丽翅膀

1. 北京:《说"安"》

这要求写一篇说理文,虽说多多少少有点束缚了人的思维,但"安"很重要,是建设和平社会、和睦家庭、和谐自然的需要。大到整个世界,一个国家,小到一个家庭、一个人,"安"都是第一的。而且近年来我们的思辨力在下降,所以发议论、生联想、作对比、用事例,也是很好的一种选择。至于从什么角度下手,就看个人的思维着落点了。

2. 湖南:《跑的体验》

这应关注人的生活体验,关注我们自己的成长。重要的是如何理解这个"跑"字,因为"跑"是多角度的,多层次的,它包括内、外、虚、实等理解。关键是如何"跑"出创意,"跑"出水平。只要"跑"得好,"跑"出亚洲,"跑"进世界也可以。只是文体被限定了,记叙文或议论文,所以文章能写但写好不容易。

二、诗歌除外,不等于我们的文章不要诗情

1. 辽宁:《今年花胜去年红》

这个题目是个比喻,是虚指,不是实指。虽说这是欧阳修《浪淘沙》里的句子,其实也是我们大家的共同心愿与祝愿,尤其这几年媒体在这方面的宣传也很有力度。不过,我觉得有时不知出处,也许更能施展自己的拳脚。我们只要抓住"胜"字,应该写起来不难,但要不落俗套,写出佳作来,看来还要在平时多下点功夫。

2. 天津:《留给明天》

虽说是命题作文,却能给人以多重想象。面对题目,我们可以联想,可以生发开去,如什么留给明天,为什么留给明天,一定要留给明天吗? 当然,完全可从其中的一个方面去好好考虑。这好像爬山,路有许多条,就看你怎么走;走别人的路,还是走自己的路;走老路,还是走新路。所以,文章不难写,写出新意来,不易。

3. 重庆:《自嘲》

这题目,马上使人想到鲁迅的著名诗歌《自嘲》,但令人尴尬的是要求文体诗歌除外。"自嘲"并非人人都会,人人都愿。其实,自嘲是一种性格,一种胸怀,更是一种智慧。能自嘲者勇气可嘉,精神可嘉。不会自嘲,也不必勉为其难,所以这对有的考生就很头痛了。因为他们不会嘲笑别人,更不会自嘲。算你倒霉,谁让你性格有缺陷呢?

4. 上海:《校园亚文化生活的审视和辨析》

一个非常时尚的话题,贴近时代,贴近学生生活。现在几乎已没有"不食人间烟火"的人了,更何况血气方刚、激情四射的少男少女。他们很会享受生活,对文化对时尚很着迷。尤其是校园亚文化,他们更是了如指掌,不但有话说,而且说起来个性鲜明。即使有点偏激,也很真实。还有什么比抒真情更让人快乐的呢?这题,爽!

5. 江苏:《凤头、猪肚、豹尾》

只有取人之长,补己之短,我们才能走向完美。小到生活学习,大到事业人生,何尝不该如此呢?所以我们要学会借鉴、吸收、组合、创新。这可以与鲁迅的拿来主义联系起来想一想:世界万物是联系的,我们如何去利用美丽的资源,去共享,而不是简单复制;是创造,而不是盲目模仿。要将其中内在的精神,化为自己的东西,写出特色来。否则不伦不类,其丑无比。

6. 浙江:《一枝一叶一世界》

从唐诗宋词的名句中引出话题,文化气息浓,这些需要我们平时多积累。而且这是生活中的哲理,"一叶知秋"这是一种智慧,不仅仅各行各业的人需要,我们的青年人更需要,否则,死读书越读越死,就违背了读书的初衷。所以我们要多思考,会思考,能写作,以小见大,发挥想象联想。尽可能改变一种很尴尬的事实:叙事叙不好,议论议不深。

三、文体不限,我们的天空自由而舒展

1. 福建:《比较两幅图画,联想或感悟》

圆代表"我规范,我稳定,我周长短,我面积大","星"代表"我新颖,我独特,我周长长,我面积小"。这可以看作是传统与时尚的矛盾。两种不同风格的美在争奇斗妍,我们可各抒己见。其实,两者可以并存,因为世界是多元的,优秀的标准也是很多的。让我们多一分宽容心,世界因此而丰富精彩。因为枯燥与单调不是我们的理想目标。

2. 湖北:《内与外的感悟启发》

王国维的《人间词话》是我们取之不尽的文化宝库,信手拈来,便成妙题。看来古文基础要扎实,还要懂点哲学,否则是很难弄清"入与出"的玄奥的。对于那些把有限的时间投入到无限的练习题中的乖孩子,因为他们较少读课外书,尤其经典,包括文学、哲学、美学、心理学等,所以就无从下手了,或者把握不到点子上,显然不得心,难应手。

3. 山东:《双赢的智慧》

这是一个中国古代的智慧故事,我们可以古为今用。而双赢是一个现在很重要、很时兴的话题,小到人与人之间,大到国家之间,都可以互惠互利。因为人们的观念在转变,不再是"毫不利己,专门利人"和"毫不利人,专门利己"了,而是求共同发展,和谐发展。这是一种新的理念,其中的成功事例很多很多。只是要考虑如何利用好提供的材料。

4. 广东:《纪念》

纪念,是人们的一种精神生活方式。它的视野比较开阔,大到历史事件,小到个人回忆。2005 年是世界反法西斯战争胜利与中国人民抗战胜利 60 周年,这不仅仅是一种精神的需要,更是一种民族的优秀品质。如何把握题材,以小见大,巧妙运用表现手法是很重要的,否则泛泛而谈,是出不来佳作的。所以首先是写什么,然后才是怎么写的问题。

5. 江西:《脸》

作文独字题少,成功的更少,但这题出得很妙。我们抬起头来,看到人家的脸;我们每天照镜子,看到自己的脸。我们熟悉脸,可以有许多想象和感想。脸可以引申到面子、情面、尊严等,包罗万象,而且又能从现实社会中找到联系点。脸是一部部书,我们要好好地读。或抒情,或议论,或叙事,绝对能放开心灵,大写特写。

6. 全国Ⅲ:《忘记和铭记》

这是根据外国哲理故事改编的材料,说明了对立统一的哲学关系,是对一种思辨能力的考查。因为我们已学过了哲学,现在是如何运用的问题。应该说思路很多,如为什么、怎么样等,不求千篇一律,只求自己有独特的见解与创意。当然,这题成文容易,出彩比较难。

7. 全国Ⅱ:《位置和价值》

这是取自外国的对话体寓言,思考的方式有很多。但我们只能选择其一,而且是最适合自己发挥的。因为时间那么紧张,来不及细细研究。譬如:先有位置还是先有价值? 位置重要还是价值重要? 坐在怎样的位置上才能发挥最大的价值等等。

8. 全国Ⅰ:《出人意料和情理之中》

这取自外国的名人故事,讲了偶然和必然的关系。玻尔说:"因为我不怕在学生面前显露我的愚蠢。"这就是奥秘所在。其实生活中的"出人意料和情理之中"的事例很多,关键是如何增加哲理的深度,因为文章是需要一定的深度的,这好比掘一口井,否则挖一个坑就没有什么意义了。

当然,面对题目随便想想是容易的,"纸上谈兵"谁不会。如果真的写起来就有点难了,不过,也许正因为难,才能"八仙过海,各显神通",才能考出各自的作文水平。那些立意深远、情感真挚、表达娴熟、语言优美顺畅的美文肯定能得到赏识的,这就叫横看成岭侧成峰,妙笔生花任你行。

异曲同工之妙 不同风格之美

——2006 年高考语文浙江卷与重庆卷作文题的比较

在 2006 年五彩缤纷的全国高考语文作文题中,我发现浙江卷与重庆卷的作文题有异曲同工之妙,只是它们采用了不同的材料进行不同风格的表达而已。2006 年浙江卷的作文话题是"生有所息/生无所息",重庆卷的话题是"走与停"。先请看一看具体的内容与要求:

浙江卷作文题:

据《列子》记载:子贡倦于学,告仲尼曰:"愿有所息。"仲尼曰:"生无所息。"古今中外,还有诸多相关的论述,例如:

人就是不断地进行创造性的工作,工作是使人得到快乐的最好办法。(康德)

我这一生基本上只是辛苦地工作。(歌德)

天子乃祈来年于天宗——劳农夫以休息之。(《吕氏春秋》)

休闲不是偶尔玩一次,而应是人们三分之一的生活。(佚名)

人们应该学会超前休息,也就是说在疲劳之前,适当休息效果最佳。(医学专家)

读了上述文字,你有何感想,请以"生无所息/生有所息"为话题写一篇文章。可讲述你自己或身边的故事,抒发你的真情实感,也可阐明你的思想观点。

注意:1. 所写内容必须在话题范围之内,可任写一个方面,也可兼写两个方面。2. 立意自定,角度自选,题目自拟。3. 除诗歌外,文体不限。4. 不少于 800字。5. 不得抄袭。

重庆卷作文题:

重庆卷作文分为小作文与大作文两部分,其中大作文是这样的:走与停是生活中常见的现象,会引发我们对自然、社会、历史、人生的思考和联想,请以"走与停"为题,写一篇 600 字的作文,文体不限,诗歌除外。

下面我想比较一下两者的异同。

一、相似

1. 立意相似

"今年的作文题既有纵向的传统文化与现代生活的关系,又有横向的人生意义的多方面的考量与结合,更具思辨色彩……给考生自主发挥留下更多的表达空间,有利于激发考生的思辨能力,培养学生的创造性思维。"(《2006浙江省高考语文命题思路》)我们知道动笔前的审题很重要,写什么,怎么写,一定要想清楚。尤其是立意,决定了一篇作文的成败。浙江题可以从"生有所息"的角度去考虑,如:"休养生息"、"张弛有度"、"劳逸结合"等;也可以从"生无所息"的角度,如"生命不息,劳动不止"、"生命在于运动"、"生命在于创造"、"工作着是幸福的,劳动着是美丽的"等;更可以从"生有所息"与"生无所息"的两方面兼顾写,如"我们应辩证地看问题"、"尊重人的个性"等。而重庆题的"走与停"也暗合了"无所息"与"有所息"的意思,可以从"走一步,停一停,再走一步""走走停停,欣赏美丽景色""瞻前顾后,学会反思"等角度去构思。同时话题作文应追求内涵的深度与广度。所以我们要联想到浙江题中的"息"不仅仅指生理上的,更指精神方面的,包括自己的学习与思考;同样重庆题的"走与停"也不仅仅指我们具体的脚步。所以说,这两者在立意上有相似之处。

2. 特点相似

"话题作文提供古今中外具有一定的文学性、思辨性和哲理性的话题材料,使考生在立意、选材、角度、体裁等方面均可自由发挥。"(《2006浙江省高考语文命题思路》)这两个作文题都具有时代性与思辨性的特点。浙江题可以从当今的"超负荷、高压力、过劳死""英年早逝"等角度与现实相联系;重庆题可以从"走与停"这一生活中的常见现象,引出对自然、社会、历史、人生的思考与联想。考生可以"八仙过海,各显神通",充分展示他们的智慧与才华。所以,这两题都具有明显的时代开放性。同时,"生有所息与生无所息"和"走与停"都含有哲理,具有一定的思辨性,需要考生进行辩证的思考,客观地看问题,检测他们思想的成熟度。当然,由于受生活阅历的限制,许多学生的理解可能会有一些困难。好在题目要求立意自定,文体自选,题目自拟,这给我们的考生提供了自由发挥的空间,足以"仁者见仁,智者见智"。

二、题意表达不同

1. 浙江题表达含蓄,重庆题表达直白

浙江题是从《列子》中子贡与孔子的对话引出"生有所息/生无所息"的话题,有理有据比较含蓄。而且内容有禅意、诗意,像个古典美人或者是继承了东方秉性的书卷气十足的江南才子。而重庆题是从生活中的现象"走与停"引出的话题,比较具体而直白。好像是一个当代丽人,或者是受西方思维影响个性鲜明的粗中有细的武夫。虽然两道作文题的题意表达方式不同,但它们都富含哲理,所表达的其实是对人生的态度与思考,需要考生调动阅读积累,结合人生实际、感悟思辨。(引自《2006年浙江高考语文试题权威点评》)

2. 浙江题人文气息浓,重庆题生活气息浓

浙江题是从我国古代经典文化《列子》中引出话题的,人文性较强。重庆题是从生活现象"走与停"中找点子的,生活味较浓。但是,人文味浓的不等于不与现实生活相联系,生活味浓的也不等于在表达时放弃人文性。事实证明,只有将人文性与生活性密切结合起来,才能写出内容丰富实在而且文质兼美的作文。

三、浙江题给我们的启示

1. 浙江的作文题比较注重人文性,这是一种很好的导向。因为提高我们民族的素养不是一句随便说说的口号,而要我们有切实可行的行动,应该说高考就是最好的指引灯。我国古代的经典文化是世界文化的宝库,全世界都在学习与研究,作为中国人,我们自己怎能轻言放弃呢?学习古典的东西不是复古,而是为了汲取优秀的有价值的养料,为现在所用。而割断过去就是忘本,是很危险的。无论是2005年浙江高考作文题"一枝一叶一世界",还是2006年的"生有所息/生无所息",都为我们提供了很好的阅读与写作导向以及考试的命题方向,是值得我们语文教育工作者深思的。

2. "今年的作文命题增加了智性因素,引导学生反思自己的价值观,是一个有思辨性的作文题,尽管学生对作文题的理解不成问题,但学生生活阅历不足,思辨能力也普遍不够理想,因此,要深入思考谈论这一厚重的话题有一定难度。"(引自《2006年浙江省高考语文命题权威点评》)其实任何一个作文题都存在成文易出彩难的问题,所以平时要多阅读,勤练笔,提炼我们的思想与情感。可以说,没有良好的阅读就没有真正的写作。如何在有限的时间里进行比较有效的阅读呢?选择经典就是明智的举动,而我国古代的优秀文化就是取之不尽、用之不竭的宝贵财富,我们要好好利用起来。当然,要做到活学活用,要与我们的实际生活相联系,做到古为今用,不断丰富我们的思想,提高我们的思维能力。

并在平时的阅读与练笔中逐步锤炼自己的思想与情感,为我们的学习服务,为自己的人生奠基。

在行走中消逝 在消逝中行走

——2007年浙江高考作文题对作文教学的启示

【真题再现】

阅读下面文字,按要求作文。

还记得你的童年吗?随着年龄的增长和思想的成熟,那些美丽的梦想、单纯的快乐似乎在一步步离我们远去。

苍茫的丛林间,玛雅文化湮没了;丝绸古道上,高昌古国消逝了。人类在消逝中进步。

行走在消逝中,既有"流水落花春去也"的怅惘,也有"谁道人生无再少"的旷达…… 读了上面这段文字,你有何感想?请以"行走在消逝中"为话题写一篇作文,可讲述你自己或身边的故事,抒发你的真情实感,也可以阐明你的思想观点。

注意:1.所写内容必须在话题范围之内;2.立意自定,角度自选,题目自拟;3.除诗歌外,文体不限;4.不少于800字;5.不得抄袭。

【写作指导】

这道被全国网友公认为2007年各地高考最有创意的语文作文题,给我的第一感觉是有诗意,富含哲理,人文性强。这题目比较贴近我们的生活,便于学生进行人生的思考,需要学生进行客观的理性分析,并表达个人的观点,而且题目符合新课程理念,有助于学生思维的可持续发展。也许单纯从标题来看,可能有些难度,但仔细阅读了"作文提示"后,你就会发现这个话题其实没有什么陷阱和审题障碍,并且提供给我们写作思路的切入点是很多的,因为作文要求我们写出自己的故事、真情实感与思想观点,给我们的自由发挥营造了广阔的空间,足以让我们"八仙过海,各显神通"。正如浙江省高考语文"权威点评"中说的,"这次作文命题在保持浙江省自主命题以来重生活、重思辨、重理性等基础上,又有较大突破——首先是话题'行走在消逝中'婉约温情,言简意赅,将现实的鲜活性和历史的厚重感、哲学的深邃性和文学的诗意美,独特的个性体验和普遍的共性观照等融为一体,无疑给考生搭建了大显身手的宽广平台。"

一、对题目的解读

"行走"表面上看是指一般人在路上的行走,但从题目提示中我们可以感知"行走"应该理解为人的成长、人类的进步、社会的发展等比较妥贴;"消逝"可以理解为宝贵事物从我们生活中远离消失;因此无论我们个体还是整个社会在具体的行进中都要学会选择,学会放弃,在选择中放弃,从辩证法的角度来看,这是一种理性的扬弃。

1.如何对待人成长过程中的得失成败的问题。我们要理智对待我们成长中的事情,学会辩证地看问题。得到了,不沾沾自喜;失去了,也不愁眉苦脸。因为我们都是在失去中成长,在失落中前进,在错误中进步的;成长需要我们付出一定的代价,交一些"学费"。因此,我们要学会正确对待人生中的成败。"失败是成功之母"是真理,但不能忘了"奋斗是成功之父"的诤言。我们知道失败也是人生中不可避免的,人生就是由无数的失败组成的,一旦失败,就放弃,不努力了,那么,我们就永远不能成功。我们应该经得起失败的考验,即使屡战屡败,也要屡败屡战。虽然在行走中不断消逝,但依然要在消逝中继续行走,因为消逝是为了激励我们更好地行走。例如火箭要想升上高空,必须要让自身的一些东西不断地"消逝",否则负担太重,人生之梦是难以实现的。所以,我们要调整自己的心态,淡化痛苦,积极向上,乐观向前。

2.如何看待人类进步、社会发展的问题,包括文化、思想、政治、经济等方方面面。人类的进步不是一朝一夕能完成的,必须靠一点一滴的积累,逐步经历由量变到质变的艰难过程。当然,在整个过程中,我们必须做出一些选择,抛弃某些东西,让许多我们依恋的东西"消逝"。当然其中可能会有许多疑惑、彷徨、痛苦,但为了我们的明天,我们必须有一些牺牲。有时,我们会走一些弯路,犯一些错误,在曲折中进步。不管怎样,我们人类一直没有停止行走,一直在向前行走。因为消逝让我们的世界更精彩,消逝让我们更智慧。

总之,这是一个成长的话题,人类进步的话题,更是一个成功与失败的话题,你可以记叙,可以抒情,可以议论;只要你露出自己的真情,亮出自己的真实想法,说出自己亲历的故事。你也可以写随笔,引经据典,娓娓道来,用娴熟舒畅的语言构建自己的美丽思想殿堂。但你不能简单地罗列一些"行走在消逝中"的现象,做一些材料的堆积工作,这样只能将自己的思考停留在肤浅的表象,没有什么深度;你要多一些自己的理性思维介入文章,将自己的思考由感性认识上升到理性认识,让智慧发光;同时最好能综合运用多种表达方式,叙议结合,适当抒情,这有助于主题的恰当表达。正如《浙江省高考语文命题思路》中说的,"这作文题具有很强的包容度与开放性,提供给考生的话题语料,既优美典雅又引人深思,其目的是引导学生进行多层面、多角度的思考。学生既可以写情真意切的记叙文,也可以写富有哲理的议论文。当然,如果两方面结合夹叙夹议,则更可得兼收并取之效"。

二、对作文教学的启示

高考作文题是语文学习的一种导向,总是给我们带来许多启示。

1. 我们要认真品味书本中的经典作品,让经典成为我们学习作文的营养。如王勃的《滕王阁序并诗》,我们可以从中学到许多东西,如作者真实的情感与健康的思想——虽感慨人生际遇,抒发命运多舛,却能坦然面对,奋发向上,积极进取;作为骈文,多用对偶,句式整齐,语言优美;而且多用典故,凝炼概括地引用历史事件,材料丰富厚实,人文积淀深广。这是一篇需要我们仔细研究的作文范例,它包含了一篇优秀作文应该具备的元素,如立意与思想情感的把握,素材的巧妙运用,语言与表达方式的选择等等,值得我们作文时学习借鉴。

2. 多读课外书,增强人文积淀。"书中自有黄金屋",课外书是我们取之不尽的精神财富。我们应该多读新闻报纸,读优秀时文,读经典古诗词,注意素材、思想情感与人文的积累。只有做到了"读书破万卷",才能在作文时"下笔如有神"。为了有效积累素材,我们还可以进行语文专题性的研究学习。如对古代豪放派诗歌的研究,了解李白、苏轼、欧阳修……一大批仁人志士的思想轨迹,他们虽怀才不遇,壮志未酬,却能自足自安,豁达超然,这种旷达的人生态度的确是难能可贵的。可以将这些感想写成片段作文,比较容易积累。

3. 重视表达自己的观点或抒发自己的情感。《浙江省高考语文权威点评》特别强调落实"文中有我(人)",要求考生充分体现自我。无论是在作文材料里还是在提示语中,都集中突出一个"你"字,如"你的童年""你有何感想""你自己或身边""你的真情实感""你的思想观点"等,这样的明确指向和反复提醒在高考命题中前所未有。故叙述自我体验,抒发自我情思,表达自我认识等,也是今后高考作文的重要趋势。所以,我们在平时的训练中,要学会表达,多思考多练笔,多写贴近时代与社会的文字,提倡写生活作文,进行真情的个性化写作,将自己的生活体验,自己的真实思想写出来,并选择自己最擅长的写法(表达方式),多进行语言的锤炼,思想情感的锤炼。"功到自然成",秀出精彩的自己。

4.重视文学教育,进行文学写作。杭州市作家协会副主席、国家一级作家赵冰波认为语文的应试教育理念,正在发生改变。联想到 2007 年的高考作文试题,我们可以感受到:文学,正在以明显的倾向性融入作文教学。文学,正在以相当快的速度回到它在语文教学中原本应有的位置。这代表一种考试方向,今后高考依然会如此。

《语文考试大纲》要求学生作文"用词贴切""文句有表现力",这是在语言通顺的基础上提出的高一层次的语言标准。或是用词贴切,或是句式灵活,或是善于运用修辞手法,或是文句有表现力,这些也都是有文采的表现,这些语言标准为文学写作的介入提供了良好的保障。

所以,我们的语文课要重视文学教育,并进行必要的文学写作训练。

精美例文

在消逝中飘香

浙江一考生

静静的睡梦中听到种子破土而出的声音,向往阳光,那么就努力地生长,离开畅想,行走在消逝的记忆中,绽开生命的芬芳,让我在消逝中一路飘香。

生命是一条奔流不息的河,那么童年便是过河前的瞭望,不知道河水的湍急,只会躲在童话的角落里梦想。那些蹲在书架前久久不愿离去的孩童中有我的身影,幸福地联想着王子与公主的故事,牵引我走向成长。

当我捧起笛福的游记,我知道时光带来了我的单纯,带走了我对童话的迷恋。当我向往的是战场上的英雄儿女,向往的是苦难中文人们艰难的生活中铁一般的毅力,向往的是人类哲思的一隅。我知道我告别了我的年少,走出了日益模糊的记忆。

南国多情的雨中,当我看到残花已去,新的花蕊在芳泥中绽放生机。我知道,虽然消逝了许多,但我一路前进,孤傲地在时光的轮印下穿行,在消逝中飘香。

当那个枯瘦的老头在茫茫的大海上拼搏,海明威告诉了我坚强;当那个面对滚滚长江叹道"一蓑烟雨任平生"的墨客洒脱地离去,他告诉了我旷达;当凝望静静的瓦尔登湖的老人融入自然,他告诉我生命的美丽。

穿梭于余秋雨的"文化苦旅",漫步在戴望舒的幽长雨巷,沉思了钱钟书的《围城》。我坦然地笑,回望那消逝的长路,也许我失去了单纯,但我收获了成熟。是什么让我顺着童话牵引的路,扯出了广博的文学之路?让我甘愿做文化的俘虏?

是一种更趋成熟的理智将年少的梦延续,让它在我的心头扎根,发芽并疯狂地生长。消逝中我是快乐的,我在前行,沿着心灵的路。

走出"流水落花春去也"的惆怅,春去了还会来,花谢了还会开,明朝的花会比今朝的更红,只要我们铭记我们的方向,在消逝中成长,在消逝中飘香。

我行走在消逝中不断成长,正如那种子破土而出,向往阳光。我有我的梦想,人生的花儿开放,传递的是沁人的芬芳。沿着苏马的路,沿着海明威的路,沿着余秋雨的路,在消逝中成长,在消逝中一路飘香。

【高分探秘】

这是2007年浙江高考语文的一篇满分作文。文章的最大特点是:

一、立意深远,表达内容切合题意,行文思路清晰,表明了作者对话题的高度领悟与把握;"在消逝中飘香"体现了一种积极的人生态度,让人感到温暖。

二、作者阅读视野开阔,人文积累厚实,对典型事例、材料的选择与概括比较老练;引经据典,自然潇洒,运用得恰到好处,并为表达主题服务。

三、诗一般的叙述语言,丰富的想象联想,整句散句和多种修辞的运用,显示了作者相当好的语言功底。

关注当下生活,热爱文学读写

——由2008年浙江高考作文题想到的

应该说2008年浙江省的高考语文作文题《触摸都市或感受乡村》,比起2007年的《行走在消逝中》,考生在审题上更容易把握,内容上更有东西写,可以做到人人有话说,趋于"人之常情"。专家在点评作文题时说:"引导学生关注当今的时代,体味自己的生活,抒发真实的感受,是自主命题以来,我省作文命题的一贯追求,这一追求在今年试卷中通过改变题型、圈定更具当下色彩的写作范围等手段落到了实处。今年的作文,一改连续四年的话题作文,要求以'触摸都市'或'感受乡村'为题写一篇文章,审题难度并不大,人人有话可说,但要写出佳作也不容易,可以拉开档次。"我们知道,要成功写好一篇文章是不容易的,决不是一蹴而就的,需要我们日常的日积月累。

一、学生要关注当下社会生活，不要做死读书的现代书呆子

有专家在试卷评点中说："今年的标题作文，受'触摸都市''感受乡村'的语义制约，重点只能是'触摸当今的都市'和'感受现在的乡村'，即使写上个世纪的都市或陶渊明时代的乡村，也只能作为'现时'的一个映照和表征。此类命题使'生活'得以凸现，真情得以释放，能力得以发挥，素养得以体现，能积极引导学生跳出故纸堆，去感受和触摸生活。"所以，学生不但要读有字的书，更要读无字的书，就是读我们的日常生活，关心我们时代的发展。由于平时学生学业任务重，因此我们可以读报，那里有许多来自生活中的鲜活素材，都是我们作文的好材料，当然要注意素材的积累与分类管理。如《钱江晚报》，关注民生为百姓是永恒的宗旨，每天为我们展现了一道道现代都市的亮丽风景；但同时也非常关心乡村的进步，如为浙江乡村文化建设摇旗呐喊；也关注在浙江的外乡人生活，组织与外乡人一起跳舞等精彩活动；这些都是好素材。当然，要写你熟悉的有把握的，又有地方特色的内容，这样就容易写深写透。

二、热爱文学，进行文学阅读与写作

无论是2007年的《行走在消逝中》，还是2008年的《触摸都市或感受乡村》，题目都有诗意，文章更需要人文底蕴的支撑。而我们学生平时将有限的时间全部投入到无限的作业习题中去，无时间没心情去进行文学阅读，更不会进行文学写作。这种单一的学习方式是短视的，也违背新课程理念的，是不利于学生的终身发展与全面发展的。正如杭州市作家协会副主席、国家一级作家赵冰波所说："语文的应试教育理念，正在发生改变。联想到近年的高考作文试题，我们可以感受到：文学，正在以明显的倾向性融入作文教学。文学，正在以相当快的速度回到它在语文教学中原来应有的位置。所以，请多亲近文学吧。"

而作文需要我们一点一滴的积累，不仅仅积累知识，更积累情感与思想。如果没有大量的阅读做基础，是造不好作文的大厦的；如果没有平时大量的练笔，也难以成就考场的辉煌。因此，那些真正注重校园文化，苦心经营文学社团的学校，他们的文学社学生必会在考场作文中得心应手。

三、角度切入点要小，立意挖掘要深

都市也好，乡村也罢，范围都比较大，考生不可能什么都写，也写不完，再说我们也不可能什么都了解，只有选择我们自己熟悉的东西；问题是你熟悉的，大家都熟悉，如果人云亦云，也就没有什么新意了。所以，既要是自己熟悉的，又要有独特的东西，当然是有难度的。这就需要我们平时做个有心人，而不是临时抱佛脚。平时要注意多观察,多思考,从多角度思考;多读书,多看报,多从报刊中吸收灵感,学习作者的思考方式。如与外乡人一起跳舞、乡村文化等都是现代都市与乡村的新生活,新精神,新气息;而且这样的角度切入点也小,立意上挖掘也深。当然,还要考虑如何运用这些素材,不能全盘照抄,否则就成了抄袭了。

四、诗歌除外,并不等于不要诗情

诗歌除外,是高考作文永远的痛,但又是很无奈的事。但我们不能因为高考不许写诗,平时就不训练写诗了。如果是这样那是很功利的,得不偿失的。因为写诗能凝练我们的语言,能锤炼我们的思想,能丰富我们的情感。写诗可以促进我们的写作思维,提高我们的写作能力。同时,无论是 2007 年的、还是 2008 年的作文题都适合写散文、随笔,都需要诗一般的语言,离不开诗情画意。而语言的成功往往是作文成功的基础。

因此,我们作文要立足于现实生活,多读书报,多读生活,多思考,多练笔。只有这样,才能驰骋考场,春风得意。

作文进入平民时代,积极应对新高考

——2009 年浙江高考作文的启示

一、高考作文新趋向简析

浙江高考从 2004 年自主命题以来,语文作文连续 4 年考了话题作文,如 2004 年的"人文素养与发展",2005 年的"一枝一叶一世界",2006 年的"生有所息/生无所息",2007 年的"行走在消逝中"。

2004 年作文题所选材料是"某省关于人文素养的调查分析报告",让考生直接参与对人文素养的叙事或评说;2005 年的材料不少来自于诗词,如:"一叶落知天下秋","春色满园关不住,一枝红杏出墙来","一叶飘落而知秋,一叶勃发而见春",让考生在寻常事物中发现大千世界的缩影,以无限破译有限的"一枝一叶一世界";2006 年的材料是古人的话,要求考生以"生有所息"或"生无所息"为话题展开自己的联想;2007 年的材料则是"随着年龄的增长和思想的成熟,童年那些美丽的梦想、单纯的快乐似乎在一步步离我们远去。苍茫的丛林间,玛雅文化湮没了;丝绸古道上,高昌古国消逝了。人类在消逝中进步。行走在消逝中,既有'流水落花春去也'的怅惘,也有'谁道人生无再少'的旷达",请考生以"行走在消逝中"为话题,或讲述自己或身边的故事,或抒发自己的真情实感,或阐明自己的思想观点。

应该说这四年浙江的作文题很有人文底蕴,又充满哲理,能考查学生的人文积淀与思辨能力;而 2005、2006、2007 三年的题目更有诗意,可以让学生陶醉在中华五千年历史蕴藏的诗文海洋里尽情遨游。可以这么说,这些作文题的档次还是比较高的,属于作文题中的"阳春白雪",可以说这几年是浙江作文的贵族化时代。

然而,从实际考试情况来看,存在的问题也是明显的,这些题目也容易让考生大量复制套话作文。学生能熟练使用屈原、司马迁、陶渊明、李白等一大串名家的材料,而且在文中动不动就一大段地粘贴,而且都是三个典型事例。这样,考生的作文就深深地潜伏在古代大家的故事里优哉游哉,似乎不愿回到现实生活中来。当然,这与整个教育氛围,尤其是中小学语文教学的长期熏陶有着密切的关系。因此,为了从源头上切断套话作文的写作,2008 年浙江省高考语文作文改用新命题作文:以"触摸都市或感受乡村"为题写一篇文章;明确了当代意识,拒绝套话作文,让高考作文从天上回到人间。

如果说 2008 年的作文题还是一种过渡的话,那么,2009 年浙江高考作文题就足以证明浙江高考作文已经进入了"下里巴人"的平民化时代。2009 年作文题是以《绿叶对根的情意》中的一段歌词为材料,要求学生理解"叶"与"根",和"你"与"我"的关系,然后展开联想,"可以比喻游子对故乡,国人对祖国,也可以比喻孩子对父母,学生对老师,还可以把根比作生活的环境、生存的文化土壤,还可以从不同角度写其他事物或者个人爱好,或者写让自己成长的精神滋养等"(浙江省特级教师 胡勤,缪水娟),引导考生表达真情实感。这首毛阿敏演唱的流行歌曲,对考生来说可能是陌生的,但主题应该不难感知,所以,基本不存在什么审题障碍。

二、平民化作文的亮点解读

这样的平民化作文题有什么好处呢? 我认为:

1. 作文题回归平凡与简单,语文离生活越来越近了

2009 年浙江高考作文题让社会大众觉得一般,让考生反应普通,让押题者大跌眼镜。是啊,根据《绿叶对根的情意》的歌词来写作,内涵就是主旨,除了亲情、感恩等这些老生常谈的东西,好像也写不出什么了。因此,人们认为作文题太平凡与简单了,没有什么神秘感。这与人们寄予高考作文题太多的厚望有关。其实,你想一想,都什么年代了,浙江这几年高考招生数都达到 80% 了,高考早就从精英选拔进入大众时代,应该淡出人们谈话的兴奋点了。因为当高考仅仅

是我们生活的普通一部分时,我们的时代才算真正成熟了。所以,不要人为地给高考太多压力,不要片面地给作文太重的希冀;因为高考作文题不是折磨人的,更不是捉弄人的,"简单与平凡"是高考作文的最高境界;我们应该让语文离生活近一点,再近一点。

2. 有利于考查审题立意、材料选择与语言表达的基本功,体现高考的公平原则

作文是检测考生语文运用能力的一个综合手段,要求考生有多年的语文积累,而不是一朝一夕能加工出来的。有的考生有投机取巧之心,往往在考前预备好一两篇优秀作文,然后准备在考试时套一下。而高考作文阅卷时间十分紧张,平均每篇只有 90 秒钟,因而,老师往往看不出来,就让一些考生钻了空子,这是非常不公平的。而"平民"高考作文题,就不需要有什么特殊的准备,作文完全在我们生活的有效范围内,信手写来就是了;同时,即使再容易的作文题要写得好,都是不容易的,能充分检测你的审题立意、材料选择与语言表达的基本功。所以,这类作文题能真正考查考生的能力,体现高考的公平性。

3. 有利于考生抒发自己的真情实感,强调现实关怀,抛弃害人的套话作文

也许有人不太稀罕亲情与感恩的话题,认为这是小儿科的东西,没有什么档次;但别忘了,我们所缺乏的恰恰就是这些最基本的做人素质。是的,现在我们的物质水平明显提高了,眼界也大大开阔了,但我们许多人的精神涵养有多少呢? 你只要留心我们的日常生活,关注一些新闻报道,你就能清楚我们的生活中还有许多需要不断完善的地方,尤其许多人不知感恩为何物。如果我们的高考远离生活,即使我们的考生写出水平再高的作文,又有什么意义呢?"提倡考生关注现实,关注人生,感悟人文精神,活跃思维,展现个性,抒写真情实感。对考生有很广的选材与思考的空间,'根'与'你'的指代体可大可小,内容富有弹性,同时贴近生活实际,让考生有话可说,有自由发挥的余地。"(《2009 年浙江省普通高考命题思路·语文》)因此,作文要注重自我体验,要引导学生从自己的认识出发,去观察、思考社会的发展变化,真诚表达自己的真实感受,不要空谈,抛弃套话。

三、应对高考作文的做法举例

面对这样的作文趋势,那么,我们该如何积极应对新高考呢? 我认为:

1. 摆正心态,不好高骛远,立足于日常作文训练,重视作文基本能力的培养

我们教师应充分相信《考试说明》上的要求,确保学生基础等级的落实,重

视日常训练,从基本能力抓起,包括"符合题意;符合问题要求;感情真挚,思想健康;内容充实,中心明确;语言通顺,结构完整;标点正确,不写错别字"。千万不要丢了基础,而让学生一味去求新求异;平时不在乎基本功的练习,却希望通过一些小聪明去赢得高分,譬如思想故作深刻,内容哗众取宠,形式诡秘奇巧,语言美艳晦涩等等。这是不可取的,得不偿失。我们只有做好了自己的根本,再在这个基础上去有所发展,包括思想深刻、内容丰富、有文采、有创新等,才能在作文中取得令人满意的成绩。

2. 关注当代,关心生活,多读书读报,做好材料的积累,多写心得

"两耳不闻窗外事,一心只读圣贤书"的时代已经过去,我们要教导学生转变观念,大胆地融入火热的生活,要做生活的主人,不要成为书本的奴隶。这既是新课程对我们的要求,也是高考作文的新导向,更是大时代对我们的真诚呼唤。因此,我们要安排时间到街头、社区、工厂、农村看看走走,呼吸生活的空气,既开阔眼界,又锻炼自己的能力,何乐而不为呢?鉴于时间紧张,我们不可能经常去参加社会实践,那么,我们可以读书读报,了解祖国的变化,了解民生民情,与生活保持亲密的关系,正所谓"秀才不出门,能知天下事"。同时,我们要勤于积累鲜活素材,或做笔记,或剪贴,心里有想法,马上可以写点心得体会,练练笔;过些日子,再翻一翻,巩固记忆,如果有了新的感觉,可以补充文字,丰富思想,冶炼真情。肚里有东西了,还怕作文时没话说吗?

3. 珍惜模拟训练,注意作文细节,养成良好应试习惯

每年高考前各地都要安排两三次统一的模拟考试,再加上自己学校举行的综合训练,应该说平时练习考场作文的机会是很多的,那么,老师要引导考生好好珍惜每一次训练机会,真实地测试自己的水平,查漏补缺,逐步提高。因为作文的提升不是一朝一夕完能成的,需要自己不断反思,刻苦努力。同时,还要指导学生尽可能养成良好的应试习惯,注意细节。譬如要有足够的时间进行审题;选择自己最拿手的文体写作;为了不跑题最好列个提纲;拟个好标题;段落不要太少,以 5~7 段为宜;一定要有结尾;注意点题;书写工整等。我一般要求学生有一小时(最少 50 分钟)的时间进行作文,10 分钟做审题立意、选文体、列提纲的准备,然后再作文;写前考虑周到,写时一气呵成,这样才能确保行文的顺利。

"文化反哺"，我们准备好了吗

——2010 年浙江高考作文的感想

2010 年浙江高考作文题是给材料的命题作文,题目是《角色转换之间》,说鸟有情感反哺,人有文化反哺,年轻一代在影响着年长一代,施教者与受教者的角色正在发生转换。类似的生活体验,应该说每个学生都有过,但考生却普遍叫难,说难在精心备好的材料用不上。但我认为难在我们家长平时没有给孩子反哺的机会,我们的教育环境还没有为下一代的文化反哺做好充分的准备。

"文化反哺"一词出自美国文化人类学家玛格丽特·米德的《文化与承诺》,她从文化传承的角度将文化分为三种基本形式:前喻文化、并喻文化和后喻文化。其中后喻文化就是长辈反过来要向晚辈学习。而从传统文化(主要是指前喻文化)的角度,家长在孩子面前是绝对权威的,往往说一不二,孩子只能服从与听话,否则就被认为是叛逆的坏孩子,是要遭到公众舆论的谴责。但现在时代迅猛发展,人们的观念也日新月异,而我们大多数家长还是以老眼光来看待自己的孩子,依然将孩子当作自己的私有财产,于是发生了许多父母与子女之间的冲突。感叹现在的孩子真难管的家长有之,抱怨自己的孩子太不听话的更有之。其实,孩子与家长在文化知识、生活追求、人生理想、价值观、审美观等许多方面是存在差异的,如果我们家长将自己的观念强加给孩子,那么往往会得到他们无声的抗议甚至是激烈的争议。显然,家长不能或不想接受孩子的新理念,同时也不能轻易改变自己孩子的想法与做法。

面对这种尴尬的局面,我认为家长与其让僵局更僵,还不如主动接受孩子的观念,因为接受了孩子的观念、想法就是适应了这个崭新的时代。

第一,我们家长要树立与孩子平等相处,与孩子平等做朋友的理念,不强势不命令,蹲下身子虚心向孩子学习。不要觉得这样做是没面子的事,更不是迎合时尚的作秀而要出于真心的觉悟。家长要从内心改变自己,将孩子当成独立的人,虽然他们吃我们的,穿我们的,用我们的,将来可能还要靠我们。但我们要从人格上彻底尊重孩子,让孩子自己走路,少点干涉,努力创造和谐友爱良好氛围,为孩子的文化反哺提供可能。

第二,我们家长要先从情感上使孩子学会反哺,学会感恩,为文化反哺建立基础。我们可以给孩子机会,平时让孩子帮忙做家务,要放手让孩子去做,不要不放心,哪怕做得不好,也没关系,因为孩子的能力是需要逐步锻炼提高的。还可以利用母亲节、父亲节等具有特殊意义的节日，引导他们给别人献爱心，鼓励他们自己做主设计活动，让孩子觉得自己很重要，自己能为爸妈做有价值的事，让他们对未来有信心。

第三，有了情感的反哺后，文化反哺也就顺理成章了。那么，具体怎么做呢？

1. 主动营造家庭学习的氛围，我们要构建家庭文化学习的共同体。家人可以轮流坐庄，宣讲有文化内涵的故事并自己作点评；要多给孩子发表自己见解的权利，如果孩子的想法与我们有出入，要真心尊重，不要指责，极力让平等交流成为家庭学习共同体的主要风格。

2. 家长要主动向孩子请教自己遇到的新困惑新问题，要不耻下问，如电脑、时尚、流行音乐、网络语言、足球等，让他觉得这是一种必要的义务，并逐步养成孩子帮助大人学习新知识的习惯。

3. 让平等交流新文化成为家庭的日常功课，如一日三餐，并坚持下来，成为规律，千万不要刻意为之，让孩子感到演戏的别扭。清新自然才能赢得孩子的芳心，使文化反哺成为一种有效的行为，成为我们时代的标记。

朋友们，让我们一起努力，让"角色转换之间"充满温馨与真诚，让"文化反哺"成就我们美丽的梦想。

关注自我，规划人生

——说说2011年浙江高考作文题

今年浙江高考语文作文题是"我的时间"，还是材料加命题的作文。请看一看题目内容：

一代人有一代人的偶像，如钱学森、袁隆平、宗庆后、张艺谋、马化腾、刘翔等等。作为行业成功者，他们有无数的崇拜者。他们做过什么，怎么做的，写进了种种励志读本。然而他们的成功很难复制，时间在变，万物在变，一个人的成功之路也在变。时间不是一个抽象的概念，春、夏、秋、冬季节更替，时间随着指针分分秒秒在流失，而人生历程随着大大小小的悲喜而成过去，错错对对的选择构成未来。所以，人生的真谛不是复制别人的成功，而是在合适的时候，做适合自己的事情。请根据材料，以"我的时间"为题，写一篇作文，字数不少于800字。

要求：①选择角度，明确立意。②除诗歌外，文体不限。③不得抄袭，不得套作。

应该说,今年浙江作文题与前两年一样,力求时代性、人文性、开放性、创新性的统一。具体地说:

第一,关注自我,贴近生活。这样的题目对每位考生来说都是有话说的,因为我们每个人都实实在在地拥有自己的时间。如果说,当代人需要关心"人与社会"、"人与自然"的关系,那么,关心"人与自我"更是新一代学子的必修课。因此,本次作文可以叙事、议论,也适合抒情。

第二,表现自我,规划人生。当我们越来越多的青少年崇拜各类偶像,成为忠实的"粉丝"时,我们应该考虑一下:成功的人生能否复制? 也许一种理智的做法就是:"人生的真谛不是复制别人的成功,而是在合适的时候,做适合自己的事情。"因此,作文所给材料已经为我们的考生作了明确的导向。考生可以回忆"过去",述说"现在",更可以畅想"未来"。只要紧紧抓住"我的时间"即可。

第三,抒写自我,远离套作。考试作文的特殊要求,其最突出之处在于严防套作。让限时作文与早有准备修改完善的文章同步比赛,那是最大的不公平。所以,浙江从 2008 年高考开始放弃了使用四年的话题作文形式,改为材料加命题的新命题作文,就是为了从源头上遏止套作作文的大批量生产,并为高中语文教学传达一种积极的作文导向。今年的作文题显示了高考命题组对这一标准的坚持。

语文随笔交流式评语的尝试运用

教师对学生随笔的批改应该与大作文一样,不要区别对待。不要因为是学生的自由随笔,不是大作文,就随便批改。如果随便批改,这样的次数多了,学生对随笔的重视程度就会降下来,就随便写写。因为随笔同样是学生的劳动果实,我们要同等尊重,真诚对待。只有这样,我们才能真正走进学生的心灵,成为他们真正的朋友。

《语文课程标准》在评价建议中明确指出,"评价的根本目的是为了促进学生语文素养的全面提高,评价应根据不同的情况综合采用不同的方式"。作为作文教学的随笔写作的评价,同样要根据不同学生不同文本的不同情况采用不同的方式,对"写作过程与方法、情感与态度"进行有针对性的点评,而不是千篇一律、千人一面地进行程式化评价。因此,在新理念的指导下,我结合自己学生的实际,在对学生随笔批改的过程中主要采取了"交流式评语"的评价方法,做了一些尝试运用。

一、恭喜式交流

学生遇上好事了,心里就藏不住,希望有人来分享,老师也是他们选择的对象。不过,一般情况他们不会主动来与你口头交流,而随笔的优点就是为师生情感交流搭建起了桥梁,于是你读到了他的幸福与快乐。譬如,她被选上学校的学生会主席了,他在学科竞赛中获奖了等等。这时,老师的评语就是恭喜式的鼓励,如"你真的很棒,相信以后的你会更棒";"获奖仅仅是你起飞的开始,你的人生必将在一次次的收获中变得越来越丰厚"等等。

二、勉励式交流

因为随笔经常是自由的心灵写作,所以往往能表达学生的真情实感,能打动语文老师的心。面对学生写得很好的真情随笔,除了指出文章好在什么地方外,还要积极鼓励他,勉励他,希望他继续努力,相信自己会越来越好。例如学校举行了十八岁成人仪式,有个女生写了《我长大了》,写得很有气势。我就勉励她:"长大是美丽的,为了自己的青春更美丽,请在以后的人生中主动地、积极地成长。不管有多少风雨,一定要坚持自己的梦想,让优秀陪伴你生活的每一天。"

学生是有个性差异的,但他们都渴望得到老师的表扬,所以我在随笔评语中不吝赞美之辞,我会在每一个学生的文章后都写上一句赞美的话,如"你的字真端正","你的感情很真实","你很幽默","在跑道上你们都是优秀的","付出总有回报,努力让你出色","为自己加油","转折是美丽的,我们没有理由悲哀","善待自己,发现幸福,享受学习","你已在优美地飞翔"等等,给学生以学习信心的鼓励与保护。

三、安慰式交流

考试考差了,压力很大;失恋了,心里很苦恼;人际关系紧张,很郁闷……这一系列的事都会流露在学生的笔端,让你免费倾听他们的真情诉说。这时,他们最需要你的兄长般的安慰,父亲般的体贴,希望得到你心灵的抚慰,给他们心灵的鸡汤。

你要设身处地为他们着想,如:我能理解你现在的心情,我仿佛看到你一个人在风中孤单的身影。请你抬起头,因为你的前方有一个你忠实的朋友——我来了……重新再来,一切都会好起来的,因为乌云不可能永远遮住阳光;失落时,一定要鼓励自己,坚持,坚持,再坚持。

如果因为父母的期望值过高,而学习难度增加,学习遇上许多困难,那么就要鼓励学生有信心,不气馁,"因为困难,所以美丽;因为挫折,所以灿烂。"当他感到自己的无奈时,就告诉他"世界本来就是不公平的,要学会调节心态,降低对他人的要求,善待自己,以平常心对待"等。

四、引导式交流

看到学生学习有困难了,要积极引导,努力帮助。任何抱怨都无济于事,我们能做的就是尽心尽力。例如有的学生不习惯写随笔,觉得无话可说,于是就从报刊上摘录一篇,算是交差。肯定他"将随笔当成一件事来完成了,而且很有眼光,那是一篇美文";鼓励他"不用怕,可以循序渐进"。摘录两次后,你建议他写一句自己的感想,及时表扬鼓励,"虽然只有一句话,却点到了关键处,好",首先让他尝到甜头,再慢慢加量,等到能说一段感想了,就鼓励他自己写,写自己熟悉的人与事,一步一步将他引进门。

有学生希望高中学习生活早点结束,在随笔中写到:"整天的周而复始的学习,盼望着车站的到来。"我给他的评语是"这站到了,又有下一站,好好欣赏沿途的风景,并努力使自己成为一道美丽的景观。"既是交流,更是引导。

五、感谢式交流

有些学生不吝惜在自己的文章中说老师的好话,也不怕人家说他拍老师的马屁。高一一开始,我读到有的学生写"我的高中语文老师",写对我的良好印象,夸我知识渊博,语言风趣,有吸引力。虽然文章语句不太通顺,错字也有,可我耐着性子仔细批改,还认真写上评语:"谢谢你的鼓励,愿我们一起努力,将语文学习进行到底。""谢谢你的表扬,老师会继续努力,让我们一起创造语文新课堂"等。

六、冷静式交流

学生的个性迥异,既然有人说你好话,也会有人敢说你坏话。遇上个厉害的角色,会在随笔中写上一大段。你看了,心里不太开心,这时你不要急于写评语,让自己的头脑冷静下来。学生可以误会你,说些偏激的话,但你不能,你要用你的冷来浇他的热,缓解紧张的关系,"解铃还需系铃人";如果说得有道理,自己也要认真地反思,对自己的教育方法作一些必要的调整。肯定他能讲心里话、真话,对我的信任与负责。

例如高二文理分科时,我的理科班来了许多新同学,不久他们都能适应我的教法了。可是一位男生在随笔中毫不客气地说自己不喜欢我的课,还说那些喜欢我的课的同学太没水平了。他直言不讳地告诉我他喜欢原来高一时的语文教师的课。我先将他的随笔放在一旁,在自己的情绪冷静之后,我再研读了他的文章。我发现他抱怨现在的班级,因为高一时他是班级的副班长,而现在什么也不是,感到自己难以融入新的班集体。看来,问题的关键在这里,于是我非常善解人意地写了评语:"我尊重你的话语权,我能理解你的现状,我也看得出你的失落。你的直率与我的个性很相近,所以我喜欢。我会与你好好谈谈,但不会让你一定喜欢我。我将尽力照顾到你的感受,给你参与语文课堂的机会,但很难为一个人而改变自己的教学风格。所以,希望你与我多交流,我也会尽量与你多交流。我相信在交流中,我们必能成为朋友,也许还是很铁的朋友……"同时,我将他的情况与班主任取得联系,班主任与他长谈了几次。后来,他渐渐喜欢我的课了。

七、商榷式交流

有的学生喜欢在随笔中向你提问,或与你探讨问题,或质疑,你要保护他的积极性,即使他错了,也要好好说,鼓励他,可以告诉他错了没关系,学校就是你出错的场所,老师就是为你出错而准备的,此时不错更待何时。例如沈同学总是喜欢在随笔中与我探讨课文内容,什么祥林嫂到底为何而死,《罗米欧与朱丽叶》为什么是悲喜剧,孔子为理想"知其不可而为之"傻不傻……面对这些课堂上已经涉及的话题,他总有许多自己的想法,如对祥林嫂的死因,他说"我能否想象成她被鲁镇丐帮帮主所杀,因为帮主希望与她成亲,但她考虑到自己好歹也是出身名门,所以不同意",当然,我首先表扬了他的想象力,但我们对课文的理解必须要尊重文本,尊重作者,尊重历史的真实,更要尊重语文,否则那种另类解读是有害而无益的。我的评语既要有原则立场,也要保护他提问的信心。

总之,随笔的交流式评语要因人而宜,因事而宜,因情而宜,因理而宜。要根据不同的情景情境,选择适宜的交流方法,才能保证随笔的良好效果。

高考作文不可能取消

读了 7 月 12 日《青年时报》上杜渐的文章《高考作文必须取消》,感叹颇多。我为杜渐强烈的责任感所感动,但我认为,高考作文是不可能也不应该取消的。

当许多省市的高考命题逐步淡化客观题注重主观题的新形势下,我们要取消主观色彩最浓重的作文题,是不现实的;当其他省份的作文题都纷纷由 60 分增加到 70 分,甚至经常能听到专家建议"语文高考只考一篇作文"的呼声时,我们要取消作文测试,显然是不可能的。事实上,我们浙江高考为了考察考生的主观思想、情感的表达力,对 2009 年新高考以来的客观选择题做了量的下调。而我省这几年的作文题体现了新课标的先进理念,力求时代性、人文性、开放性、创新性的统一,积极倡导考生关注当下,多读书报,练好写作基本功,并进行真情表达,鼓励个性化的创新作文。应该说,这个方向是正确的,毋庸置疑的。

既然"高考作文不可能取消",那么,如何采取切实有效措施以确保作文评分因阅卷老师的主观因素而导致误差呢?

首先,网上阅卷为考试的公平性提供了可能。每一篇作文都是背对背两个教师批阅的;如果他们之间的误差超过5分,就有第三位老师对该文进行三评;如果还有出入,就有专家组进行评审。应该说,绝大多数作文均不需要三评教师参与的。据悉,今年我省作文阅卷全部由来自全省各地高中有丰富经验的一线教师担当,他们对评分标准的把握等基本素养是值得信赖的。

其次,"零分作文"的评判应该是慎重的。这是评卷专家组给老师们下的命令,而且初审一旦出现"零分作文",专家组要一一进行复评,研究讨论,严格把关,因为这是对考生的前途负责。杜渐文中引用的"这个'零分'孩子,应该说是有一定的思想、判断和表达能力的,但不是我们期待中的思想、判断和表达,他走到了我们不能接受的另一面",不知是真有其事还是该文作者杜撰,以吸引读者的眼球。杜渐说"竟然因为那位孩子的思想、判断和表达不符合阅卷老师的所谓'期待',就被判为'零分'! 阅卷老师骨子里的对于异端的排斥,让人感到阵阵寒意袭来",对此,我有同感。我认为,如果该生的思想有偏激、片面甚至极其错误的地方,那么,我们可以扣除他在主题方面的分值即可,而他的语言表达是不错的,是应该得到相应分数的。如果因为"思想高于一切",给予他零分处理,那的确是不公平的。当然,这并不是说,我同意杜渐的"设置高考作文这一考试科目的目的,是旨在考察学生的汉语言运用能力,而不是考察学生的思想,也根本不适宜考察学生的思想"的看法,因为思想是一篇文章的灵魂,是不可缺失的。

因此,我提个建议,是否成立个多元专家组,分数评判不搞一言堂,当意见发生冲突时,可以平等地交流,也可采取民主投票的方式,以保障作文批阅的公正性。

总之,作文是全面考察考生语文综合能力的考题,是不可能因为个别阅卷教师的不公正行为而随意取消的。

养成作文入题快的好习惯

考试作文字数一般是800字,应该说篇幅是有限的。如何在有限的篇幅里写出一定的意蕴来,开头是很有讲究的,因为"良好的开头是作文成功的一半"。常常发现有的学生文章都写了200字了,但还没有真正进入话题,给人一种行文啰唆甚至是离题的感觉。

那么,我们该如何做呢?

第一,要了解阅卷老师的心理,在考试作文时,尽量言简意赅、一针见血,给人以"入题快"的好感。我们知道,阅卷老师批作文的时间是非常少的,一篇高考作文平均用时最多90秒。如果阅卷老师看了好久,还找不到你作文"起点",不知你写了什么,那么就不太可能给你的作文以高分,甚至是基准分。其实,我们平时与他人交流也一样,如果说了半天,还不知对方讲些什么,你是怎样的心情。参加过高考作文评卷的老师都清楚,高考中,考生作文开篇一定要快速有力地进入话题,最忌水中月,雾中花;在这个大前提下,再讲究一定的文采,使阅卷老师眼睛一亮,有兴趣读下去,才有望获得高分。

第二,平时多阅读品味开门见山、直接入题的优秀美文,多点积累。如朱自清著名散文《背影》的开头写到:"我与父亲不相见已二年多了,我最不能忘记的是他的背影。"一语就将读者带入了"背影"的情景中;如著名作家魏巍《我的老师》的开头是"最使我难忘的,是我小学时候的女教师蔡芸芝先生。"马上将读者的注意力带进了作者的世界;如朱德的《回忆我的母亲》:"得到母亲去世的消息,我很悲痛。我爱我母亲,特别是她勤劳一生,很多事情是值得我永远回忆的。"于是就进入了自己的回忆中,十分切题;毛泽东同志写《改造我们的学习》的开头一句是"我主张将我们的学习改造一下,其理由如此……"开门见山,单刀直入,不枝不蔓,这种文风值得我们学习。

第三,加强训练,逐步养成好习惯。福建省语文学会会长,全国中语会常务理事,著名特级教师王立根曾说过:写文章要讲究入题快,学生要养成这种好习惯。一学生在《阳光多温暖》一文中的开头:"一缕金黄色的阳光从窗口斜射在桌子上,照在信封上,阳光多温暖啊……"只三句话,便入正题,可谓开门见山。有学生在《愿望》作文中的开头"这个愿望在我的心里已经埋藏很久了。"落笔便点题,以直截了当的入题方式,开头就给老师一个好的印象,为最后取胜打下了比较好的基础。

所以,我们平时要加强训练,反复琢磨,逐步养成作文开头入题快的好习惯;习惯一旦养成,考试时也就不用担心了。

关注社会，真情表达

出题依据：

经过多年"话题"的轰炸，人们难免产生审美疲劳，于是，命题作文重出江湖。其实，不管是命题作文，话题作文，还是新材料作文，都仅仅是一种作文形式而已。关键是如何引导学生关注当下生活，了解社会，并善于发表自己的看法，抒写真情实感，做有文化更有思想的学生。

命题作文：墙

要求：写一篇不少于800字的文章，文体不限。

思路点拨：

墙是人所共知的建筑实体，大家都很熟悉。世上除了有形的墙，更有无形的墙。这些墙横在人们的心与心之间，挡在国家与国家之间。墙伤害着不被理解的心灵，伤害着善良的民族。面对着形形色色的墙，我们应该透过现象看清本质，将主题挖掘得深一些！

精美例文

墙

梅苑

当我第一次穿过这条僻静的小径时，我就非常喜欢它了。我爱上它的寂静，爱上那一大片绿绿的田野，和那一望无际的云空。

以后，每一个早晨与傍晚，我都要走过这条僻静的小径。每次我踯躅在途中时，总觉得这是我一天中最欢愉写意的一段时光。因为我可以抛开一切凡俗的琐事，可以洒落满腔郁闷，把思想放纵成一匹野马，让它恣意驰骋，跃过绿绿的田野，跃过人与人组合的世界，跃进蓝蓝的云空，溶入纯净思想的领域里。

人生不如意的事太多了，真的，太多了！有时多得使人无法用微笑去接受，但也无法拒绝。不如意，仿佛是生命中最自然的韵律，正如郁闷，是组合一个"真"的生命的音符。但是，过多的郁闷，总会使人感到生命的乏味，茫然自问：活着究竟为了什么？为了些什么？为了抖落这些茫然的情绪，有时必须把思想的羽翼放开，让它随意翱翔在苍茫的太空。让多幻的白云，提示我生命的短暂。让我把一切郁闷幻化成飘忽的白云，飘远，飘散。

　　已忘了是哪一个日子，这条僻静的小径突然砌起了一堵墙，一堵厚厚的、红红的、高高的、坚固的墙。隔开了那一片绿绿的田野，截断了自然与我的吻合。我无法再将思想放纵成一匹野马，因为它无法跃过那堵墙，那堵高高的、厚厚的、红红的、坚固的墙。

　　每天，我得在墙的阴影下走过，仿佛走在一条狭窄的暗道中。看不见耀眼的朝阳，看不到绿绿的田野和那一望无际的云空。这条小径也失去了昔日的僻静，因为有些人喜欢这堵墙，这堵阴阴暗暗而能躲避阳光的墙，所以，这小径变成一条普通的小路。为了避免阻碍交通，我再不能挪着极慢的步子踟蹰，只像过往的行人一样匆匆来去。于是，这一段原属于欢愉的旅程，顿时失掉了昔日的神怡。

　　这原是一种微妙的意觉，我骤然由此领悟到善恶、美丑、得失相距的微少，少得有时我们无法用肉眼去衡量。你说这堵墙是自然的破坏者吗？然而，它却是时代的产物，它能替一些求庇护的人，挡住刺目的光线。墙又是时代文明不可缺少的装饰品。有人的地方，必须有墙。墙少的地方，只是落后的山区。墙越多越高的地方，是最进步繁荣的都市，你能否认这句话的真理吗？然而，世界上许多罪恶的事，都在墙的阴影下产生，你又能否认吗？因此，你说：墙是庇护人类？还是纵容罪恶？

　　从这里，你就可以看到善恶相距的微少，少得无法用真理去衡量。何况，真理也不是绝对的，都随着人类的思想而转移，正如从不同的角度去评判墙的善恶。有时，你以为最美好不过的东西，别人不一定认为完美。你最欣赏的人物，可能在别人眼中充满瑕疵。因为美丑、善恶、得失，还没有一定的标准界线，多少要掺入一些主观。所以，我们无须要求别人符合自己，也无须勉强自己去适应别人，这都是非常不智的，为什么不保持自己的独特？然而，人类就这样奇怪，总喜欢要求别人来符合自己，也喜欢委委屈屈地适应别人，这是一种多傻的行为。像杀人吧，算是一种最罪大恶极的举动，但在战场上，杀人却是一种英雄的表现。又如眼前这堵高高的墙，有人喜欢墙下的阴暗，而我却怪它挡住了那充满生命力的阳光。

　　墙存在于世界上任何一个角落，是人类所不可缺少的东西，有人的地方，必定有墙。幸而墙是一种有形的实物，我们随时建筑，又可以随时拆毁。因此，墙只能发挥它的功用，而不能恣意地贻害。然而，世界上还有许许多多无形的墙，使我们束手无策，因为它建筑在人类的心里。这些墙，又比一切有形的墙更厚、更高，隔绝了人与人之间的相处，截开了无数个原该吻合的心灵。他们把墙作为一种庇护物,为了一份莫名其妙的安全感,常常在心中建起了一堵不必要的墙,又不愿意在墙上开一个窗,窥视一下外面的世界,只在墙内猜测墙外的变动,在墙内估计别人的用心。这样,人与人之间怎么会发生误解、仇视、纷争? 人与人之间的距离,怎不拉得更长、更远?

墙原是人类不可缺的东西,但建筑在人类心里的墙,却是一堵绝对多余的障碍物。正如我认为这僻静的小径,无须要建起这一堵高高的墙。

点评:

梅苑的《墙》是一篇侧重写意的散文。作者以在小路上所看到的"墙"为意象,生动地表达了自己对无"墙"的自由心灵世界的向往。发现有形的"墙",作者了萌生了议论的话题。针对"有形"的"墙",作者阐释了它在物质和精神上的利弊,并由此承上启下,转入对"无形的墙"的评述。文章立意巧妙,发人深思。

精美例文

墙·民族·世界
方成

中国似乎是一个与墙有缘的国家。中华民族引以为豪的万里长城就是一段很长的城墙。虽然不知道墙是否起源于中国,但我相信中国是墙最多的国家之一。许多饱经沧桑的古代城墙保留至今,成为著名的文物古迹;北京四合院那高高的院墙是老北京人心头抹不去的回忆;即使在今天大规模拆除围墙的时代,它仍是常被观赏的建筑。在中华民族的历史中,更有一段筑起高墙,闭关锁国的屈辱记忆。

事实上,每个民族都有属于自己的"墙",或将自身分割,或与其他民族隔开。然而历史的发展总是表明:这些形式各异的"墙"最终都将被拆除,未来的世界是一个没有"墙"的世界。

上个世纪,德国人为我们作出了表率,他们推倒了东德与西德之间的柏林墙,组成了统一的德国。尽管在历史上德国发动了两次世界大战,但德意志仍是一个优秀的民族,大家有目共睹,比如它对战争的认罪态度,比如它消除民族隔阂的举动。

然而,当今世界上还存在许多没有被推倒的"墙",比如巴勒斯坦与以色列之间的"墙",比如中国同日本、美国之间的"墙"。有时候,回想侵华日军的暴行,我们真想把这堵"墙"筑得高些,再高些,但这是违背历史发展潮流的,不同民族间的"墙"终将在趋于大同的世界中消失。

发生在美国的"9·11"事件,更表明拆除这些"墙"的必要性,当全班同学一起收看新闻,看到轰然倒塌的大楼时,有的同学说美国是咎由自取。不错,美国的确做过许多令中国人感到不满的事,但面对恐怖主义,所有的民族都应该站在一起,美利坚的哭泣也应该是中国的伤痛!从某种意义上说,横在各民族之间的高墙是恐怖主义等一切恶势力的温床。当各民族心连心手牵手时,有什么真善美营造不了,有什么假恶丑消灭不了的呢?

拆除这些"墙"吧,我们每个民族都不需要它,我们的世界更不需要它!

点评:

作者由有形的"墙"联想到无形的"墙",由普通的"墙"联想到民族的"墙",国家的"墙",最后发出呼吁:拆除这些"墙"吧,我们每个民族都不需要它,我们的世界更不需要它!文章立意高远,分析比较理性客观,体现了作者较强的思辨力。

读点素材并想一想

一、阅读下面的文字,根据要求作文

袁枚刚入仕途的时候,曾任溧水县令。他的父亲从远方来到溧水县衙所在地,怀疑儿子年轻,缺乏吏治的能力,曾隐瞒自己的姓名到民间察访,大家都说:"我们县年轻的袁知县,真正是个好官啊!"袁枚的父亲这才高兴地进了县衙。

读了上面的材料后,请自选一个角度构思作文,自定立意,自选文体,自拟标题;不要脱离材料内容及含义的范围,写一篇不少于800字的文章,不要套作,不得抄袭。

【写作导引】

"养不教,父之过","有其父,必有其子",这些都说明家庭教育的重要,因为父母是孩子的第一任教师,家庭是孩子最好的学校。历史上,我们的先贤创造了许许多多成功的事迹,如:孟母三迁的眼光,岳母刺字的忠心,曹操教子的睿智;更有顾炎武母亲教子有气节的爱国心,吉鸿昌父亲教子做官即不许发财的良心。当然历史也给我们留下了不少失败的案例。让人想起使方仲永的目光短浅的父亲,让人想起使曾子不得不杀猪的妻子……

这则材料可以从"一个成功的儿子背后,必有一个成功的父亲","父与子",

"可怜天下父母心","父母之爱子,则为之计深远"等方面去考虑。事例要典型,更要具有概括性;要有自己的主见,并与时代相联系。

二、阅读下面的文字,根据要求作文

苍蝇是澳大利亚人的骄傲,他们把苍蝇搬上了钱币。为什么呢?

据说有这样一个故事,澳大利亚的苍蝇本与其他地方的一样,生活在污秽不堪的地方,但是勤劳的澳大利亚人把苍蝇赖以生存的藏污纳垢之地统统消除殆尽。从城市到乡村,从山谷到河畔,举目都是云朵般的鲜花和地毯一样的绿草。这样,苍蝇失去了它们的家园。

后来,澳大利亚的苍蝇绝望了。在这个国家,它们再也找不到一处肮脏恶臭的地方。但为了活下去,它们不得不痛苦地改变了自己的饮食习惯。

苍蝇的先辈们经过无数次的尝试,终于为这个物种找到了新的食物——植物浆汁。

就这样,一代一代薪火相传,生活在澳大利亚的苍蝇,早已忘记它们吃腐臭食物的习惯,它们的饮食习惯竟与高贵的蜜蜂一模一样,采食花蜜。同时,苍蝇也承担起蜜蜂的职责——为庄稼和树木传授花粉。

于是,澳大利亚人让苍蝇翩然飞落到他们国家的纸币上,让人们永远感谢苍蝇为这个国家立下的功勋。

读了上面的材料后,请自选一个角度构思作文,自定立意,自选文体,自拟标题;不要脱离材料内容及含义的范围,写一篇不少于800字的文章,不要套作,不得抄袭。

【写作导引】

爱因斯坦曾经说过,我们只有把抱怨环境的心情化为上进的力量,才是成功的保证。诚然,当我们不能改变环境时,也许最好的办法就是改变自己。也许有人说,"江山易改,本性难易",那么,我们与其抱怨环境,不如好好想想澳大利亚的苍蝇吧。连苍蝇都可以改变自己,更何况我们人类呢? 我们要向昆虫、动物学习什么呢?

首先是理念问题,要有愿意改变的意识;其次是将这种想法化作实际行动;第三是要有毅力,坚持到底的精神,这是最最关键的。只有当我们将这种行为持续下去,成为一种习惯了,我们就自然而然进步了。当然,他人必要的帮助与鼓励也是十分宝贵的财富。

三、阅读下面的文字,根据要求作文

据《郑州晚报》报道:今年 56 岁的郑州市民李先生,20 年前就建了一个汽车维修站,10 年前开始经营汽车生意,现在企业净资产有 2000 多万元。他的妻子赵女士也创办了一家饮料公司,15 年来企业资产达 600 多万元。他们唯一的女儿,6 年前考取了上海某大学。夫妻俩就等着女儿学成归来,继承他俩的事业。可是,事与愿违。两年前,李先生的女儿大学毕业后,非要到北京一家园林公司工作。"今年,我以为女儿打工该回来了。可是她说她要继续打工,将来挣了钱要把她上大学时用的钱连本带利还我。"为此该夫妇气得吃不下睡不着,患了抑郁症。

读了上面的材料后,请自选一个角度构思作文,自定立意,自选文体,自拟标题;不要脱离材料内容及含义的范围,写一篇不少于 800 字的文章,不要套作,不得抄袭。

【写作导引】

梁启超说:"少年兴则国兴,少年强则国强。"我想说,青年独立,社会则独立。而青年独立需要两个条件,一是青年要有独立的意识与行动,二是社会要为青年的独立创造环境。

因为许多学生都信奉"学好数理化,不如有个好爸爸","选个好大学,不如有个好爸爸","有什么不如有个好爸爸"的信条,所以,我们经常抱怨孩子依赖性太强,缺乏独立的精神。事实上,真正缺乏的是监护人对自己言行的反省。我们的家长与社会有没有给学生的成长提供必要的土壤呢?如材料中郑州市民李先生夫妇的大有人在。我们应该尊重孩子的选择,多从孩子的角度想想,毕竟她有自己的奋斗目标,我们不能自私地只为自己考虑。也许以父母的人生经验来看,孩子的行为显得太天真了。那你也应该首先给她(他)自由与机会,让她(他)证明自己。当她(他)遇到困难与失败时,再提供帮助。如果以后她(他)愿意回到父母身边,随时欢迎。"可怜天下父母心",千万不要用爱去害孩子。因此,我认为最好的办法是让社会去教育孩子,让事实来说话,我们不要横加指责。

还是"写什么"与"怎么写"

作文历来是语文教学研究的重点。应该说在短短的时间里,学生要写好一篇文章确实不容易,必定会暴露出许多问题。然而,从他们出现的问题看,大多数并非是作文中能解决的,所谓"功夫在场外",就是这个道理。

譬如说这个作文题:在语文教材(必修三)中,我们认识了许多具有人性之美的人:肖邦的美在故园之思,屈原的美在爱国之情,颜佩韦等五人之美在于对正义的追求,老王之美在于质朴,格斯拉之美在于执着……

其实,在普通人身上,在日常生活中,我们都可以发现人性之美在闪光。请以"人性之美"为话题写一篇作文。题目自拟,立意自定,文体自选,文面整洁,不少于600字。

我在批阅作文中发现了学生存在的许许多多问题,现列举如下:

1. 没有切合话题"人性之美",而写人性的丑陋等。

2. 形式与内容的问题,形式比较新颖,内容还是老一套;形式应该为内容服务。

3. 字数不足,错别字较多,字迹潦草不工整或卷面不整洁。

4. 内容较空洞:罗列一些现象,不深入,太肤浅;泛泛而谈,表现手法单一。

5. 方法问题:有的议论文,本应该摆事实与讲道理相结合,但只讲道理,让人觉得有种说教的空洞感;或者只摆事实,没有分析与联想,思路没展开,不伦不类,两不像,还不如写记叙文。

6. 进行灰色写作,缺乏阳刚之气。

7. 编造不合理的故事,给人明显虚假的感觉,缺乏真实性。

8. 入题慢,400字废话,还没进入话题;要开门见山,简洁明了。

9. 长篇大段复述材料中提供的故事,或进行再创造,没有自己的东西。

10. 大段引用报刊上的、影视中的名人故事,或新闻故事,重复那些美丽感人的故事;缺少自己的思考,都是人家的东西。或后面加一、二百字的感想。引用是可以的,可以采用排比段形式,或一句话点一下,是为了帮助说理的,不能过长导致喧宾夺主。

11. 事例的典型性问题,而不是随便找一个,如自己班的某同学。最好是新颖的材料,而且典型一些。

12. 文章容量小,单薄,思路狭窄,施展不开,没什么内容。

13. 抄袭故事,自己加工一下。

我认为主要还是"写什么"与"怎么写"的问题,要把握主题,选择自己最拿手的文体、表现手法;情感真挚,思想健康,立意准确。当然,可以写普通人,但故事要编得合理,可以写几件事表现某一品质,如老王;也可以抓住人物的某一点,写深写宽,表现人物为人的厚度,表现人性之美;更可以写细节,表现人物独特的个性;还有就是语言的表达,因为语言的功力很重要;而我看文章的标准主要是立意的锤炼与语言的功底。

面对这些问题,作文时应该如何应对呢?

1. 我们要学会研究话题,力求做到不离题、不偏题,否则,写得再好也是白费力。

2. 我们要了解自己的写作长处,要选择自己最能把握的文体进行写作,以求达到"事半功倍"的效果。

3. 作文开篇入题必须要快,中间要扣题,结尾要有照应,让老师觉得你作文构思明确,语言简练。

4. 语句要通顺,少写错别字,字数要达到要求。

当然,我们还要加强课外的作文基本功训练,如多阅读,积累素材;多思考,磨练思想;多练笔,锤炼语言;多交流,琢磨得失;多修改,学会反思。只有这样,我们才能不断提高我们的作文能力,并在考试中取得较好的分数。

关于作文"真情"与"技巧"问题的问答

一天,我收到了一封来信,信的内容是这样的:

鲍老师,你好。我的孩子读初一了,最近我碰到一个难题,那就是不知道该如何教孩子写作文了。今天向你请教一下。

有一次孩子对我说,老师布置了一个"最难忘的一天"的作文题目。我想了很久,为让孩子能写出真情实感,最后决定带孩子去一个边远村落的亲戚家,力求通过新的体验来激发孩子的写作灵感。

那天他玩得很开心,回来以后就说:"爸爸,我今天光顾着玩了,我没有什么最难忘的事啊。"我就慢慢开导他说:"今天你是不是很开心啊,为什么开心,有什么让你难忘的? 你写出自己的感受,作文就成功了。"

孩子在我的指导下开始写了,大致意思是说,平常作业太多,这一天郊游让他忘却了平时作业繁重的苦恼,他渴望像小鸡、小鸭一样自由地在大自然里玩。所以,这一天很难忘。

我想,孩子已大致表达出他想说的心里话,值得鼓励,就表扬他作文写得好。可是,孩子回来后垂头丧气地对我提出了抗议:"爸爸乱教我写作文。"我好歹也在单位里"舞文弄墨"了 10 多年,也是从名牌学校出来的,怎么会被孩子认为不会写作文呢? 打开孩子的作文本一看,发现他的语文老师写的评语是:"语言活泼,但立意不高,离题了,重写!"

怎么才能让孩子写好作文呢? 我一筹莫展。只好向其他家长取经,他们给我出了个主意,那就是到书店里给孩子买几本中学生作文范文书,让孩子照着上面的文章"克隆"一下,这样一来语言优美,结构完整,立意准高,十有八九能得高分。

但是我挺排斥这种做法。因为学习语文的目的就是为了在日常生活中能够运用,能用笔真实地表达出自己的感受和想法。如果套用范文,那孩子的思维就会受到一定禁锢,更让人忧心的是,孩子学会了说假话,为了迎合某种需要,编造谎言,长此以往,将影响孩子的健康成长。

后来,我又去咨询了其他老师:"我该怎么教孩子写作文?"老师的回答是,在孩子基本语文素质不高的情况下,最好买几本范文让孩子学习一下。在中考快临近的时候,有的孩子拼命背范文,说不定还能得高分呢!

我只好向现实妥协了。最近几次,儿子的作文果真得高分了。每次回来,他都笑容灿烂。让我哭笑不得的是,有一次,他的同桌作文被扣了 18 分。我好奇问:"你同学不是背范文的吗,怎么扣了那么多分?"没想到他的回答是:"因为他看了一篇三流的作文。"

我知道老师这样批改作文也是为了我孩子好,毕竟有中考的指挥棒摆在那儿。他必须对他的学生按照中考阅卷的各种规范来严格要求。可是,我又很担心,如果我的孩子这样下去,语文学好了,分数考高了,今后他能够适应社会吗?

我的复信如下:

读了你的来信后,我为你的苦恼而感叹万分。诚然,当下时代急功近利,连我们的教育也不能幸免。我们的学生将自己有限的时间全部投入到无限的作业习题中去,我们的家长为孩子的学习成绩伤透了脑筋,我们的老师为学生取得一个好分数而努力着、忧愁着、痛苦着,我们的学校为升学率的升降而担惊受怕。"十年树木,百年树人",教育人需要一个长期的过程,否则我们的教育产品可能有粗制滥造之嫌,因为"心灵因细腻而伟大"。同理,我们的作文教学也如此,你说得不错,"因为学习语文的目的就是为了在日常生活中能够运用,能用笔真实地表达出自己的感受和想法。如果套用范文,那孩子的思维就会受到一定的禁锢,更让人忧心的是,孩子学会了说假话,为了迎合某种需要,编造谎言,长此以往,将影响孩子的健康成长。"其实,我们的语文老师也生活在"真情"与"应试"的矛盾夹缝中,戴着镣铐强颜欢笑地跳着沉重的舞蹈。他们一直在努力,努力引导学生讲真话,写真情。事实上,许多学生作文中出现的问题早已引起了教育部门与有关专家的高度重视,如浙江省高考语文作文阅卷组组长、浙江大学中文系陈建新教授曾指出,考生要学会观察、思考与表达,要抒写真情实感之文章,更要诚信作文,不能抄袭,而提高写作能力的有效方法就是杜绝套话作文,让学生真正学会写作。

同时,我们的语文老师都很清楚,我们大多数学生的作文存在着这样或那样的问题,如书写不工整,错别字很多,病句连篇,作文缺少必要的规范,不会观察,不会思考,更不会表达。虽然我们的老师在作文辅导时,许多话都反复讲过,但我们的学生在具体操作时往往差之甚远。比如,写母亲对孩子的关心和爱的方法有许多,但我们许多学生也许是因为对妈妈太熟悉了,没有了距离感,文章反而写不出来了,就只是泛泛而谈:"妈妈对我很关心,我饿了为我送上吃的,我热了为我打开电扇,我冷了为我披上棉衣……"就几句话完了。其实可以通过细节描写,进行比较具体细微的记述,写妈妈的不厌其烦,写妈妈对自己的无微不至。所以说,掌握一些最基本的写作知识与技巧也是必需的,因为真情写作也需要必要的技术作保障,否则,就好像一个人只有一件好的内衣,而外套是破破烂烂的,是极不相称的。

所以,我认为我们语文教师既要胸怀理想,又要脚踏实地。就是说我们要在自己的日常教学中积极向学生传播新理念、新思维,积极引导学生进行心灵写作,将真情大大方方地表达出来。同时,我们也不忘为学生的眼前利益——考试着想,要树立为学生考试服务的观念,辅导一些基本的写作技巧,逐步提高他们的写作能力。否则,一味地让学生自由写作,对他们的进步不利,因为他们的写作还远远没有成熟,他们还需要我们教师的引路与点拨。

不知我的想法能否合你的胃口? 还望多联系,多交流。

生活就是一篇夹叙夹议的散文

苏教版普通高中课程标准实验教科书《语文》(必修一)第三专题"月是故乡明"的写作实践是从提供的三题中任选一题作文,也可以根据话题范围和写作提示自拟题目写作。如第一题:有许多事物能唤起我们对故园的怀想……请把自己置身于某个情境之中,以"静听回声"为题,写一文;第二题:请发挥想像,以"在远方"为题,写一散文;第三题:请以"在路上"为题,写一散文。应该说这些作文题的设计还是比较开放的,在立意上给了学生较大的自由度。同时,它们告诉我们这次作文都有一个共同的表达方式:夹叙夹议。虽然在专题写作指导《夹叙夹议,枝繁叶茂》中明确指出了"不少同学喜欢在叙述后直接大段地发议论,不免显得生硬和单调"这种需要改变的情况。同时,我在指导中也反复告诫学生尽量避免这种稚嫩的写法。然而,之后我在阅读学生的作文时还是读到了许许多多这种"叙述归叙述,议论归议论,叙述议论分开写"的文字,显然不符合这次"夹叙夹议"的要求,让我摇头不已。看来不是老师讲不讲,书上有没有写的问题,而是学生已经习惯了这样的写法。所以要提高学生的作文能力,不是多写多练就能解决的,而是要从思考方式上去引导他们,否则,写得再多也是徒劳的。

我们知道,散文是一种常见的文学体裁,一般分为叙事散文、议论散文和抒情散文。其实,这种分类也是相对的,因为像我遇到的这一类叙议结合的散文,它既不是一味的记叙,也不是单纯的议论,而是记叙中有议论,议论中有记叙,采用了夹叙夹议的方式。当然,这里的"叙"并不追求完整,但必须为"议"打基础。否则,没有了水,就没有鱼的生存环境;而这里的"议"要有针对性,必须抓住记叙的中心内容,否则,任何离题的话语都是在做无用功。其实,写散文与生活有着密切的联系。著名诗人北岛说过,散文和漂泊之间,按时髦的说法,有一种互文关系:散文是文字中的漂泊,而漂泊是地理与社会意义上的书写。而漂泊是一种特殊的生活方式。所以,我们要从生活中学写散文,在散文中学会生活。《高中语文课程标准》中的"表达与交流"明确要求学生:"学会多角度地观察生活……表达自己的真情实感……感情真实健康……在生活和学习中多方面地积累素材,多想多写,做到有感而发。"我们知道,在散文中,作者的心灵总是向我们敞开着,使人得以自由出入,聆听他倾诉衷肠。所以"真"是散文的真谛,"真"是对生活的回归与热爱。艺术实践表明,真实的东西,往往是独一无二的、个性鲜明的,从而更能引起人们的新异感受。散文可谓是作者的"独白"和"自传"。散文的魅力来自作者的真见、真知、真性、真情。那么,我们在写散文时要大量投入自己的真情,将自己的所思、所想、所感化为真心的文字,完成一次次灵魂之旅。可是,我们许多学生往往很难做到这一点,他们的文字或矫揉造作,缺少真情;或故作深沉,无病呻吟。这里有心理上的原因,但更大的是一个思维问题。就拿夹叙夹议的散文来说,我必须要在学生中发动一次"头脑风暴",因为,许多学生还是习惯于在叙述了一件或两件事后,另起一行,就转入议论,甚至是大段的议论。这样就将叙事和议论割裂开来,好像是为议论而议论,显得别扭而不自然。这样的议论效果是可想而知的。我认为他们是一开始时就如此学的,时间久了也就难改了。为什么我们不能换一种方式,如在记叙的过程中自然地融入自己的评价和想法?所以我告诉他们,其实,我想这不是什么高不可攀的技巧,而是一种思维问题,这也贴合了作文教学的本真,生活即语文,生活即作文。为了能让他们理解,我举了个例子,如我们在大街上看风景,一边看,一边说:"真是太美了!"一边走,一边还与同伴交流想法。我们不可能只顾看风景,什么也不说,什么也不想,然后在看完后,再大段大段发议论。因为这不符合我们生活的常理。即使是哑巴,只是嘴上不说,他的心理活动也是非常丰富的。这是生活的真实性。夹叙夹议就是还原生活,学会生活就是最好的作文艺术,就是作文的最高境界。所以,我们不必害怕这种写法。为了让他们信服,我又列举了他们比较熟悉的唱歌比赛,我们观众中途给歌手掌声或嘘声也是一种议,就是评委表面上保持沉默,但他们的内心早有了对选手的看法,可以说从一开始各位选手的举手投足起,评委就进行了无声的议论。

思维问题的解决,还要依靠学生自己的悟性,如认真揣摩学过的文章,多想想多议议多问问,时间长了就会有一些发现与感悟。同时要充分享用我们的日常生活,好好体会,并进行随笔写作训练。只有在不断练习中,我们才能逐步养成边叙边议的思维习惯,并写出自己个性化感受。

应该讲,夹叙夹议在我们的生活中无处不在,无时不有,只要我们细心留意,我们的日常生活充满了"夹叙夹议"的散文,生活本身就是一篇巨大的无字的"夹叙夹议"的散文。

如何从贫乏走向典雅

【关键词点一点】

《现代汉语词典》解释"贫乏"是"缺少、不丰富"之意。而内容贫乏的作文主要是指材料单一,情感幼稚,思维简单,语言无味的文章;而内容贫乏主要包括素材贫乏(指材料老套,不典型,内涵不丰富等),情感贫乏(指正当情感的缺失,情感色彩不当,没有情趣等),思维贫乏(指思路陈旧、狭隘、低幼,想象力平庸等),语言贫乏(指句子干巴,词语乏味、表达不规范等)。这样的文章往往没有多少知识含量与文化内涵。

而"典雅"中的"典"是规范、典范之意;"雅"是正、纯正之意;"典雅"是"正派庄重,优美不粗俗"之意。作文典雅是指文章、言辞有典有据,高雅而不浅俗。

主要是指文学作品风格上的正派庄重,包括语言的典雅,即指规范、优美的书面语言。当然,这里要把语言的规范优美与华丽的辞藻区分开来。根据《考试大纲》,文章的典雅可以理解为丰富、有文采,是对作文发展等级的要求,能够为你在作文中获取高分。其中"丰富"是指材料丰富,论据充实,形象丰满,意境深远;"有文采"是说用词贴切、句式灵活,善于运用修辞手法,文句有表现力。

那么,作文如何从贫乏走向典雅? 我们可以这样做:一是多思考,记感受,厚生活。让我们成为一个感情的主体,以自己独特的方式去观察生活,感受生活,思考生活,发现生活,做生活的有心人;并写点观察生活的笔记,将所见所思记录下来,有话则长,无话则短;只要坚持,做到日积月累,我们的情感会丰富起来,我们的生活会厚实起来。二是看新闻,养素材,说想法。我们或读报,或上网,了解外面的世界,思考社会现象,并敢于发表自己的看法,既积累时新素材,又积累思想;也可读点杂文随笔或新闻评论,让自己的思维享受碰撞,得以锻炼;同时写点随笔或简评,把语言练得准确合理有据,思维做到多元发展;这样,就能优化文章选材的角度,提升思考的力度,最终挖掘作文的深度。三是读经典,做笔记,添文采。抽时间多读经典,多读美文,勤做读书笔记,积累优美语言;多诵读古代诗文,注意名句积累,使语言高雅优美;读点诗歌,让学习充满诗意;写点诗歌,让语言凝练。平时有空时可多诵读温习读书笔记,将内容熟记于心,可在作文时多引用,将之内化为自己的东西,为文章增添文采。

总之,内容典雅是一个长期积累并学以致用的过程,能够体现一个人作文功底的深厚。这需要我们养成良好的学习习惯,持之以恒,刻苦历练。

【作文题试一试】

◆阅读下面的文字,根据要求作文

有人说,平时我们学习很忙,没有时间去读经典,只要读一些教辅教材就可以了,或者读些报刊上上网了解一些时政新闻就行了;也有人说,经典名著是人类进步的阶梯,是我们成长的必需营养品,我们应该去亲近经典,与大师面对面。对此,你有什么想法呢?

请写一篇不少于 800 字的文章,或议论,或抒情,或叙事;题目自拟,立意自定,文体自选;不得套作或抄袭。

【思路点拨】

这是一个新材料作文题,开放性大,自主性强,审题不存在什么障碍,主要考查的是学生对文章角度的选择与语言的表达问题。因此,首先你要明确自己的文体特长,选择一种拿手的文体,便于自己发挥最好的水平;其次是找准一个合适、合理、合情的切入点,不能泛泛而谈,不必面面俱到,同时,需要选择有效生动的素材,用恰当的语言表达出来,使之内容典雅,不贫乏。

【有问题找一找】

与文学大师面对面

经典名著,是人类进步的阶梯,我们没有任何理由不爱它们。那么,就让我们爱上经典,与文学大师面对面。

虽然现在我们的学习很紧张,作业很多,考试不断,但我们应该忙里偷闲,读一些中外文学名著,因为书中不但有知识,还有乐趣。

我喜欢武侠小说,喜欢穿越小说,喜欢玄幻小说,但我更喜欢经典小说,如《红楼梦》《西游记》《水浒传》《三国演义》等我国古典名著,由这些小说改编的电影电视剧,我也很喜欢。

我最近迷上了电视剧《新水浒》,我为一百零八将的风采所折服。看完电视,我还不过瘾,我又找出长篇小说《水浒传》仔细阅读起来,与施耐庵先生静静地面对面交流。

我们知道,《水浒传》记述了以宋江为首的一百零八位好汉从聚义梁山泊,到受朝廷招安,再到大破辽兵,剿灭叛党,最后却遭奸人谋害的故事。读完全书,印在我脑海里的只有两个字:"忠"和"义"。

忠,即是对自己的祖国,对自己身边的亲人、朋友尽心竭力。宋江在种种威逼利诱之下,仍然对自己的祖国忠心耿耿,这就是忠;林冲的妻子在林冲被逼上梁山之后,面对高俅之子的凌辱,宁死不屈,最终上吊自杀,这也是忠。在当今这个社会中,相信很多人都能做到一个"忠"字,但是,却很少有人能够做到一个"义"字。

一个"义"字,包含了太多的内容。《水浒传》中一百零八位好汉结为兄弟、为朋友赴汤蹈火,两肋插刀,就只为了一个"义"字;为人民除暴安良,出生入死,也只为一个"义"字。由此可见,一个"义"字虽然只有三笔,有时却要用一个人的生命去书写。在现实生活中,给人让座几乎谁都可以做得到,但救人于危难之中却不是谁都可以做到的。因为它需要有相当的勇气,甚至是一命换一命的决心。

这就是我读的《水浒传》,读后我觉得心里挺爽的。我想,将来我也要做一个有忠有义之人,我也要成为像一百零八将那样的现代英雄好汉。后来听说有人戏称《水浒传》是《105个男人与3个女人的故事》，我觉得题目改得长了点，虽然概括得比较明确，标题也吸引人，但那最多是一种消遣而已，而且我们已经习惯了《水浒传》这个书名了。

朋友，爱上经典，与文学大师面对面吧。经典能给你许许多多的思考，让你收获匪浅。

【简评】

本文主要通过《水浒传》这个材料，告诉我们阅读经典的重要。且不说文章是否有读后感之嫌，但至少说明作者受到自身阅读面的限制，所运用的素材比较单一；语言虽然朴实，但文采明显不足。因此，文章的内容就显得比较贫乏，与典雅的要求相去甚远。

【更新文读一读】

与文学大师面对面

人海茫茫，书山苍苍。面对那些"人类进步的阶梯"，我们往往束手无策，不知该从何涉足。那么，不妨选择经典名著吧。选择了经典，就是选择了一种高质量的阅读、聆听与对话。

无论是"天凉好个秋"，还是"大约在冬季"，都是我们读书的好时节。尤其是雨天，一个人静静地独坐书房，从听雨开始，渐渐进入神奇的精神苦旅。虽苦犹乐，其乐融融，其趣无穷。

沈从文的乡土小说，张爱玲的畸情小说，施蛰存的心理小说，废名的田园小说……梅里美的传奇小说，契诃夫的讽刺小说，卡夫卡的荒诞小说，吉卜林的动物小说……还有伍尔夫的批评散文，纪伯伦的诗情散文，兰姆的絮语散文，蒙田的感悟散文……还有雨巷诗人戴望舒，土地诗人艾青，爱情诗人叶芝，飞鸟诗人泰戈尔……

这一切的一切必定让你心旷神怡，大开眼界。其实，我们并不在乎读了多少，如果一味地去追求数量与速度，狼吞虎咽而缺乏咀嚼，那么其中的营养就会流失，其中的滋味就得打折。我认为重要的是在于读书时的那份心态，那种快感与美感。在这个人心浮躁的社会里保持一种宁静，做到不慌不忙地生活、爱与阅读，真的很不容易。这种难能可贵的境界，但愿你能拥有。

当今，为功利而阅，为时尚而读，已是不争的事实。我们的心灵已经越来越远离真正的读书圣境。当然，这不是我们的过错，错的是那些我们谁也逃避不了的流行，那些既不成熟又不负责任的流行。但我们要对自己负责，于是，选择经典名著,就是一种比较明智的做法。当然,我没有责怪你的权力与资格,因为我与你一样,面对喧嚣的世界经常茫然不知所措,我的阅读同样是伤痕累累和支离破碎的,真的很令人黯然神伤。

我们都很艰难,艰难地选择阅读,阅读纷扰的世界与杂乱的书籍。我们也一直在努力,努力地接近大师,接近名著经典。我们的生活需要提升品位,我们的生命应超越自我。如果你也这样想,那么就让我们不慌不忙地开始吧!大师们正远远地等待着、观望着、希冀着。我们不能辜负了世界留给我们的宝贵的遗产,不能让大师们的辛勤智慧之作落满无奈的尘埃。让我们放弃太多无用的形式,卸下太多沉重的枷锁吧!轻松上路,真的很美。前方的路也许很孤独,但孤独的人生充满诗意,孤独的人生属于每一个奋发向上的强者。一路上有经典作伴,苦一点没关系;一路上有大师导游,这点孤独算得了什么?

朋友,让经典长存于我们的灵魂深处,与我们心心相印;让我们与文学大师面对面。

【简评】

升格后文章运用的材料比较概括,信息量比较丰富,告诉我们经典不仅仅是小说,还有散文诗歌等;文章的语言是生动优美、诗意典雅的,具有文化韵味。在行云流水般的文字里,我们倾听到作者对生活的理性思考,触摸到作者对阅读经典的浓浓渴望,呼吸到作者鼓励我们与文学大师不慌不忙地面对面的热情呼吁。

【新作业做一做】

◆阅读下面的文字,根据要求作文。

什么是健康?

世界卫生组织(WTO)给健康所下的正式定义:健康是指生理、心理及社会适应三个方面全部良好的一种状况,而不仅仅是指没有生病或体质健壮。

《现代汉语词典》对健康的解释是:①人体生理机能正常,没有缺陷和疾病;②事物情况正常,没有缺陷。

你怎样看待"健康"呢?请写一篇文章,自定立意,自选文体,自拟标题;不少于800字;不要套作,不得抄袭。

【思路点拨】

我们知道,人,有生理健康,心理健康。人与人之间,和睦就是健康;人与物之间,和谐就是健康;国家与国家之间,和平就是健康;时代的发展,需要健康,那就要不忘"科学发展观",走长远之路。

"举世皆浊我独清，众人皆醉我独醒"的屈原为追求人格的健康，而投江；"究天人之际，通古今之变，成一家之言"的司马迁为追求梦想的健全而"隐忍苟活，幽于粪土之中而不辞"；"我以我血荐轩辕"的鲁迅为追求民族的大健康而弃医从文……

教育有教育的健康，文化有文化的健康，市场有市场的健康，经济有经济的健康，政治有政治的健康。

健康，应该是个大概念，不能拘泥于小思路，但切入点要尽可能小，以小见大显露功夫；健康，应该是个新理念，我们应勇于写出合情合理的新思维，说人所未涉及的高度，言人所未挖掘的深度。

健康，是叙事，是议论，是抒情；健康是点，是线，是面；健康，是你，是他，是我。

健康长存于天地之间，长存于天地之外。

"新命题作文"的材料应有明确指向

在经历了多年的话题作文之后，浙江省高考在2008年终于迎来了作文形式的大变样，我在当年4月的《钱江晚报》上发文《命题作文可能重出江湖》。固然，2008年浙江作文题放弃了话题作文，而选择了命题作文，不同的是采用了材料加标题的新命题作文形式。虽然2009年浙江采用了新材料作文（歌词《绿叶对根的深情》），但是2010与2011年浙江又回归到新命题作文，他们在作文的命题上确实有一个不断创新的过程，这种探索精神值得肯定。

我们先来看一下2008年浙江省高考的作文题：

阅读下面的文字，根据要求作文。

都市和乡村，是我们栖居的空间；都市生活和乡村生活，是我们平凡的生活。当我们从平凡中回望时，每个人都会有不同的感触和期待。

请以"触摸都市"或"感受乡村"为题，写一篇作文，可讲述你自己或身边的故事，抒发你的真情实感，也可阐明你的思想观点。

这是一个选择性标题作文，"触摸都市"或"感受乡村"，这是考虑到考生的基本差异而设定的，是比较人性化的，对考生来说也是十分公平的。而且，它的文字材料指向明确，起到引导与启发的作用。

而2010年的"角色转换之间"，它的材料有"反哺"与"角色转换之间"两个关键词，但是有紧密联系的，都有施教者与受教者之间的关系，考生一般不会有其他的立意。我们来看看具体的作文题。

阅读下面的文字,根据要求作文:

传说有的雏鸟长大后,会衔食喂养衰老的母鸟,人们把这种现象称为"反哺"。

人类社会也存在着类似现象,年轻一代对年长一代的文化影响被称之为"文化反哺"。千百年来,在以父辈对子辈施教为主流的正统传承方式下,"文化反哺"犹如潜流,隐而不显。但在迅速变化的当今世界,年轻人获得了前所未有的反哺能力。他们在科学知识、价值观念、生活方式、审美情趣等各个方面,越来越明显地影响着年长一代。施教者与受教者之间,角色常常发生转换。

请针对上述现象及所反映的问题,以"角色转换之间"为标题写一篇文章。你可以讲述故事,抒发情感,也可以发表见解。

应该说,这个题目与2008年的相比,虽然难度增加了,但更具文化味与生活味,体现了一定的深度与理念的先进性,更能够考查考生对当今时代的思考。由此可见,命题人真是煞费苦心。

可以说新命题作文已经成为一种命题趋向,而浙江语文高考自告别话题作文以来,几乎一直是在坚持这一方向的,也在进行不断改进与尝试,这是难能可贵的,也值得其他自主命题的省市学习。

我们来比较一下2011年广东题与江苏题,他们的形式或多或少受到了浙江前两年作文题的影响。

2011年广东题"回到原点":阅读下面的文字,根据要求作文。

大千世界,"原点"无所不在,"原点"可以是道路的起点,可以是长河的源头,可以是坐标的中心,可以是事物的根本……

请以"回到原点"为标题,联系生活体验与认识,写一篇文章,自定文体,不少于800字(和标点符号)。

2011年江苏题"拒绝平庸":不避平凡,不可平庸。为人不可平庸,平庸则无创造,无发展,无上进;处世不可平庸,因此要有原则,有鉴识,要坚守。

请以"拒绝平庸"为题,写一篇不少于800字的文章。

从这两省的作文题可以看出,他们提供的材料也是具有启发引导性的,指向比较单一,比较明确。

由此,我们可以这么说新命题作文的材料要具有指向明确的特点,能起到帮助考生打开作文思路的作用。

那么,我们再来看一下 2011 年的浙江作文题:

阅读下面的文字,根据要求作文。

一代人有一代人的偶像。钱学森、袁隆平、宗庆后、张艺谋、马化腾、刘翔……他们是不同时代不同行业的成功者,有无数崇拜者和模仿者追随其后。他们做过什么,又是怎么做的,被写进了种种励志读本,然而,他们的成功很难复制,因为时间在变,万物在变,一个人成功的赋予也在变。

时间不是一个抽象的概念。春夏秋冬,四季更替。物理时间随着时钟的指针分分秒秒匆匆地流逝,而人生的时间,则由大大小小的悲喜堆叠而成过去,由错错对对的选择建构而成未来。所以,人生的真谛不在复制别人的成功,而是认识自己,在合适的时间里做好该做的事!

根据上述材料的含义,以"我的时间"为标题,写一篇不少于 800 字的文章。

细读作文题,我们不难发现这题应该是个典型的新材料作文,立意应该是多向的。用杭州市著名特级教师金功发老师的说法,几乎每个材料都能有 10 种立意。那么,我们来看看这个材料的立意:偶像、成功者与崇拜者、励志、教科书、成功与复制、人生的真谛、认识自己、选择、时机与做事等。而命题者最后指向了单一的"我的时间",其实这仅仅是其中的一个立意。如果最后将这个材料只是统一到其中某个立意上,进行所谓的标题作文,难免有点牵强。可以说这是将新材料作文多角度的立意单一化了,或者说是变相的话题作文了,这对学生的思维进行了明显的限制,某种程度上对考生是不公平的。因为第一段的材料起到了干扰的作用,成了多余的摆设,浪费了考生的考试时间。我以为干脆将与"时间"无关的内容删除,让材料更简洁些,那么材料就起到了启发与引导的作用,是为题目服务的。我想在新命题作文中,所有的材料都应该是为了更好地呈现与烘托题目。

北京高考作文教学专家王大绩老师在谈《2012 年高考作文命题走向》时谈到:任何高考作文题目的范围都是生活,而生活是没有边际的。人们只是在自己的位置上,以自己有限的视野和思维能力看待作文题目的,任何给高考作文题目圈定范围的做法,其实都是盲人摸象。但是我们认识到了新材料作文在实践中的弊端,很多自主命题的省市始终坚持或已经回归给标题或给话题作文命题形式。2011 年,全国 17 个高考作文题,给标题作文 7 个,给话题作文 3 个,已经超过了给材料作文(7 个)的数量。但作为一种新的作文形式,我们在不断探索、改革与丰富的同时,尽可能减少一些误差,因为再新的形式依然是与恰当的内容相统一的。

要么是标准的新材料作文，要么是指向明确的新命题作文，或者干脆是一般的命题作文。其实，作文的形式并不重要，只要能考查考生的思想、情感、思维、语言的积累与功力就可以了。

尊重·有效·挑战

——简评 2012 年浙江高考作文题

2012 年浙江高考作文题，采用了新材料作文。作文材料中列举了三位网民的观点，并有提示语"在上述网民的议论中，选取一种看法，写一篇文章"的设置，实际上就是规定了写作的三个立意角度：或在路边鼓掌，或在路上奔跑，或在路边鼓掌和在路上奔跑。应该说作文题没什么审题障碍，考生有话可说。

我认为今年的浙江高考作文题是该省自新课程改革以来，出得最好的题目。请你关注以下三点：

一、尊重

作文题规定写作可以有三个角度，第一，这是对广大考生的尊重。因为人是有差异的，他们的思维、观点难免是不同的，即使是外形极其相似的孪生姐妹也是具有不同想法的。允许考生进行三种立意，就是对人最好的尊重，说明试题"目中有人"，"以人为本"；第二，这是对材料的尊重。因为材料本身有三种比较明确的指向性，按传统的考查标准，难免有高低优劣之分，但命题人让考生根据自己的理解进行作文，也是对材料本身的尊重，一如我们语文学习者对阅读文本的尊重一般；第三，这是对社会生活的尊重，对人生价值的尊重。因为社会人生本来就是复杂的、多元的，我们不能将自己的意志强加于人，我们要有包容心理，这样才能和谐与共，共享世界的美丽。其实，作文题的这种尊重意识是对新课程理念的最好诠释，是对新课程改革的深化进程做出的最佳导向。

二、有效

这个作文题是为考生着想的比较人性化的试题，它符合广大考生的正常的认知心理，来自考生熟悉的或是亲历的现实生活，甚至是正在不断思考而依然困扰心灵的人生考题。而今，这个试题就活生生地摆在面前，而且是可以听从心灵的指引畅所欲言，怎能不令人心动呢？考生们可以大胆地说真话，抒真情；也能够说点客套话，说说心中的愿望与理想；从三个角度去发挥，至少是绝对不会离题,消除了怕说错话而丢分的心理困惑。因此,这样的作文题是有效的,是面向全体考生的,从源头上抑制了无效作文的产生。正如浙江 2012 年高考作文命题专家所说的,"这样就可以避免新材料作文考查中,经常出现的立意过窄或过宽等弊端,能够让更多的考生实现有效写作。"

三、**挑战**

作文题的挑战首先是作文形式的挑战。自从 2009 年浙江考了新材料作文后,连续两年都是"材料 + 标题"式的新命题作文,今年考前许多专家认为 2012 年还会延续新命题的形式;第二个挑战就是材料本身选择上的挑战,是需要一定勇气的。这是刘继荣的一篇博文,上半年网友们对此炒得厉害,大家都在围绕"社会价值观"进行大讨论,而主流的价值观往往占据"头版头条",但多元社会应该允许多元思维与观念的存在;第三就是对社会观念的挑战。浙江省语文特级教师、高考作文研究专家徐桦君认为:"从立意取向看,今年的作文题有意要将一种传统思维——英雄情结拿出来让考生进行争辩,颠覆以往社会固有的观念,更突出了考生对自身生命的体验——让考生的关注点指向个体的存在价值。"但愿观念的挑战能引起人们内心世界的震撼,但从奥运会上人们对金牌的顶礼膜拜来看,挑战任重而道远。

应该说,今年的作文题给我们的作文教学以启示,尤其是考生自身基本功的锤炼:

一、**阅读**

要重视学生的阅读,尤其是课外阅读。首先是阅读书籍,它能开阔学生的视野,加强学生的心智,积淀学生的人文素养,丰富学生的思想情感。而这些不仅是写出成熟作文的需要,更是学生人生成长的需求。其次是阅读社会;学生不但要读有字的书,更要读无字的书,就是读我们的时代,关心我们的生活。我们可以通过读报上网等方式,那里有许多鲜活的素材,都是作文的好材料。

二、**诗意**

一篇好作文除了立意外,还要看语言表达的功力。而写诗能帮助你理顺自己的语言,凝练自己的语言,优美自己的语言,诗化自己的文字;同时,写诗还能抒发我们青春的情感,排遣心里的郁闷;写诗能锤炼我们的思想,记录我们成长的脚步。总之,写诗可以促进我们的写作思维,使之感性与理性并存,提高我们的写作能力。

三、习惯

要用好高考前的模拟考试与综合训练的机会,真实地测试自己的水平,从而查漏补缺,逐步提高。同时,还要指导学生尽可能养成良好的应试习惯,注意细节。譬如要有足够的时间进行审题;选择自己最拿手的文体写作;最好列个提纲;拟个好标题;段落不要太少,以 5~7 个为宜,也不要太多,以免有散乱的感觉;一定要有结尾;学会使用关键词来不断点题;书写工整等。

附:2012 浙江高考作文题

阅读下面的文字,根据要求作文。

台湾女作家刘继荣在博文上说,她上中学的女儿成绩一直中等,但是却被全班学生全票推选为"最欣赏的同学",理由是乐观幽默、热心助人、守信用、好相处等。她开玩笑地对女儿说:"你快要成为英雄了。"女儿却认真地说:"我不想成为英雄,我想成为坐在路边鼓掌的人。"博文引发了广大网民的热议。

网民甲:"坐在路边鼓掌,其实也挺好。"

网民乙:"人人都在路边鼓掌,谁在路上跑呢?"

网民丙:"路边鼓掌与路上奔跑,都应该肯定。"

从上述网民的议论中,选取一种看法,写一篇文章,也可以讲述故事,抒发情感,也可以发表议论。

第六辑 点亮学生——语文教师的特殊使命

为什么"不许百姓点灯"

有一次黄飞同学在自修课时看小说,被班主任发现,小说被没收,他很气愤:"你们老师为什么可以看小说?这不是'只许州官放火,不许百姓点灯'吗?"班主任也火了:"你说一说这句话出自何处?什么意思?说得出,书还你。"黄飞一时懵了。下一节正好是语文课,他就问我。我问其他学生知道吗?朱秋吉同学抢着说了:"据陆游《老学庵笔记》,'只许州官放火,不许百姓点灯'的成语,说的是田登任州官时,元宵节出告示'本州依例放火三天','登''灯'同音,就将'灯'改为'火'"。

我问为什么要将"灯"改为"火"?还是朱秋吉同学说:"那是为了避讳。"而其他同学一脸茫然。我就讲了一个故事:清代有位读书人,因风吹乱书页,引发诗兴,吟了一句"清风不识字,何事乱翻书",便招致杀身之祸。因为那"清风"被指暗讽"清朝",这起"清风"诗案虽说是"文字狱",但涉及到古代传统文化的一个习俗——"国讳",即帝王的忌讳。假如有人或事物的称呼与帝王名号同字时,得另换一个字替代。统治者为了维护其统治和尊严,非常注重避讳字的推行,并为避讳字的运用制定了各种规定,形成了汉字文化中一道独特的风景线。

学生们似懂非懂,我就趁热打铁,布置了课外拓展题:去查一查中国历史上有哪些"国讳"?两天后,有10多个学生交来了作业,我让他们当堂交流,互相补充,并将之汇总。部分内容如下:

周代齐桓公名小白,齐人将白色的赌具"五白"改成"五皓";秦始皇讳政,正月改为"端月";汉高祖名"邦","邦"字改为"国",整个《史记》无"邦"字;汉文帝讳"恒",恒山改叫"常山";景帝讳"启",《史记》就得把"微子启"写成"微子开"……

大家熟知的柳宗元《捕蛇者说》:"故为之说,以俟观人风者得焉"句中的"人风"就是"民风",是为了避李世民的讳。

宋朝有个书生吴倜大考夺魁，徽宗皇帝有意提携，但他书生意气，不会讨好权奸蔡京。蔡便使绊，强加的罪名是"傲狠无上"。皇上惊问其详，蔡京说："此人明知陛下御讳（徽宗名佶）而不肯改他的名，只是用一圈围之，这不明摆着目无圣上吗？"于是，吴倜名落孙山。蔡京在"倜"和"佶"两字做文章，依据的正是避国讳陋习。朱元璋做过和尚，忌人说"光头"的"光"；后"落草"为"贼"，不准说"贼"，连近音的"则"也不准用。杭州府教授徐一夔在贺表中因称颂"光天之下，天生圣人，为实作则"犯讳被抄斩。

随着封建专制的进一步强化，避国讳愈演愈烈，发展到清代更达到登峰造极的地步，尤其在雍正、乾隆时期，其已成为清代"文字狱"案的重要部分，一位考官在科举考试中以《诗经》中的诗句"维民所止"为题，雍正皇帝认为"维止"二字正好是去掉了头的"雍正"二字，暗示着雍正要掉头，于是这位考官便成了刀下鬼。乾隆有一次见一居民门楣上写有"五福临门"四字，非常气愤，第二天便领诏责问，并为此诏令全国不得再题这四个字，违者治罪，若为官者则革职，为的是避爱新觉罗·福临的讳。

……

其实，我们了解"避讳字"这一特殊的古书用字现象，绝对不是什么浪费时间，这对我们学习古代文献，加深内容理解是大有裨益的。

蝴蝶飞进了文学梦

学习苏教版必修四第三专题晚唐著名诗人李商隐的《锦瑟》，我们读到诗歌运用庄周梦蝶的故事写出了诗人对恋人的思念："庄生晓梦迷蝴蝶，望帝春心托杜鹃。"他巧妙地化用了"庄周梦蝶"的著名典故，使诗歌意境丰厚而深远。为此，我布置了一道课外拓展学习作业：找一找文学作品中运用"庄周梦蝶"典故的诗句，并予以归类。

在进行作业交流时，我作了如下开场白：我们知道，庄子《齐物论》中记载庄周曾在梦中化为蝴蝶，醒来之后，不知是自己在梦中化为了蝴蝶呢，还是蝴蝶在梦中化成了自己。庄周的"蝴蝶梦"从此就像那翩翩飞舞的蝴蝶一样，自由地飞舞在文学的长空，让人梦牵魂萦，它那独特的艺术魅力使无数文人墨客为之倾倒与沉醉。此后"梦"与"蝶"交织在一起，以其迷离的梦幻色彩为历代迁客骚人吟唱传诵，这一文学意象也在他们的不断传承与发展中变得越来越迷人，至今魅力不减，实属文学史上的奇迹。

下面是学生发言记录。

李频同学：把蝶与梦联系起来演绎"庄周梦蝶"的故事，并借此抒怀的应首推梁简文帝萧纲。他在《十空六首·如梦》一诗中首次运用"庄周梦蝶"的典故来表达一切皆空、人生如梦的思想："秘驾良难辨，司梦并成虚。未验周为蝶，安知人作鱼。"简文帝虽贵为帝王，但身为傀儡的他终日如履薄冰，此时多么希望化为庄周梦中之蝶，来消解心中的忧愁。

王博同学："蝴蝶梦"更多的是寄予了文人们对亲人的怀念和对友人的思念之情，除了李商隐的《锦瑟》外，还如黄庭坚的《红蕉洞独宿》："南床高卧读逍遥，真感生来不易销。枕落梦魂飞蛱蝶，灯残风雨送芭蕉。"（《山谷外集》卷十四）诗人独自夜宿红蕉洞，睹物思人，想起了早已离开人世的妻子，借蝴蝶梦来消解心中的悲苦与对亡妻的怀念。还如李若水的《次韵高子文途中见寄》"别后梦烦庄叟蝶，迩来书误子卿鸿"，向伯恭的《鹧鸪天·番禺齐安郡王席上赠故人》"长怅恨，短姻缘，空余蝴蝶梦相连"和黄庭坚的《离亭燕·次韵答廖明略见寄》"梦去倚君傍，蝴蝶归来清晓"等，无不用蝴蝶梦表达了友情。

包梦佳同学："蝴蝶梦"也常寄托着文人们对故国、故土的思念之情。有家不能回，有国不能报，身陷异国他乡的庾信首先借用蝴蝶梦来抒写了自己对故国的思念与独在异乡的哀愁，如他的《拟咏怀》："琴声遍屋里，书卷满床头，虽言梦蝴蝶，定自非庄周……"，唐人崔涂的《春夕旅怀》"水流花谢两无情，送尽东风过楚城。蝴蝶梦中家万里，杜鹃枝上月三更"，欧阳修的《玉楼春》"寻思还有旧家心，蝴蝶时时来役梦"和洪迈的《秋日漫兴》"倦游已梦庄生蝶，不饮何忧广客蛇"等都通过蝴蝶梦寄予了游子的思乡之情。

徐谨同学：面对山河破碎，国破家亡，忠臣节士们也通过"蝴蝶梦"宣泄了他们保家卫国，眷念故国的复杂感情。辛弃疾抗金无路，报国无门，壮志难酬，蝴蝶梦是他的真实写照："怎得身似庄周，梦中蝴蝶，花底人间世。"（《念奴娇·和赵国兴知录韵》），而《满江红》一词则表达了他对沦陷故土的思念："层楼望，春山叠，家何在，烟波隔，把古今遗恨，向他谁说？蝴蝶不传千里梦，子规叫断三更月。"

小结："庄周梦蝶"的故事以其丰厚的意蕴，为文人们提供了广阔的审美空间，他们将离愁别绪、人生慨叹、思乡恋国等多种情感在作品中一一呈现，并在他们的不断演绎与创造下，这一文学意象的魅力也越来越美丽。

"独立"问大地，"挥斥"为中华

学习现代诗歌，可以抓关键词，通过对关键词意义的把握，弄清词语的来龙去脉，同时，要知人论世，了解关键词背后隐藏的背景故事，这样能够帮助我们学习诗歌，加深对诗歌的理解，有利于我们更好地鉴赏诗句，体会诗歌的情感。

如毛泽东的《沁园春·长沙》中有两个词语——"独立"与"挥斥"，有其特定的含义，值得探究一下。

【独立】

《沁园春·长沙》上阕中有"独立寒秋，湘江北去，橘子洲头"之句，其中的"独立"是"单独地站立"的意思，是由两个单音节字构成的文言词语，不是现代汉语的复合词。这一词语出于《易·大过》："泽灭木，大过；君子以独立不惧，遁世无闷。"孔颖达疏："君子于衰难之时，卓尔独立，不有畏惧。"杜甫的《独立》诗也有涉及："天机近人事，独立万端忧。"金圣叹在《杜诗解》中说："操危虑深，故云独立。"由此看来，没有无缘无故的"独立"，"独立"是有特定含义的。

【挥斥】

《沁园春·长沙》下阕有"恰同学少年，风华正茂，书生意气，挥斥方遒。指点江山，激扬文字，粪土当年万户侯"之句，其中的"挥斥"是"奔放"之意。西晋郭象注："挥斥，犹纵放也。"

而毛泽东在词中将"挥斥"与"方遒"组合成"挥斥方遒"一词，意为"热情奔放，劲头正足"。因为"方"是正；"遒"乃强劲有力。

其实，文言中与"挥斥"搭配的词语还有一些，现列举一二：

1."挥斥隘尘寰"；出于宋朝张孝祥的《水调歌头》"指点虚无征路，时见双凫飞舞，挥斥隘尘寰。"其中"隘"是"狭窄"的意思，"尘寰"即"人世间"；表现了诗人在狭窄的人世间追求自由、奔放的壮志。

2."挥斥八极"；出自《庄子·田子方》"夫至人者，上窥青天，下潜黄泉，挥斥八极，神气不变。""挥斥"是奔放之意；"八极"是八方，极远之处。形容人的气概非凡，能力巨大。

3."挥斥幽愤"；出自唐朝李白《暮春江夏送张祖监丞之东都序》"每思欲遐登蓬莱，极目四海，手弄白日，顶摩青穹，挥斥幽愤，不可得也。"其中的"幽愤"是郁结在心里的怨愤的意思。表现了诗人热爱自由、追求自由的精神境界。

【背景】

《沁园春·长沙》写于1925年,时年毛泽东32岁,正处于"风华正茂"的人生季节。那年,他离开湖南前往当时的革命活动中心广州,主持农民运动讲习所,深秋时节在长沙停留,重游橘子洲,追怀了1911到1923年间在长沙的求学生活和革命斗争经历,"忆往昔峥嵘岁月稠",并写下此作。

我们知道,1911年18岁的毛泽东到长沙开始了长达13年的求学、工作和从事革命活动的生活,包括与人一起创立了新民学会,建立湖南共产主义小组,参加反对袁世凯称帝,领导驱逐反动军阀张敬尧的活动等。尤其是他主编的《湘江评论》,成立的马克思主义研究会,为1921年中国共产党的成立,在湖南地区做了准备。这些活动让他积累了许多宝贵的政治财富。而且,这期间,国内外发生的许多重大事件,如辛亥革命、第一次世界大战、五四运动、中国共产党的成立等,激励了他,使他看到世界形势正发生巨大的变革,让他收获了必胜的信心,激发了昂扬的斗志。虽然当时军阀赵恒惕正在通缉他,可谓"操危虑深",但他身处险境依然能"独立寒秋","寒"而不悲,"独"而不弃;依然能"挥斥方遒",保持积极向上的乐观精神,尽显书生意气。从容无畏的他看到了"万类霜天竞自由"的美丽画面,抒发了"粪土当年万户侯"的雄心壮志,那是"同学少年"雄姿英发的风貌和气概。因为他们年轻,年轻是人生最大的财富。因此,他敢问大地:"谁主沉浮",充分表现了诗人主宰山河的抱负。这些也可从他的同学罗学瓒的诗句中找到答案,"光芒垂万丈,何畏鬼妖精","立志在匡时,欲为国之英",足见他们伟大的志向。

所以说,"独立"与"挥斥"等词体现了诗人以天下为己任,肩负起国家兴亡、主宰民族命运的壮志豪情。

现代诗歌流传的不是语言是趣闻

诗歌应该是有趣的,因为诗人是有趣的;每一首好诗背后,都有一个有趣的故事。如果我们在诗歌教学时,补充或让学生去收集一些诗歌趣闻,可以帮助学生学习诗歌。我在教学苏教版必修一现代诗歌专题——"向青春举杯"时,让学生利用课余时间,做了这个作业。比较典型的有以下几个趣闻。

宝塔诗调侃"傻姑爷"

冰心(1900—1999),人称"世纪老人",福建人,原名谢婉莹;现代著名诗人、翻译家、作家、儿童文学家,崇尚"爱的哲学",母爱、童真、自然是其作品的主旋律。她的小诗《繁星》《春水》等引起文坛的极大反响。冰心是她的笔名,取自"一片冰心在玉壶"之意。

冰心的性格活泼开朗,风趣幽默,而她的丈夫吴文藻先生却性格内向,朴实憨厚,书呆子气十足的吴先生常常受到妻子的"捉弄和取笑"。他们为我们留下了许多有趣的故事,而以宝塔诗《马丁香》最有名。

抗战初期一个周末的晚上,清华大学校长梅贻琦先生和几个清华大学的同学一起来到冰心家里。闲谈之中,冰心当场创作了一首宝塔诗,这是女诗人一生创作的唯一一首谐趣诗。诗曰:

马

香丁

羽毛纱

样样都差

傻姑爷到家

说起真是笑话

教育原来在清华

梅校长看罢不知道是什么意思,冰心一一作了解释。原来,这首宝塔诗是吴文藻先生的笑话集锦,它的每一句诗都反映了吴文藻的一个笑话。"马"是说当地小孩子们把点心萨其马简称叫作"马"。一次,冰心让吴文藻上街去买萨其马,吴文藻到点心铺里说他要买"马",结果闹了个大笑话;"香丁"是指冰心婚后不久,有一天和丈夫一起回娘家。下午,冰心和母亲一起在楼前的丁香树下观赏丁香花。而吴文藻却依然在家里用功,母亲让冰心把吴文藻喊出来休息一会儿。吴文藻人来到了丁香树下,心却还在学问里。他应酬似地指着树上的花问妻子:"这是什么花?"冰心回答:"是丁香花。"吴文藻听罢点头说:"噢,是香丁花。"惹得众人哈哈大笑;"羽毛纱"是说有一次,冰心让吴文藻为岳父买一件双丝葛的夹袍面子。吴文藻到了布店说要买一丈多羽毛纱。布店小二觉得奇怪,打电话给冰心家,才知道吴文藻又闹了个大笑话。"傻姑爷"因此得名;最后一句是冰心同梅校长开玩笑,意思是说,吴文藻这个书呆子是清华大学培养出来的。

梅校长和几个清华同学听完这些故事后笑得前仰后合。最后梅校长以进为退,说冰心是出了名的交际花,并当场给冰心的宝塔诗后续了两句,使原诗变成了:

马

香丁

羽毛纱

样样都差

傻姑爷到家

说起真是笑话

教育原来在清华

冰心女士眼力不佳

书呆子怎配得交际花

众人听了哈哈大笑，冰心也笑了。一段关于宝塔诗的趣闻因此而传名。

【相关链接】

宝塔诗：杂体诗的一种；顾名思义，是宝塔形状的诗，底大顶细，由唐代的"一七体"发展而来。"一七体"，即诗的第一句为诗题一字，以下逐句递增字数，由二、二，三、三至七、七，如此排列下来，构成一个等腰三角形，即如塔形、山形，起始的字，既为诗题，又为诗韵，每句或每两句成韵。

求诗艺甘拜"一字师"

郭沫若，原名郭开贞，是我国著名的现代作家、诗人、考古学家、思想家、革命活动家、古文字学家。1918 年写的《死的诱惑》是他最早的新诗。1919 年五四运动爆发，他投身于新文化运动，写出了《凤凰涅槃》《地球，我的母亲》《炉中煤》等著名诗篇。他的代表诗集《女神》摆脱了中国传统诗歌的束缚，充分反映了"五四"时代精神，在中国文学史上开一代诗风，是当代最优秀的革命浪漫主义诗作。代表作有诗集《女神》，历史剧本《屈原》《王昭君》等。

郭沫若的成就与他的勤奋认真是分不开的，他爱说打油诗，而且平时喜欢与他人切磋诗艺，拜了好多"一字师"。打油诗最早起源于唐代民间，以后瓜瓞绵绵，不断发展，表现出活跃的生命力。这类诗一般通俗易懂，诙谐幽默，有时暗含讥讽，风趣逗人。

1942 年 6 月 26 日，郭沫若应邀去重庆北碚观看他写的大型历史剧《屈原》的演出。他抱着自家用的大瓷瓶准备给婵娟作道具。一路遇雨，到了剧社，诗性大发，平时以写新诗闻名的他，脱口吟出一首打油诗：

不辞千里抱瓶来，此日沉阴竟未开。敢是抱瓶成大错，梅霖怒洒北碚苔。

演员们听了说:"两个'抱瓶'字重复了,不大好。"他便把第三句改为"敢是热情惊大士"。饰婵娟的张瑞芳挤进来插嘴道:"这'怒'字太凶了一点。"郭沫若马上高兴地表示:"好的,我要另外想一个字改正。"

郭沫若炼字造句的精神,是家喻户晓的。面对那个太凶的"怒"字,郭沫若想到了王安石改《泊船瓜洲》中的"春风又绿江南岸"中的"绿"字,是经过十余次的锤炼而得的。于是,他绞尽脑汁,将"怒"字改为"遍"字,似乎不妥;又将"遍"字改为"透"字,又觉不好;几经周折,最后他才将"怒"字改定为"惠"字。因此,打油诗变成了:

不辞千里抱瓶来,此日沉阴竟未开。敢是热情惊大士,梅霖惠洒北碚苔。

郭沫若为一首打油诗中的一个字而虚心向他人学习,这种品质流传后世,成了文坛美谈。

【相关链接】

一字师:齐己写《早梅》向郑谷求教,将"数枝"改为"一枝",郑谷是齐己的一字之师;贾岛为"推"、"敲"两字问学韩愈,韩愈成了贾岛的一字之师……就在1942年,郭沫若在观看《屈原》的排演,舞台上的宋玉和婵娟在对话,婵娟斥责宋玉:"宋玉,我特别恨你,你辜负了先生的教训,你是没有骨气的文人!"郭沫若听了觉得不够味,他将想法给饰演婵娟的演员张瑞芳说了,打算在"文人"前边加上"无耻的"三字,在一旁化妆的张逸生听了,插话说:"'你是'不如改成'你这'。'你这没有骨气的文人!'那就够味了。"郭沫若认为改得很恰当,后来专为这事写了短文《一字之师》。

遭遇"死水",成就《死水》

新月派代表诗人闻一多的《最后一次讲演》家喻户晓,他的新格律诗代表作《死水》也是众所周知,尤其是诗人选用了"死水"这个经典意象,让诗歌与诗人一起为后人称颂。其实,这里还有一个有趣的小故事呢。

1922年,诗人闻一多怀着报效祖国的志向去美国留学。在异国的土地上,诗人尝到了华人被凌辱、歧视的辛酸,但他仍然激情地歌唱着"如花的祖国"(《忆菊》),祖国在他心中是"慈光普照的太阳"。1925年,诗人怀着一腔强烈爱国之情和殷切的期望提前回国。然而,回国后呈现在他面前的却是一幅令人极度失望的景象——军阀混战,民不聊生,政治腐败,经济凋敝。祖国已不是他心中的祖国,于是他的理想之灯猝然熄灭,诗人的感情由失望、痛苦转至极度的愤怒。我们知道,诗人感情发泄的最好出口无疑是他的诗歌,因此,他一直想写首诗来表达自己的这种感受,却一时不知从何切入。

1926年春季的某一天,他与友人一起在北京西单行走时,闻到了腥臭无比的气味,友人纷纷逃离,因为这令人作呕的死水,肮脏得令人无法立足。可是,闻一多却站住了,他没有走开。面对这一汪臭水,他看到了臭水沟里被扔的破铜烂铁,生出了绿色、红色的锈,铜锈绿得如"翡翠",铁锈红得如"桃花";看到被泼的剩菜残羹的油腻,散在水面,阳光一照,犹如闪光的"罗绮";有的地方发了霉、生了毛,又宛如"云霞";死水发酵了,又变成有着"绿酒"般颜色的臭水,那上面泛起"飘满了珍珠似的白沫","剩菜残羹"正是在这样的一沟死水上,成群的花蚊子在上面杂乱地飞舞,偶尔,还有鼓噪的蛙鸣……

面对此时此景,他看呆了,他突发灵感,脑海里闪现出一个重要的词语——死水;"这是一沟绝望的死水",他几乎是一口气吟出了这首著名的新格律诗——《死水》。

友人们跑出一段路后停下脚步,发现闻一多不见了,于是又折回来去找他,看到他津津有味地对着这沟死水,嘴里还念念有词。他的朋友饶孟侃后来在《诗词二题》中回忆道:"《死水》一诗,即君偶见北京西单二龙坑南端一臭水沟有感而作。"

就这样,一沟臭水成就了《死水》,让"死水"成为了现代诗歌的一个经典意象,而意象是诗歌最耐人寻味的语言。

【相关链接】

新月诗派:活跃于20世纪20年代中后期的一个诗歌流派,分前后两期,前期以1926年4月创刊的《晨报·诗镌》为阵地,诗人有闻一多、徐志摩、朱湘、刘梦苇、饶孟侃等。这是一个致力于提高新诗技艺、潜心探索新格律的诗歌流派,以"三美"(建筑美、音乐美、绘画美)作为诗艺目标,对新诗发展有重大贡献。其中以闻一多、徐志摩的作用尤为突出。

为了一句诗,"三招"赛诗词

1945年8月28日,毛泽东肩负着民族的希望,与周恩来、王若飞一起前往重庆。他们的到来轰动了山城,蒋介石却措手不及。谁能料到,毛泽东的这次重庆之行,竟激起了诗坛的轩然大波。

9月6日,毛泽东拜访了老朋友柳亚子,柳欣喜异常,赠诗一首,同时他向毛泽东索要诗作。10 月 7 日,毛泽东手书旧作赠送给他,便是那首著名的《沁园春·雪》。柳亚子得到毛泽东的题赠后,特邀亲朋好友共欣赏,这首词很快轰动了山城,被重庆《新晚报晚刊》编辑吴祖光于 11 月 14 日公开发表,尤其对最后"俱往矣,数风流人物,还看今朝"之句特别推崇、赞许。

蒋介石看到此词后大发雷霆,想把毛泽东的诗歌气焰压下去,因为诗歌胜了,也等于政治上赢了。于是有人想出"三招",欲与《沁园春·雪》试比高。

第一招:"批"。他们组织易君左等一批国民党御用文人对这首词群起围攻,辱骂毛泽东野心勃勃,"数风流人物,还看今朝",是自比帝王,想称王称霸。这种做法遭到了进步文化界义正词严的揭露和驳斥,他们认为诗中的"风流人物"应该是全中国的人民大众,因为历史是人民创造的。尤其是郭沫若、柳亚子等人,都对这首词进行了正确诠释和热情赞扬。如此一辩一驳,让更多的人领悟了诗歌的深意。

第二招:"比"。眼看"批"已不成,国民党想出"比"的一招,希图组织人马写出比毛泽东更好的词,把共产党人的气势压下去。于是,他们通知各地要求会吟诗作词者,每人都写几首诗词,准备从中选出意境、气势和文笔都能超过毛泽东的。可是,征集上来的词作虽多,奈何均为平庸之作,尽管后来他们又在重庆、上海拉了几位"高手"凑数,终因成绩平平,尤其是写不出"数风流人物,还看今朝"那样鼓舞人心的句子。

第三招:"造"。"比"又自取其辱,国民党终于不得不使出他们惯用的无赖招数——造谣,说毛泽东是"草寇""不学无术",他的作品为柳亚子代笔,特别是最后一句"俱往矣,数风流人物,还看今朝"更是柳先生苦思冥想所得。这谣言,在几十年后的今天,早已不攻自破。何况还有香港学人黄霑在 1993 年的考证呢!他认为柳亚子的词"气魄气韵,思想意境都大大不及毛泽东原词"。真可谓:国民党"三招"赛诗词,《沁园春·雪》独领风骚。

大家来开"故事会"

在学习必修四"唐诗宋词"专题时,我向学生提出开一个诗人词人故事会的倡议,得到了大多数学生的拥护。在一周时间的准备后,我专门花一节课与学生进行交流。积极参与交流的有 10 多人,但真正让人满意的不多。下面是部分学生的故事。

王平同学讲了杜牧的两个小故事——

一篇作文中进士

杜牧的官运不错,26 岁就中了进士,而且还没有参加考试,名次就已经内定了。

原来杜牧参加进士考试那年,太学博士吴武陵跑到主考官那里,按惯例先吹捧了主考官两句。然后吴武陵说,不久前看见几个书生一起看一篇作文,都交口称赞作者是"王佐之才"。这篇作文就是被选进了我们中学语文课本的《阿房宫赋》,吴武陵当场朗诵了一遍,主考官听了也觉得确实很牛。吴武陵就跟主考官直接开价:"把状元给杜牧吧?"主考官做为难状:"第一名已经内定了,要不给个第五吧。"就这样,杜牧进士尚未考就已经得手了。

之后杜牧又在皇帝老子亲自主持的殿试中登科,顺利进入仕途,一时名满京华。真可谓:一篇作文中进士,《阿房宫赋》鉴后人。

这样的失恋——值

杜牧刚刚参加工作不久,他的领导牛僧孺有一位宠爱的歌女叫张好好,很合杜牧的审美标准。自从见到张好好,小杜没事就往领导家跑,真是"一日不见如隔三秋"。但张好好是领导家属,杜牧苦于有贼心没贼胆,停留于暗恋阶段。后来领导的弟弟和杜牧"英雄所见略同",也看中了张好好,于是张好好成了他的小妾,就这样,杜牧连一饱眼福的机会也被生生剥夺了。直到工作调动去扬州,杜牧还一直想念着张好好。

以"十年一觉扬州梦,赢得青楼薄幸名"自嘲的杜牧,其实是位颇富同情心的诗人。唐文宗大和七年(公元 833 年),杜牧路过金陵,曾为"穷且老"的昔日歌女杜秋,写了悲慨的《杜秋娘诗》;两年后,诗人任东都监察御史,在洛阳重逢了当年朝思暮想的梦中情人——张好好,又为她沦为"当垆"卖酒之女,而"酒尽满襟"清泪,感慨万千写下了著名的诗篇《张好好诗》。"洛城重相见,绰绰为当垆",当年那绰约风姿的张好好,才不过几年,竟已沦为卖酒东城的"当垆"之女。这令诗人十分震惊。奇特的是,当诗人揭开张好好生涯中最惨淡的一幕时,全然不顾及读者急于了解沦落真相,反而转述起女主人公对诗人的关切询问来:"怪我苦何事,少年垂白须?朋游今在否?落拓更能无?"此四句当作一气读,因为它们在表现女主人公的酸苦心境上,简直妙绝。与旧日朋友的相逢,竟是在如此尴尬的场合;张好好纵有千般痛楚,教她也无法向友人诉说。沉沦的羞愧,须强加压制,最好的法子,便只有用这连串的问语来岔开了。深情的诗人不会不懂得这一点。纵有千种疑问,也不忍心再启齿相问。诗之结尾所展示的,正是诗人默然无语,在"凉风生座隅"的悲哀中,凝望着衰柳、斜阳,扑簌簌流下满襟的清泪。使得诗人落泪不止的,便是曾经以那样美好的歌喉,惊动"高阁""华筵",而后又出落得"玉质""绛唇""云步""艳态"的张好好的不幸遭遇;便是眼前这位年方十九,却已饱尝人间酸楚,终于沦为卖酒之女、名震一时的名妓。

这首诗正以如此动人的描述,再现了张好好升浮沉沦的悲剧生涯,抒发了诗人对这类无法主宰自己命运的苦难女子的深切同情,表现了对摧残、伤害美好善良女子的社会的遗憾和抗议。

杜牧并不以书法出名,但这股相思可能憋得太久,爆发出来却别有风致,以至杜牧手书的《张好好诗》成为了书法珍品。流传至今的《张好好诗》纸本上,有宋徽宗、贾似道、年羹尧、乾隆等一堆名人的鉴定印章。后来被民国四大公子之一、收藏家张伯驹购得,最后捐献给了国家。

都说人生失意是件坏事,但小杜的失恋却成就了一件国宝,这样的失恋值了。

赵敏杰同学说白居易——

成也诗歌,败也诗歌

唐代大诗人白居易以其《琵琶行》《长恨歌》《卖炭翁》等名篇在中国文学史上留下美名,可以说,是诗歌成就了他,同时也是诗歌使他一生命运多舛。

他祖籍山西,后迁下邽(今陕西)。772年他出生于新郑县(今河南),他的祖父白湟和父亲白季庚都是诗人,这为他成为诗人营造了良好的家庭背景。贞元十八年(802年),他与元稹同举书判拔萃科。800年,29岁的他中进士,先后任秘书省校书郎、盩至尉、翰林学士。

元和元年(806年),他撰《策林》75篇,表现出重写实、尚通俗、强调讽喻的倾向;又作《观刈麦》《长恨歌》《池上》等。任左拾遗时,他写了大量讽喻诗,代表作是《秦中吟》10首和《新乐府》50首,这些诗得罪了权贵,为后来他被贬江州司马埋下了伏笔。

元和四年,他与元稹等积极倡导"新乐府运动",世称"元白",主张"文章合为时而著,歌诗合为事而作"。为此,他写下了不少感叹时世、反映人民疾苦的有名的讽喻诗,语言通俗易懂,被称为"老妪能解"。但他的诗的诗意并不浅显,他常以浅白之句寄托讽喻之意,取得怵目惊心的艺术效果,如《轻肥》一诗描写了内臣、大夫、将军们赴会的气慨和席上酒食的丰盛,结句却写道:"是岁江南旱,衢州人食人",这是多么悲惨的情景。

元和五年(810年),他改京兆府户曹参军,仍充翰林学士,草拟诏书,参与国政。他不畏权贵近臣,直言上书论事。元和六年,他因母丧居家,服满,应诏回京任职。元和十年,白居易44岁时,因率先上书请急捕刺杀宰相武元衡的凶手,可是那些掌权者非但不褒奖他热心国事,反说他抢在谏官之前议论朝政是一种僭越行为,于是被贬为江州(今江西九江)司马。元和十一年(816年),他45岁写下名篇《琵琶行》,并开始"吏隐",思想从"兼济天下"转向"独善其身"。从此,他的诗闲适、感伤的渐多,但仍流露出忧国忧民之心。

元和十五年(820年),唐宪宗暴死,穆宗继位,穆宗爱他的才华,把他召回长安,做司门员外郎等。但当时朝中很乱,大臣间争权夺利,明争暗斗;穆宗政治荒怠,不听劝谏。于是他极力请求外放,穆宗长庆二年(822年)出任杭州刺史,后又任苏州刺史。他勤于政事,做了不少好事,如曾经疏浚李泌所凿的六井,解决百姓的饮水问题;在西湖上筑了一道蓄水灌田的长堤,这就是有名的"白堤"。

他晚年好佛,与"诗豪"刘禹锡友善,称"刘白";晚年长期居住在洛阳香山,故号"香山居士"。公元846年,白居易去世,葬于香山,享年75岁,李商隐为其撰写了墓志铭。

他的诗在当时流传广泛,上自宫廷,下至民间,处处皆是,其声名还远播至新疆和朝鲜、日本。

这正是"成也诗歌,败也诗歌",试想如果没有诗歌,我们还会记住白居易吗?鱼与熊掌不可兼得,他输了政治,却成就了诗歌,应该说这一生他绝对值了。

刘来同学喜欢柳永,他说了——

"奉旨填词柳三变"

千古名篇《雨霖铃》的作者是北宋著名词人柳永,他一生求功名未得,却与柳巷结下了不解之缘,写下了许多羁旅穷愁词,让后人不时传诵。尤其是他自称"奉旨填词柳三变"的趣闻给我们留下了深刻的印象。

柳家世代做官,柳永的父亲、叔叔、哥哥都是进士,连儿子、侄子都是。柳永本人却仕途坎坷,景祐元年(1034年),才赐进士出身,此时已年近半百。柳永少年时在家乡勤学苦读,望能传承家业。学成后,他到汴京应试,准备大展鸿图。

不料，一到光怪陆离的京城，骨子里浪漫风流的年轻才子，就被青楼歌馆里的歌妓吸引，把那政治理想完全抛在脑后，一天到晚在风月场里潇洒，并把他的风流生活写进词里："近日来，陡把狂心牵系。罗绮丛中，笙歌筵上，有个人人可意。"当然，他也没有忘记此行的目标，只是他"自负风流才调"，自信"艺足才高"，没把考试当回事，以为考中进士、做个状元是唾手可得的事。不料事与愿违，发榜时名落孙山。他沮丧愤激之余，写下了传诵一时的名作《鹤冲天》（黄金榜上），宣称"忍把浮名，换了浅斟低唱"。你皇帝老儿不让我进士及第去做官，我不做官，又奈我何！在词坛上叱咤风云，难道不是一样的辉煌？

表面上，柳永鄙视功名利禄，其实这只是失望后的牢骚，心里他还是忘不了功名的，他在《如鱼水》中既说："浮名利，拟拼休。是非莫挂心头。"又自我安慰"富贵岂由人，时会高志须酬"。因此，不久他就重整旗鼓，再战科场。

仁宗初年的再试，考试成绩本已过关，但由于《鹤冲天》词传到禁中。等到临轩发榜时，仁宗以《鹤冲天》词为口实，说他政治上不合格，就把他给黜落了，并批示："且去浅斟低唱，何要浮名？"

如此失败，柳永真的有些愤怒了，他干脆自称"奉旨填词柳三变"，从此无所顾忌地纵游妓馆酒楼之间，致力于词的创作。官场上的不幸，反倒成全了他，使他的艺术天赋在词创作领域得到充分的发挥。当时教坊乐工和歌姬每得新腔新调，都请求柳永为之填词，然后才能传世，得到了听众的高度认同。

然而，他并没有真正放下心中的功名之欲，他还想要功名，他仍希望走上通达的仕途。于是他或去漫游，或辗转于求官的途中。漫长的道路，漫长的希望与寂寞中，柳永写下了大量羁旅行役之词，遗憾的是其作品仅《乐章集》一卷流传至今。这类作品向来受到学者的称赞，其中描写羁旅穷愁的如《雨霖铃》，一直是各类教科书的必读作品，在莘莘学子的反复诵读涵咏中代代相传，至今犹盛。

可以这么说，如果没有"奉旨填词"，就没有《雨霖铃》这样的传世佳作，也成就不了词人柳永的英名。

李尚丽同学对研究李白感兴趣——

一生远游为理想，诗歌作伴济世路

李白，中国唐代伟大的浪漫主义诗人，被后人尊称为"诗仙"。他701年生于中亚西域的碎叶城（今属吉尔吉斯斯坦）。20岁时只身出川，开始广泛漫游，游遍了大半个中国。他不愿应试做官，想靠自身才华，通过他人举荐走向仕途，去实现政治理想,但一直未得到赏识。直到 742 年,他才被召至长安,供奉翰林。仅三年,就弃官而去,继续着飘荡四方的流浪。756 年,他参加了永王李璘的幕僚。不幸,永王与肃宗发生了权位争斗,兵败后,李白受牵累,流放夜郎(今贵州),途中遇赦。晚年漂泊东南一带,不久病卒。

725 年,李白出蜀,"仗剑去国,辞亲远游"。在江陵,他见到了受三代皇帝崇敬的道士司马承祯。司马不但欣赏他的人,更欣赏他的诗文,赞其"有仙风道骨,可与神游八极之表"。李白为司马如此高的评价欢欣鼓舞。兴奋之余,他写成大赋《大鹏遇希有鸟赋》,以大鹏自喻,这是李白最早名扬天下的文章;李白自江陵南下,泛舟洞庭,继续东游,来到庐山,写了脍炙人口的《望庐山瀑布》;又访六朝故都金陵,去姑苏,写了咏史诗《乌栖曲》,这诗后来得到贺知章的赞赏,称其"可以泣鬼神矣";又去襄阳拜见孟浩然,写下著名的五律诗《赠孟浩然》。

735 年,一次玄宗狩猎,正好李白也在西游,因上《大猎赋》,希望能博得玄宗赏识。李白进长安后结识了卫尉张卿,向玉真公主献诗,一步步接近了统治阶级上层。他还结识了贺知章,贺颇为欣赏他的《蜀道难》和《乌栖曲》,问:"你是不是太白金星下凡到了人间?"一年快过,李白仍无机会出任,这使他感到失望与愤懑,只有发出"行路难,归去来"的感叹,离开长安。

742 年,因玉真公主与贺知章的交口称赞,玄宗大为赞赏他的诗赋与政治卓识,令李白供奉翰林,草拟文告,陪侍皇帝左右。李白受到玄宗宠信,同僚产生嫉恨之心,又被翰林学士张坦诽谤,使李白不胜感慨,他写了首《翰林读书言怀呈集贤诸学士》表示有意归山。谁料此时,他倒被赐金放还。

744 年,李白到东都洛阳,遇到杜甫,两位伟大的诗人见面了。"李杜"以平等的身份,评文论诗,纵谈天下,都为国家的隐患而担忧,建立了深厚的友情。

755 年,安史之乱爆发,李白避居庐山。756 年永王李璘东巡,李白应邀入幕,不料永王不久即败北。757 年冬,李白也因之被系浔阳狱,长流夜郎,"夜郎万里道,西上令人老",他更觉忧伤。

759 年,朝廷宣布大赦,这样,李白经过长期的辗转流离,终于获得了自由。他随即顺着长江疾驶而下,而那首著名的《早发白帝城》最能反映他当时的心情。762 年,李白病重,把手稿交给李阳冰,赋《临终歌》后与世长辞,终年 62 岁。

当然这样的活动有点费时,受高考的制约,一些学生不愿花费时间去做,其实,他们不知这种活动对自身语文素养的提高有利,更有助于高考。

豪放词不该忘记李煜

学习苏教版必修二"历史的回声"专题"千古江山"板块中苏轼的《念奴娇·赤壁怀古》与辛弃疾的《永遇乐·京口北固亭怀古》两词时,我向学生布置了一个预习题:了解豪放派演变史。虽然豪放派以苏轼、辛弃疾为代表,他们作词豪放、大气,表现出充沛的激情、丰富的想象力和变化自如、多姿多彩的语言风格,但豪放词的成功也不是一次性完成的,而是一个渐变的过程。

那么,豪放词是如何演变而来的呢?第二天,我请学生说一说:

马一军同学:词兴起于晚唐,发展于五代,繁荣于北宋,派生于南宋。从词的兴起到北宋末年,大约在两个世纪之中,词作为一种民间爱好,文人竞写的文学作品,已经达到它的黄金时代。也可以说,全部词中较好的那一半,均产生在这一时期。以后,即便在南宋时期,尽管派别滋生,作者增加,但就总的质量而言,已不如南宋以前的作品。那些作品及其作者,都是沿着自晚唐以来的一个传统而写作的。这个传统简单明了,即是后世所谓的"小调"。小调是民间里巷所唱的歌曲,其内容也颇为单纯,大多以有关男女相爱或咏赞当地风景习俗为主题。这些本来是《三百篇》以来几千年的老传统、旧题材,而"感于哀乐,缘事而发"的汉魏乐府,则表现得更为突出。宋词与乐府的关系是非常密切的,宋人的词集有时就称为"乐府",如《东山寓声乐府》《东坡乐府》《松隐乐府》《诚斋乐府》等。晏几道自称其词集为《补亡》,他自己解释道:"《补亡》一卷,补'乐府'之亡也。"意思是说,他的词正是宋代的"乐府"。

张中方同学:从五代到北宋这一词的黄金时代中,虽然名家辈出,作品如云蒸霞蔚,却从来没有人把他们分派别,定名号,贴签条。五代的作品,至少来自四个不同的区域:西蜀、荆楚、南唐、敦煌,但后来,也许为了讨论方便,提出了"花间派"这个名称,即用西蜀赵崇祚编的《花间集》的名称来定派别,这当然是不正确的,因为此集所选的温庭筠与韦庄的作品就大不相同,他们两人中的任何一人与波斯血统的李珣的一些作品又很不相同。但在北宋文人看来,《花间集》是当时这一文学新体裁的总集与范本,是填词家的标准。一般如果称赞某人的词不离"花间",为"本色"词,这是很高的评价。陈振孙称赞晏几道的词"在诸名胜中,独可追逼'花间',高处或过之。"由此可见,南宋的鉴赏家、收藏家或目录学家以《花间集》为词的正宗,词家以能上逮"花间"为正则。"花间"作风成为衡量北宋词人作品的尺度,凡不及"花间"者殆不免"自郐以下"之讥。事实上如何呢? 我们看北宋几个大家,如欧阳修、范仲淹、晏氏父子、张先、贺铸、秦观、赵令畤、周邦彦其词作莫不如此。柳永和他们稍稍不同,但他所不同者无非是写他个人羁旅离恨之感,而其所感者仍不脱闺友情妇。对于这些作品,当时北宋南宋的词论家或批评家,谁也没有为它们分派别,只是寻章摘句,说说个人对某词某联的喜爱欣赏而已。

叶冰同学提出了他人都没说的观点:这里还要提一个五代南唐著名的词人,即千古词帝李煜。我们先来看一看他在投降时写的一首词。

破阵子

四十年来家国,三千里地山河。

凤阁龙楼连霄汉,玉树琼枝作烟萝。

几曾识干戈? 一旦归为臣虏,

沈腰潘鬓消磨。最是仓皇辞庙日,

教坊犹奏别离歌。垂泪对宫娥。

可以说从这首词开始,词真正走出了闺房,由"伶工之词"转变为"士大夫之词"。王国维对此的评价是:"眼界始大,感慨遂深。"在古代,士大夫的重要标准就是要有关心国家大事的胸怀和理想,因此,当李煜把他对国家的感情表现在自己的词中,他的词也就成了"士大夫之词"。他的这个转变,真正把词的地位提高了,实际上渐渐地也为后来的苏辛豪放派打下了基础。所以,我们说豪放词,是不该忘记李煜的,他的功劳将永载文学史册。

应该说,活动增长了学生的见识,锻炼了他们的表达能力、分析能力,更多的是丰富了他们的积累。

大家齐动手,学习序与赋

教学苏教版必修四的《滕王阁序》与《秋声赋》时,为了激发学生的学习兴趣,我布置了让学生说一说"序"与"赋"相关知识的作业,旨在锻炼他们搜集资料与删选信息的能力。虽然最后交流时,许多学生在等待别人发言,但还是有一些学生认真去做了,而且做得很好。如王莉同学的《序》与孟凡森同学的《赋》。

序

序,是介绍评述一部著作或一篇文章的文字。又名"序言""前言""引言",是放在著作正文之前的文章。作者自己写的叫"自序",内容多说明文章的内容,写作缘由、经过和特点;而让别人代写的序叫"代序",内容多介绍和评论该书的思想内容和艺术特色。这类文章,按不同的内容分别属于说明文或议论文。说明编写目的、简介编写体例和内容的,属于说明文;对作者作品进行评论或对问题进行阐述的属于议论文。

在古代,序作为独立文体的分别是书序与赠序。

书序是著作、诗文前的说明或评价性的文字,也作"叙"。《尔雅》:"叙,绪也。"《毛传》:"序,绪也。"由此看来,"序"与"叙"同义。著名的书序有《兰亭集序》《〈指南录〉后序》等。

赠序是送别赠言的文字,内容多是对于所赠亲友的赞许、推崇或勉励之辞,是临别赠言性质的文体。如明代文学家宋濂的《送东阳马生序》即是他写给同乡晚辈的赠序。其后凡是惜别赠言的文章,不附于诗帙也都叫赠序,内容多推崇、赞许或勉励之辞。赠序也有饯别、宴集时作的文章,如王勃的《滕王阁序》,是一篇骈文的杰作,文章写景怀古铺陈开阖,言志抒情抑扬顿挫,字句排偶对仗,并大量运用典故,修饰辞藻,是华丽风格的典范。

古代不论自序还是他人作序,序文一般都居著作正文之前,跋文殿后。但也有例外,如《太史公自序》,就置于书后,成为一个特殊的体例。我们常在古文中读到另一种序文,如柳宗元《送薛存义序》、韩愈《送孟东野序》、李白《春夜宴桃李园序》等,属于"赠序体"文章的名称,多为美文,和书序有别。但两者体例略同,因此合称序跋文。

古代还有一种是写在诗歌前面的序,叫"诗序",多交代与所咏故事有关的内容或作诗的缘起,如汉乐府《孔雀东南飞》、白居易的《琵琶行》等,但它不是独立的文体。

赋

赋是我国古典文学的一种重要文体,萌生于战国,兴盛于汉唐,衰于宋元明清。"赋"的名称最早见于战国荀况的《赋篇》。最初的诗词曲都能歌唱,而赋却不能歌唱,只能朗诵。它外形似散文,内部又有诗的韵律,是一种介于诗歌和散文之间的文体。赋的特点是语句上以四、六字句为主;句式错落有致并追求骈偶;语音上要求声律谐协;文辞上讲究藻饰和用典;内容上侧重于写景,借景抒情。

"赋"字用为文体的第一人应推司马迁。在汉文帝时,"诗"已设立博士,成为经学。在这种背景下,称屈原的作品为诗是极不合适的。但屈原的作品又往往只可诵读而不能歌唱,若用"歌"称也名不正言不顺。于是,司马迁就倾向于把屈原的作品以"辞"来命名,这是由于屈原的作品富于文采,而把宋玉、唐勒等人作品称为"赋"。后来真正把自己作品称为"赋"的作家第一人是司马相如。赋是汉代最具代表性,最能彰显其时代精神的文体。它远承《诗经》赋颂传统,近学《楚辞》,兼收战国纵横之文的铺张恣意之风和先秦诸子作品的相关因素,最后综合而成。它与汉代的诗文一起,成就了汉代文学的灿烂与辉煌。

从汉至唐初这段时期,楚辞体作品主题较为单一,多为"悲士不遇"。而其形式比较固定,都是仿效屈原作品体式,像屈原那样书写自己的不幸与愁思。屈原的《招魂》全篇的铺张夸饰,对汉大赋的影响不言而喻。赋带有浓厚的人文气息,这就是受楚辞影响极深所致。骚体赋,多采用楚辞的"香草美人"的比兴手法,也常继用楚辞的"引类譬喻"手法。

到了魏晋南北朝时,更出现了诗、赋合流的现象。一般来说,诗大多为情而造文,而赋常为文而造情;诗以抒发情感为重,赋以叙事状物为主。到了中唐,在古文运动的影响下,又出现了文赋,不讲骈偶、音律,句式参差,押韵也比较自由,形成散文式的清新流畅的气势。

为了加深对赋的理解,我给有兴趣的孟凡森、王莉、林琳、吴建兵等四位同学布置了一个研究性的学习小课题,让他们说一说"赋在发展过程中经历的几个重要阶段"。他们后来交来了文章《艰难行进,终成气候》,是不错的。附文如下:

艰难行进,终成气候

赋,作为我国古代文学的一种重要文体,除了它的源头楚辞阶段外,经历了骚赋、汉大赋、东汉抒情小赋、文赋等几个阶段。

汉赋即骚体赋、四言诗体赋和散体赋(或称大赋)。从赋的结构、语言方面看,散体、七体、设论体及唐代文体赋又都比较接近于散文,有的完全可归于散文的范畴。赋的似诗似文的特征,与现代文学中的散文诗有些相像。骚体赋是赋体文学兴盛的开端,从先秦时期到汉高祖时期,继承了楚辞的特点,依旧使用"兮"字,枚乘的《七发》奠定了赋体文学的基础。

散体大赋产生于赋体文学的发展时期,是从汉高祖到汉武帝登基之前,这段时间的赋体文学风格以雄大壮阔为主,因而又被称为"散体大赋",代表作品有司马相如的《上林赋》。从汉武帝登基到东汉时期,这段时期是赋体文学的成熟期,作品内容以抒情为主,代表作品有江淹的《恨赋》和《别赋》。司马相如、扬雄、班固、张衡四人被后世誉为"汉赋四大家"。

东汉中期以后,以张衡《归田赋》为发端,赋体创作向着贴近现实人生、篇幅短小和抒情言志的方向发展。东汉和帝、安帝以后,外戚或宦官专权,他们勾结大贵族、大官僚、大地主以巩固其统治,因而形成了统治阶级内部非常复杂激烈的斗争。政治极端黑暗,一般文士毫无出路。因此,一些愤世嫉俗的士人,便创作了一些批判现实、抨击社会黑暗的抒情短赋,如赵壹的《刺世疾邪赋》、祢衡的《鹦鹉赋》、蔡邕的《述行赋》等。

如赵壹的《刺世疾邪赋》表达了作者对被剥削被压迫人民的同情,指斥统治阶级的贪婪:"宁饥寒于尧舜之荒岁兮,不饱暖于当今之丰年。乘理虽亡而非亡,违义虽生而匪存。"而祢衡的《鹦鹉赋》,作者以鹦鹉自喻,抒写了才志之士生于末世屡遭迫害的感慨:"感生平之游处,若埙篪之相须。何今日之两绝,若胡越之异区。"

抒情小赋的出现,进一步突破了赋颂传统,但它毕竟数量不多,没有得到更大的发展。其后人类历史的车轮碾过了魏晋南北朝、隋朝和初唐的茫茫岁月,但赋好像成了被文人们遗忘的角落,掉进了"山穷水尽"的泥淖,直到中唐文赋的出现,赋才又焕发了青春,变得"柳暗花明"起来。

文赋,"文"指古文,是相对骈文而言的用古文写的赋,也是相对俳赋而言的不拘骈偶的赋。它是赋的一类变体,是唐宋古文运动的产物。

中唐韩愈、柳宗元倡导古文运动,在复古口号下改革了骈偶语言。他们的赋直接继承发展了先秦两汉古赋传统,像韩愈《进学解》,柳宗元《答问》、《设渔者对智伯》,虽不以"赋"名篇,但其体裁取自东方朔《答客难》、扬雄《解嘲》,正是《文选》列为"设论"一类的古赋之体,既保持主客答难的赋的结构,又用比较整饰而不拘对偶的古文语言,实质便是文赋。文赋始于唐,典型作品是杜牧的《阿房宫赋》。

到北宋,以欧阳修为代表的古文运动,继承韩、柳革新的传统,反对宋初盛行的西口派骈偶文风,进一步巩固了古文取代骈文的文学语言地位,扩大了古文的文学功能。其成就之一便是使文赋这一赋体发展得更为成熟而富有特色,其代表作即欧阳修《秋声赋》和苏轼前、后《赤壁赋》。以这三篇为代表的宋代文赋的共同特点是,融写景、抒情、叙事、议论于一体,用相当整饬的古文语言写作出铿锵和谐的韵文。宋代文赋的实质是用古文语言写作具有赋的结构的韵文,但从文学体裁的发展规律看,宋代文赋正是赋体发展的终极阶段,前、后《赤壁赋》即为临界的标志作品。

总之,赋一路走来并不容易,它经历了曲折与停滞,更收获了成功与惊喜。那一篇篇至今还闪亮在教科书里的美文,真诚地向读者诉说着那曾经辛酸与精彩的故事,为我们解密其中的奥妙提供了最本真的素材。

小卡片来帮忙,积累成语不用愁

语言需要积累,包括成语的掌握,也要靠平时的努力。为了帮助学生更好地学习成语,我查阅了一些资料,用小卡片的形式,为学生做了一个示范。以苏教版必修一的《十八岁和其他》为例:

1. 后悔莫及

课文出处:等到了解"可怜天下父母心"的深情时,已是后悔莫及!(杨子《十八岁和其他》)

来历:左丘明《左传·哀公六年》:"既成谋矣,盍及其未作也? 先诸作而后悔,亦无及也。"

《后汉书·光武帝纪上》:"反水不收,后悔无及。"

意义:指事后后悔已经来不及了。

相关成语:后悔莫及 后悔无及 后悔不及 懊悔无及 悔之无及 嗟悔无及 噬脐无及

用法:补充式;作谓语。

示例:(1)"一坐下去,他后悔无及,因为沈太太身上有一股味道。"(钱钟书《围城》)

(2)读书学习时一定要努力,免得将来后悔莫及。

2. 废寝忘食

课文出处:我们少年时代,读书真到了废寝忘食的快乐程度。(杨子《十八岁和其他》)

来历:杞国有人,忧天地崩坠,身亡所寄,废寝食者。 《列子·天瑞篇》

南朝·齐·王融《曲水诗》序:"犹且具明废寝,昃晷忘餐。"

意义:废:停止。顾不得睡觉,忘记了吃饭。形容专心努力。

相关成语:废寝忘餐 兢兢业业 夜以继日 发愤忘食

用法:联合式;作谓语、定语、状语。

示例:(1)元·曾瑞卿《留鞋记》:但得个寄信传音,也省的人废寝忘食。

(2)为了高考,同学们废寝忘食,认真学习。

3.赤子之心

课文出处:希望你保持纯真,永远有一颗赤子之心,人生就会满足、快乐。(杨子《十八岁和其他》)

来历:《孟子·离娄下》:"大人者,不失其赤子之心者也。"

意义:赤子,初生的婴儿。比喻人心地纯洁善良。

相关词语:赤胆忠心 耿耿忠心

用法:偏正式;作主语、宾语 。

示例:(1)尧、舜、禹、汤、周、孔,时刻以救民济世为心,所谓赤子之心,原不过是"不忍"二字。(清·曹雪芹《红楼梦》第一一八回)

(2)老魏心里却对这先生留下了印象,想他倒是有一颗赤子之心的。(王安忆《香港的情和爱》)

如果一篇文章中的成语较多,而且比较典型,就一篇文章做一次成语的整理,如《滕王阁序》。

1.人杰地灵

【课文出处】唐·王勃《滕王阁序》:"物华天宝,龙光射牛斗之墟;人杰地灵,徐孺下陈蕃之榻。"

【来历】唐·王勃《彭州九陇县龙怀寺碑》:"地灵人杰,自朝野而重光。"

【意义】杰:杰出;灵:好。指有杰出的人降生或到过的地方就成了名胜。后也指灵秀之地出杰出人物。

【近义词】藏龙卧虎、钟灵毓秀

【反义词】绸人广众、人稠物穰

【语法】联合式;作主语、宾语、定语

【示例】(1)"实在襄阳的人杰地灵,恐怕比它的山水形胜更值得人赞美。"(闻一多《孟浩然》)

（2）"晏子观看都城郭坚固,市井稠密,真乃地杰人灵,江南胜地也。"（《东周列国志》）

总之,成语的积累不但要动脑筋,想办法,而且要坚持下去,才能有所收获。

智慧又优美的老舍趣事

在上老舍的《想北平》前,我布置了一个预习作业,让学生去找一找关于老舍的趣事。学生们感到有兴趣,纷纷去做了。

那天,我在介绍老舍时,引出了话题。我说:老舍（1899—1966）,本名舒庆春,字舍予;北京人,中国现代著名小说家、文学家、戏剧家。文革期间受迫害,1966 年 8 月,他含冤自沉于北京太平湖畔,终年 67 岁。他最著名的代表作有《骆驼祥子》《四世同堂》《茶馆》《龙须沟》等。他是杰出的语言大师,新中国第一位获得"人民艺术家"称号的作家。其实,语言大师的语言不仅美在作品里,还美在日常生活中;许许多多的趣事就是最好的明证。下面,我们来交流一下自己的作业:

黄伟首先开了腔:"抗战期间,《青年界》曾向老舍催稿。老舍在寄稿时,幽默地寄去一封带戏曲味的答催稿信:'元帅发来紧急令,内无粮草外无兵! 小将提枪上了马,《青年界》上走一程;吠! 马来! 参见元帅。带来多少人马? 2000来个字! 还都是老弱残兵! 后帐休息! 得令! 正是:旌旗明明,杀气满山头!'"他为活动开了好头。

王晓英不甘落后:"老舍 40 岁时写了个质朴自谦、妙趣横生的自传,大意如下:舒舍予,字老舍,现年四十岁,面黄无须。生于北平。三岁失估,可谓无父;志学之年,帝王不存,可谓无君。无父无君,特别孝爱老母,布尔乔严之仁未能一扫空地。幼读三百篇,不求甚解。继学师范,遂奠教书匠之基,及壮,糊口四方,教书为业,甚难发财,每购奖券,以得末彩为荣,亦甘于寒贱也。二十七岁发愤著书,科学哲学无所懂,故写小说,博大家一笑,没什么了不得。三十四岁结婚,已有一男一女,均狡猾可喜。闲时喜养花,不得其法,每每有叶无花,亦不忍弃。书无所不读,全无所获并不着急。教书做事均甚认真,往往吃亏,亦不后悔。如此而已,再活四十年,也许有点出息。"她的发言赢得阵阵掌声。

语文课代表张妮也说开了:"一次老舍家里来了许多青年人,请教怎样写诗。老舍说:'我不会写诗,只是瞎凑而已。'有人提议,请老舍当场'瞎凑'一首。'大雨洗星海,长虹万籁天;冰莹成舍我,碧野林风眠。'老舍随口吟了这首别致的五言绝句。寥寥 20 字把 8 位人们熟悉并称道的文艺家的名字,'瞎凑'在一起,形象鲜明,意境开阔,余味无穷。青年们听了,无不赞叹叫绝。诗中提到的大雨即孙大雨,现代诗人、文学翻译家;冼星海即冼星海,人民音乐家;高长虹是现代名人;万籁天是戏剧、电影工作者;冰莹,现代女作家,湖南人;成舍我曾任重庆《新蜀报》总编辑;碧野是当代作家;林风眠是画家。"学生们直呼"佩服"。

李刚说:"老舍于 1944 年 6 月到重庆北碚,寓居在一幢小楼,生活虽清苦,但精神生活充实。他在《北碚琐忆》中写道:'这是个理想的住地,具体而微,凡是大都市应有的东西,它也都有,它的安静与清洁又远非重庆可比。'其实这里颇简陋,老鼠时常出没,被他戏称为'多鼠斋',并写下《多鼠斋杂记》。他之所以认为这儿'理想',主要是在战乱与动荡中,找到了一处可以安放书桌的地方,继续他的创作。其中就有长篇小说《四世同堂》的第一、二部;而《四世同堂》入选了《亚洲周刊》'20 世纪中文小说 100 强',两次改编为电视剧,被誉为"值得每一个中国人珍藏的民族记忆"。同学们听了纷纷叫好。

很有学究味的牛冰也发了言:"老舍与梁实秋在创作题材、内容主旨上相差很大,但这并不影响他们两人成为好友。雅舍高朋满座,老舍常去,没事就聊天打麻将,自得其乐。一次募捐劳军晚会,老舍自告奋勇出演传统相声《新洪羊洞》与《一家六口》,与梁实秋共同登台'献艺'。听说两位著名作家说相声,大家都来观看,将礼堂挤得水泄不通,可谓盛况空前。刚一报幕,掌声四起,等到他们俩从后台上场,往那儿一站,如泥雕木塑故作姿态地绷脸肃立时,观众就开始大笑。正式开演了,笑声一阵紧接一阵,他们只能趁笑的空隙对话演出。旧时说相声要逗哏,即一人用折扇敲打另一人的脑袋,这'敲'当然是假敲,亮个动作即可。老舍握着折扇敲向梁实秋,不知是激动忘情,还是有意违规,只见他做出一个夸张动作,向梁头部使劲打来。梁见状,吓了一跳,赶紧往后一闪,折扇恰好打落他的眼镜。梁慌了,出于一种本能,手掌赶紧向上,朝前一伸,刚好托住往下掉落的眼镜,且顺势来了个长时间的'定格'。顿时掌声如雷,大家笑得前仰后合,不少人还高喊'再来一回',演出获得意想不到的成功。"他的发言得到了同学们的赞扬,"你真是太牛了!"

……

我总结道:"这就是可爱的老舍;我相信这些既智慧又优美的趣事,一定会帮助我们学好他的《想北平》。"

新闻标题的比较分析

那天,我让学生进行读报活动,学生们纷纷拿出了自己订阅的报刊,包括《钱江晚报》《都市快报》《青年文摘》《读者》等。我在巡视时发现,有的报纸有点旧了,新闻的时效性早就没了。但作为语文学习,仍是有用的。我让学生比较同一新闻的不同标题,看能读出什么味道来。下面两则就是我们的小小的成果。

（一）

2007 年 12 月 15 日,在全球目光的密切关注下,在紧张而令人窒息的谈判与等待中,美国代表团在最后时刻让步了,联合国气候变化大会终于画上了圆满的句号。这次大会成功地确定了"巴厘岛路线图",决定在 2009 年前就应对气候变化问题的新安排举行谈判。对这一重大事件的报道,各家媒体确实是动了一番脑筋的,尤其是在标题的设计上。

《都市快报》(2007 年 12 月 16 日)以引题"美国最后一刻的妥协 让世界松了口气"加正标题"'巴厘岛路线图'最终产生"进行了报道。应该说"让世界松了口气"这句话巧妙地运用了拟人手法,非常生动。因为气候问题一直是全球相当关注的,而 15 日前的两个星期的会谈中,美国和欧盟之间在发达国家 2020 年前具体减排目标上有较大分歧,并在向发展中国家转让减排技术的问题上,美国也显得很小气。由于这些分歧,美国成了阻碍路线图通过的最大障碍。连联合国秘书长潘基文也坦率地说:"大会迟迟没有进展,我对此感到失望。"好在后来经过多方努力,美国也意识到了自己作为大国的责任,因此最终做出了妥协。正如大会主持人、印尼总统苏西洛说的:"由于我们不能找到(各方同意的)表述……可能导致人类和地球陷于面临崩溃的境地。这是最糟糕不过的事情。整个世界都注视着我们,我请求你们不要让世界失望。"所以说,美国的最后妥协,确实没有让世界失望,而是"让世界松了一口气"。而这个标题是侧重于报道美国态度的重要性。

同样的报道,当天的《钱江晚报》,是以引题"美国最后让步 各方谈判妥协"加正题"'巴厘岛路线图'艰难出世"进行报道的。这篇既侧重于报道美国的重要地位,也兼顾报道了其他各国的作用。这种说法更全面、更客观、更辩证。正如中国代表团副团长苏伟说的,各方表现出妥协,共同做出了贡献。

（二）

著名表演艺术家孙道临在 2007 年 12 月 28 日逝世了,对这个消息许多报纸的标题也是各有千秋。

《钱江晚报》(2007 年 12 月 29 日)用"'电波'永远消逝"的标题表达了对孙道临逝世的哀悼之情。作者将孙道临比做是"电波",因为他曾主演过家喻户晓的优秀影片《永不消逝的电波》。他现在逝世了,就像电波一样永远与我们告别了,与世界告别了,比较形象而贴切,让人一看就明白。

而当天的《都市快报》,是以"人走了 但却像永不消逝的电波"为标题进行了报道。这里也将孙道临比做是"电波",只不过用了电影名"永不消逝的电波"来作比喻,强调孙道临的躯体虽然走了,但他的精神将如永不消逝的电波一样长存于世。意境更开阔高远,使人眼前一亮,会心一笑。

语文学习无处不在,无时不在,关键是我们要做个有"心"人——拥有一颗敏感的心。

字词妙用来自生活

（一）

上午跑操后的第三节课,开始的几分钟总是很忙碌的。学生们上厕所的有之,吃东西的有之,吹风擦汗的有之。尤其是吃的东西,五花八门。那天,我看他们一时半会儿也安静不下来,就干脆以"吃在生活"为话题,让他们大谈特谈"吃"的词语。于是,学生们就津津有味地"吃"起来。

后来,小结一下,发现"吃"还真的不一般。

"吃"在我国是个使用频率较高的字,它能够组成许许多多非常形象生动的词。撇开它的本意:吃饭、吃奶、吃药等不说,我们可以在《现代汉语词典》中翻到许多关于"吃"的条目,如:吃白饭,吃白食,吃闭门羹,吃瘪,吃不开,吃不了兜着走,吃不消,吃不住,吃不准,吃醋,吃大锅饭,吃大户,吃刀,吃得开,吃得消,吃得住,吃豆腐,吃独食,吃什么饭,吃粉笔灰,吃干醋,吃官司,吃功夫,吃后悔药,吃皇粮,吃回扣,吃货,吃紧,吃劲,吃惊,吃开口饭,吃空额,吃口,吃苦,吃亏,吃劳保,吃老本,吃力,吃派饭,吃枪子,吃青,吃水,吃透,吃闲饭,吃现成饭,吃香,吃相,吃小灶,吃心,吃鸭蛋,吃哑巴亏,吃准,吃罪……这真是吃遍了方方面面,吃出了种种文化,让人眼花缭乱,大开眼界。

其实,"吃"是生活中运用很广泛的一个词,尤其是在民间,《现代汉语词典》中收录的也仅仅是其中一部分,我们还可以从我们的日常生活中发现许多关于"吃"的用法。如:吃大板,吃定心丸,吃家伙,吃批评,吃红牌,吃头拍,吃巴掌,吃拳头,吃处分,吃西北风,吃毛栗子,吃墨水,吃红灯,吃罚款,吃哑炮,吃黄连,吃黄牌,吃豹子胆,吃软,吃硬,吃天鹅肉,吃错药,吃耳光,吃气,吃车祸,吃黑钱,吃冷箭,吃饱了撑的,吃香喝辣,吃喜酒,吃软饭……这些词语都来自我们的日常生活,有比较顽强的生命力,而且,趣味盎然,容易使人记住。

所以,我们学习语言,既要向工具书学,向书本学,更要向生活学。这样,才能活学活用,不易忘记。

（二）

上课时,总有个别学生心不在焉,看小说的有之,发呆的有之,玩手机的有之。看小说是最好的,因为他是变换方式学习语文;发呆的也不错,因为他在思考人生,为作文作准备;可是,玩手机的呢? 看网络小说倒是可以,发短信也在练习语用题,玩游戏在训练思维。关键是不能太痴迷,否则考试是不会顺利的。

每当学生出现情况时,我们总是亲切友善地劝导,尽量做到有人情味。为了吸引个别学生的注意力,我说:现在手机比较流行,经常是台上作报告,台下手机叫。于是就有了"（会议室里）关掉手机"的警示语。虽然手机声明显少了,但这句话在用词上命令化有余,人性化不足。请同学们帮忙想个句子,调和一下这个矛盾。5 分钟后,学生纷纷发言,收录如下:

★开会的时候,手机需要休息。

★优美动听的铃声不适合在这儿响起。

★不要让手机打断你的思路。

★请不要让手机唱歌。

★别让你的手机铃声成为会议的插曲。

★请将你的手机送入梦乡。

★手机累了,请放它假,让它休息一下。

★请让你的手机安静睡去。

★不要让那现代化的谐音自由放飞。

★会议谢绝手机也参与讨论。

★会议不需手机铃声来伴奏。

★让你的手机不要说话。

★手机,请不要唱歌。

★请让手机安心睡个觉。

★会议室是手机睡觉的好地方。

虽然,这样打断了原来的学习思路,但作为练习语用是有一定作用的,同时,也很温柔地提醒了个别玩手机的同学,让他悄悄地脸红了一下。

第七辑　种植诗歌——语文教师的美丽梦想

将诗歌种进我们的生活

面对茫茫书海,我们往往目不暇接。我们在书屋外徘徊,这样的感觉让人刻骨铭心。孤独涌上心头,孤独挥之不去。尽管我们一直在努力,一直在寻找一种更适合我们的阅读方式。那么,朋友,为何不选择诗歌? 让诗歌进驻我们的心灵,让诗歌溶解我们心灵的冰块,因为诗能让真诚与爱心复归,让卑鄙与庸俗走开。一起来享受诗美吧! 朋友,这就是享受人生,享受人生的一切苦难与幸福。

你可以走进图书馆或者新华书店,你也可以栖居家中上网。要是你愿意,但丁、泰戈尔、惠特曼、普希金、里尔克、博尔赫斯……会一一来拜访你;或者你去拜访艾青、徐志摩、戴望舒、郭沫若、穆旦……

当然,如果你一时心血来潮,也可以与孩子一起"面对大海",等待"春暖花开":

　　从明天起,和每个亲人通信

　　告诉他们我的幸福

　　那幸福的闪电告诉我的

　　我将告诉每一个人

　　听一听,幸福多么温馨,又多么普通。

当然,你也可以与伊甸一起去走《石埠》:

　　一级一级走下去

　　男人挑水,女人淘米,孩子削水漂

　　一级一级走上来

　　日子晃出水桶,漏出淘箩

　　随瓦片沉入河底

　　是啊,石埠好走又不好走。

人生路长，如果你走累了，就可以独坐阳台，望望天空，望望天空中偶尔飞过的小鸟和变幻无常的云朵，同时可以玩味一下叶芝的"当你老了……"。

也许你一时找不到那么多诗歌来读，那么我来告诉你，每期的《诗刊》《诗歌报月刊》等诗歌杂志上都刊登了许多中外诗人的优美短诗。当我们在别的杂志上读到太多的广告时，我们在诗歌刊物上领略到的是浓浓的诗意。

假如能够，我愿与你一起倾听诗之乐音，一起呼吸诗之清纯，一起触摸诗之圣洁。朋友，千万不要拒诗歌于千里之外，勇敢地走进诗歌，诗歌就不再陌生，或者干脆将诗歌种进我们的生活，让诗歌随季节变换，与我们一起成长。让我们关心诗歌，就像关心我们的钱包；让我们珍爱诗歌，就像珍爱我们的生命。让我们与诗歌同行，一个世纪不分心。

朋友，不必每个人都成为诗人，但求每个人都去读一首诗。这样的生活也许就很沉静，"像鱼一样沉静"。

我们一起找诗歌去

朋友，跟我来吧！我们一起去寻找诗歌。不要在乎一路上的清贫与寂寞，不要在意人们不屑的目光，不要看重自己能给世界留下什么。只要我们去寻找，结局不必太计较。"天空没有翅膀的痕迹，而鸟儿已飞过"，泰戈尔的著名诗句值得我们去温习。

其实，我们一直生活在诗歌中，生活中处处都有诗歌的意象与情感，只是我们常常熟视无睹，或走马观花。我们的眼睛越来越坚强，不再为小事感动；我们的心灵越来越乖巧，不再为世事而迷茫。我们已经远离了拜伦那个多愁善感的时代，"若你流泪，湿的总是我的脸；若你悲切，苦的总是我的心"也已是美丽的童话。也许我们的身心太疲惫了，我们生在美中不知美；也许我们的嗅觉有点迟钝，我们生在诗中不识诗。太多的忙碌损伤了我们的思想，太多的贪欲蒙住了我们的双眼，太多的功利欺骗了我们的心灵。

那么，朋友，我们一起去找诗歌吧！让诗歌武装我们的头脑，用诗句擦亮我们越来越近视的眼睛。因为"也没有一匹骏马能像/一页跳跃着的诗行那样——/把人带向远方"（艾米莉·狄金森）。

寻找诗歌，就是寻找我们失落的灵魂；寻找诗歌，就是寻找让心灵得以栖息的空气。当然，我们的寻找，不是逛流行街，不是赶热闹场，而是像郑敏的《鹰》

一般去寻找,"只是更深更深的/在思虑里回旋/只是更静更静的/用敏锐的眼睛探寻"。只有这样,才能觅到何其芳的《欢乐》:

"告诉我,欢乐是什么颜色?

像白鸽的羽翅? 鹦鹉的红嘴?

欢乐是什么声音? 像一声芦笛?

还是从稷稷的松声到潺潺流水?"

……

否则,"唯有让更多的痛苦弥补/你正在痛苦着的创伤。"(郑敏《残废者》)同时,我们便有机会了解艾青的《农夫》:

"你们活着开垦土地,耕犁土地,

死了带着痛苦埋在地里,

也只有你们,

才能真正地爱着土地。"

试想:现在这个商品时代,爱土地的人越来越多,但真正爱的有几个?!

也许你会说"百无一用是书生",经常忧啊愁的,永远长不大,永远不成熟。人生短暂,为何不逍遥自在?

当然,这也是一种活法。人各有志,岂能强求? 但要说"成熟",请千万不要跌入误区,被人伤害还自鸣得意,被人玩弄还要说声谢谢。或者如穆旦在《成熟》(二)中所言:"年青的学得聪明,年老的/因此也继续他们的愚蠢/未来在敌视中。痛苦在于/那改变明天的已为今天所改变。"

朋友,上路吧,我们一起去寻找诗歌,寻找诗歌的温暖,寻找温暖人生的一草一木。

在路上,我们依然在寻找,我们还将一直寻找下去。我们对未来充满信心,听! 穆旦的声音:

"弥留在生的烦忧里

在淫荡的颓败的包围中

看! 那里已奔来了即将解救我们一切的

饥寒的主人

……"

(《活下去》)

简单生活，美丽作诗

——谈狄金森与她的诗

在九月温暖的阳光下，我与学生一起站在狄金森的《篱笆墙边》，品尝着那颗真甜的草莓，产生了拜访她的念头。于是，我重读了《狄金森名诗精选》（江枫译），头脑中跳出了"简单生活与美丽作诗"的字眼。是的，狄金森这个为了诗歌奉献一生，与惠特曼齐名的世界级诗人，这个 1830 年"向世界问声好，走进那荣光焕发的新家"的既简单又复杂的美国女人，值得我们去尊敬与阅读。

她生前默默无闻，而且终生未婚。她从 25 岁开始，弃绝社交，足不出户，虽然这与她的爱情有关，但也成为她经营诗歌的一种方式。她的叛逆与反传统，注定了她对社会的不满与孤独，于是她选择简单生活，她回避那些会以他们的谈吐使"我的狗也感到难堪"的男男女女，而宁愿与诗歌为伴。寂寞算不了什么，只要有诗，诗歌是她灵魂寄托的家园。所以，创作的喜悦补偿了生活中的失望与不幸。而且，她选择写诗，不愿让诗歌顺应流俗，任人宰割以谋求发表。她共写诗 1775 首，生前仅发表 10 首。这需要多大的耐心与恒心，与当时社会的急功近利和浮躁相比真是天壤之别。正是在这种意义上，她说："发表/是拍卖/人的心灵"。

诗歌提供给她思考的舞台，她知道"上帝是远方的一位高贵的恋人"，"早晨，不过是中午的幼苗"，"最具生命力的戏剧表演是平凡的生活"。她发现"头脑比天空辽阔，比海洋更深"，"不少痴癫，是真知灼见"。虽然她"不知黎明什么时候来到"，她也"不会用脚尖跳舞"，更"无法扑灭一种火"，当她"只把那些灯点亮"，"告诉你太阳怎样升起"，"泥土是唯一的秘密"。因为她坚信"梦，很好，醒来更好"，"晨曦比以往更柔和"。

长时期的自我封闭，狄金森与外界的接触几乎断绝，因此她的思考日趋内化，倾向于微观、内省。可以说她充分利用有限天地里的广阔视野，"我活着，我猜"，她用诗歌去解读这个世界的许多未知的谜。请听：

1."在诗人歌咏的秋季之外/还有散文式的几天……/哦，主，赐给我阳光灿烂的心吧/以承受你劲风的意志"

2."只有一只小鸟会惊异/只有一阵轻风会叹息/像你这样的小玫瑰/凋零，多么容易"

3."我要不停地歌唱/鸟儿会超越我/向更黄的气候飞行"

4."我爱看痛苦的表情/因为我知道它真实/……人们无法伪造出/由衷的痛苦在额头/串起的一颗颗汗珠"

5."我到过天堂/那是一座小城/用红宝石照明/用绒毛垫衬/宁静,胜过/露珠晶莹的田野/美丽,像图画/未经人手的描绘"

6."我没有时间恨……生命/并不那么宽裕/恨,难以完成"

7."我把我的力量握在手里/然后,向全世界挑战"

8."你还留给我痛苦的边界/痛苦浩阔如海/横亘在永恒和时间/你的知觉,和我,之间"

9."如果我不曾见过太阳/我本可以容忍黑暗/然而阳光已使我的荒凉/成为更新的荒凉"

10."小石头多么快活/独自在路上滚着/从不介意荣辱浮沉/从不畏惧危机发生"

11."如果我能使一颗心免于哀伤/我就不虚此生/如果我能解除一个生命的痛苦/平息一种酸辛/帮助一只晕厥的知更鸟/重新回到巢中/我就不虚此生"

诗人的生活是单调的、孤独的。她白天操持家务时构思,夜晚睡前推敲。她全身心地嫁给了诗歌,诗歌是她的梦中情人。也许这种生活是不完整的、残缺的,但正因为如此,才造就了一个伟大的诗人,一个"从平凡词意中/提炼神奇思想"的诗人。她的简单丰富了我们品尝诗歌时的幸福,她的孤独增添了我们阅读的快感。

1886年5月15日一个明媚的初夏黄昏,带着一丝满足与遗憾,她走了。

亲爱的五月,请进……是谁敲门?准是六月。她走了,从此将六月永远留给了后来人,因为"花香会谢",因为"我啜饮过生活的芳醇/付出了什么,告诉你吧/不多不少,整整一生"。

《欢乐》给我们欢乐

现代诗歌大家何其芳为我们奉献了许多优美的作品,值得我们去品读。

我非常喜欢《欢乐》一诗,经常朗诵默想。现在让我们一起来欣赏何其芳的《欢乐》:

告诉我,欢乐是什么颜色?

像白鸽的羽翅?鹦鹉的红嘴?

欢乐是什么声音?像一声芦笛?

还是从稷稷的松声到潺潺的流水？

是不是可握住的，如温情的手？

可看见的，如亮着爱怜的眼光？

会不会使心灵微微地颤抖，

而且静静地流泪，如同悲伤？

欢乐是怎样来的？从什么地方？

萤火虫一样飞在朦胧的树荫？

香气一样散在蔷薇的花瓣上？

它来时脚上响不响着铃声？

对于欢乐，我的心是盲人的目，

但它是不是可爱的，如我的忧郁

欢乐无处不在，就看我们有没有发现。也许我们觉得生活中欢乐太少了，但是我们的诗人用诗句去点燃那些带给我们美与温暖的欢乐。因为欢乐需要诗的滋养，诗需要我们快乐品尝。朋友，除了欢乐，你从中还读出了什么？

《欢乐》无疑是成功的经典之作，我想它最成功的应该是语言，是通感的运用，通感使诗歌的语言达到了出神入化的境界。它是在描述事物时，凭借人们各种感觉间的息息相通，用形象的语言把某一感官上的感受移到另一感官上，使"一种感觉超越了本身的局限而领会到属于另一种感觉的印象"（钱钟书）。何其芳的《欢乐》同时运用了视觉（如"像白鸽的羽翅？鹦鹉的红嘴？"）、听觉（如"像一声芦笛？""从稷稷的松声到潺潺的流水？""响不响着铃声？"）、味觉（如"香气一样"）及触觉（如"如温情的手"）等多种感觉表现对"欢乐"的感受，使抽象的意象具象化，让人可看可闻可嗅可摸，让欢乐在美妙的感觉中悄悄来临，在灵动的想象中给我们温暖。而且，诗歌用不太确定的口吻准确交代了"欢乐"带给人情感的多重愉悦。虽然诗中有一些淡淡的忧愁，但这是青春的感伤，"是渴望的火苗，不是死灰的悲叹"（《何其芳研究》主编何休教授语）。请听："说我是害着病，我不答一声否/说是一种刻骨的相思，恋中的症候"，这真实地反映了青春期独特的心理。应该说，我们从这诗中体会到诗人早期诗歌对人生的真实思考，感受到他为诗歌作出的积极探索，尤其是通感带给我们诗歌美学的享受。

何其芳用自己的《欢乐》为我们带来了欢乐，我们应该好好珍惜他的《欢乐》，同时要努力找寻我们自己的欢乐。

为自己造一个梦

这样的诗歌至少要默默地、慢慢地读10遍,也许才会读出一点感觉来,而且感觉会越来越好,味道越来越浓。你不妨试一试:

造一个草原

(美)狄金森

造一个草原要一株苜蓿加一只蜜蜂。

一株苜蓿,一只蜜蜂。

再加一个梦。

要是蜜蜂少,

光靠梦也成。

读完了,如果感觉还不是最浓,那么,请你闭上眼睛,尽力用心想象与联想,读诗歌是需要加上你的想象与联想的。我想,你的感觉必然会到来。如果这样还是不行,那么我只能表示遗憾。看来只有我帮你忙了,那么就读下面我的赏析文字吧。

狄金森,美国著名女诗人。20岁开始写诗,一生写诗约1775首,生前只发10首,其余在她去世后面世,并引起世人广泛关注,使她成为世界有影响的诗人。

这是一个简单的草原,简单得只有"一株苜蓿"、"一只蜜蜂"、再加"一个梦";这是狄金森的草原,一个对物质要求不多的美国普通女人的草原。因为这是她想象的产物,一个"造"字显示了她的精神需求。虽然她的现实生活很贫乏、清苦,但她的精神生活是丰富的、精彩的,因为她一直生活在梦中("光靠梦也成"),生活在诗中;很显然,这个梦主要就是指她的诗歌之梦。诗可以帮她做梦,可以弥补一切她所渴望的。为了诗歌,诗人一生足不出户,一生不嫁。所以可以说,这个草原是她的精神家园,是她的灵魂栖息地。

世界的道路是怎样的

我们先来朗读一下伊万·马林诺卡斯基的诗歌《论世界的道路》。

论世界的道路

教堂消失在摩天大楼之间。

古堡的塔尖在工业烟囱中。

再也看不见。统治者，

取代统治者。什么时候，

统治者会被取代？

再来听听我的赏析文字：

伊万·马林诺卡斯基，1926年生，丹麦诗人，主要作品有《暂缓》等。

世界的道路有千万条，每个人眼中的道路又是不同的。诗人的目光与思想更具智慧，他们的表达，有诗意，有哲理。这是我读了丹麦诗人伊万·马林诺卡斯基的诗歌《论世界的道路》后的一点想法。

这首诗进入我第一眼的是"世界"两字，世界那么大，没有一点信心与雄心是不敢轻易这么落笔的。虽然诗歌是那么短小，全文只有五行四句话。读后，你必须承认诗人对世界道路的精妙洞察力与高度表现力。诗中的第一、二句诗人很平静地叙述了世界变迁的真相。那种代表古老传统文化的"教堂"、"古堡"等经典符号已淹没在现代商业和工业社会里，不再耀眼，少人问津甚至孤寂消亡。这是残酷的现实，我们必须面对，欲哭无泪；第三句是诗人对世界道路历史轮换更替的高度概括。"统治者取代统治者"，就这么简单，又是那么意味深长。子取代父，孙取代子；你取代我，我取代你。代代如此，朝朝如此；第四句是议论，更是诗人的疑惑和愿望。"什么时候/统治者会被取代？"这是诗人留给世界的问号，也许我们可以马上回答，也许永远回答不了。

问世界，道路在何方？——路在脚下！

其实，诗人写的道路虽说是丹麦的，但更是世界的。他是从丹麦道路的个性看出了世界道路的共性。无论欧洲，还是亚洲；无论古代，还是当今。我们要学会冷静、客观地直面问题，要想逃避是不可能的；如果你想生活在真空里，更是不可能的。在勇敢地面对的同时，我们还要想办法去改变，于是许多人就寄希望于"统治者"。但让我们失望的就是那些统治者，要么仅仅用形式去取而代之，"换汤不换药"，更有连"汤"也不换者；要么就是不断创造新文明以牺牲古文明，用垃圾文明来破坏经典文明，让我们的世界不伦不类，使世人啼笑皆非。这种现状何时休？试想，如果让我们的诗人成为统治者，可能也未能免俗，也无能为力，因为角色的转变，会使你身不由己。因而，最后诗人留给我们的只能是一个问号。

虽然诗歌未能给我们一个满意的答案，但它依然具有了史论性的意义，一个"论"字含义丰富，也就不在乎整首诗诗句的长短多少了。

必然的人生，偶然的感受

徐志摩，浙江海宁人，"新月派"代表诗人之一，倡导"格律诗"写作。著有诗集《志摩的诗》《翡冷翠的一夜》《猛虎集》等，代表作《再别康桥》等。

徐志摩生性浪漫，情商极高，短暂的一生与四名名媛佳丽留下了许多美丽的故事，同时他也留下了大量动人的诗篇，《偶然》便是其中的一篇，让我们百读不厌。

偶然

徐志摩

我是天空里的一片云，

偶尔投影在你的波心——

你不必讶异，

更无须欢喜——

在转瞬间消灭了踪影。

你我相逢在黑夜的海上，

你有你的，我有我的，方向；

你记得也好，

最好你忘掉，

在这交会时互放的光亮！

徐志摩的《偶然》用"云""波心"两个意象写出了两者的缘分是偶然中的偶然，而"黑夜的海上"的迷茫与沉闷衬托了"光亮"的短暂与无奈。这一点"光亮"在视觉上具有画龙点睛的作用，让我们的想象开阔而深远。所以，意象的成功运用使本来抽象的"偶然"变得形象生动起来。

在徐志摩诗美的追求中，应该说《偶然》具有了独特的"转折"性意义。著名诗人卞之琳说："这首诗是作者诗中形式上最完美的一首。"的确，此诗足以看出徐志摩在格律上的功力与创新。全诗十行共两节，上下节格律对称。每一节的第一句，第二句，第五句都是用三个音节组成，如："偶尔／投影在／你的波心"，"在这交会时／互放的／光亮"；每节的第三、第四句则都是两音节构成，如："你不必／讶异，更无须／欢喜"，"你记得／也好，最好／你忘掉"，读起来顿挫从容而又琅琅上口。因此，《偶然》既具有想象的图画美，形式的建筑美，更有朗读的音乐美。

同时，诗歌的语言清新自然，又不乏张力，给人以再创造的巨大想象空间。

我们从中可以揣摩出诗人那种顺其自然、洒脱坦然的心态,也读出了作为浪漫主义诗人的作者在这潇洒中也难免的几许淡淡的惆怅与孤寂。

初读此诗,你也许马上想到这是一首爱情诗,因为作者是风流才子徐志摩。其实,只要仔细想想,生活中"偶然"的事情还少吗?人生就是由许许多多的偶然叠加起来的一种轨迹,人生既是偶然,也是必然。茫茫人海,偶然经常发生,也经常遇到。偶遇是我们生活中的一种特殊经历与体验,是一种美丽,哪怕是一种错误,也充满了诗意。这是生活的本来面目,更是人生的哲理。问题是我们有没有发现,或者发现了,能不能将它表达出来,用什么形式来表达。诗人徐志摩就用诗的形式表现了我们生活中的常见现象,也许这是一种偶然的感受,但他抓住了这个美妙的灵感,化作了真心的文字,并在中国文学史上留下了永恒。所以,如果我们将这首诗仅仅理解为一首爱情诗,那么我们的认知思维似乎太狭隘了,因为属于"偶然"的,除了爱情,还有友情,更有生活中每时每刻而且处处都存在着的"交会"。

我们人人都可以写一首《偶然》,而且肯定是精彩的"偶然"。那么,朋友,赶快动手吧,让我们偶然的人生必然起来!

"飞"的不是诗句,是梦想

现代著名诗人、散文家徐志摩是新月派代表诗人,新月诗社成员;他的诗歌营造了许多美丽的意象,让读者沉湎其中,咀嚼不已。而"飞"是他诗歌中非常重要的意象,他的许多诗篇都在"飞"来"飞"去中完成,因此友人戏称他是个"总想飞"的诗人。他很高兴地说,我一生都为飞,生也飞,死也飞。下面,我们来欣赏那些精彩的"飞"章:

"飞瞩,飞瞩,飞瞩——你看,我有我的方向";"飞扬、飞扬、飞扬"(《雪花的快乐》);他构筑自己的"爱、自由、美"的单纯信仰的世界,"那天你翩翩的在空际云游,自在,轻盈";他的散文诗《夜》许多次写到"飞出","飞过了海,飞过了山";他一天到晚老"想飞"(同名散文),总想"云游"(同名诗歌),总是以忘情而淋漓尽致、潇洒空灵的笔墨写他所向往之"飞翔"。他的确是现代中国少有的至情至性的诗人,有谁像他那样喜欢仰望天空,有谁像他那样钟情于云彩、明星、神明之类的天空意象?而《想飞》将他的自由精神写到了极致,最集中地描绘"飞",表达"想飞"之欲望和理想的代表性佳作有:"是人没有不想飞的","飞"是对现实的一种超越;只要人类犹存,"想飞"的欲望永难泯灭。而在各种各样的飞翔中,尤其令他神往的恰恰是那种庄子"逍遥游"式的"壮飞",他说:"要飞就得满天飞,风拦不住云挡不住地飞,一翅膀就跳过一座山头……"何其壮观,何其逍遥!

然而,在他后期诗歌里,虽还在"飞",但已"飞"得疲惫,"飞"得勉强,甚至是放弃。如《火车擒住轨》:"三两个星,躲在云缝里张望",写完这诗后,他那充满风雨、恩怨的人生也差不多走到了尽头。在《阔的海》里,他竟宣称放弃所有这些壮观和逍遥,听一听"阔的海空的天我不需要,我也不想放一只巨大的纸鹞,上天去捉弄那四面八方的风",这里充满了诗人理想幻灭的几许沉重。更有《黄鹂》(1930年):"冲破浓密,化一朵彩云;它飞了,不见了,没了——"于是带走了春天,带走了火焰,也带走了热情;这是一首象征的诗,本期待这只美丽的鸟引吭高歌,然而它却"一展翅"飞走了。

也许是生活的负荷使他痛苦不堪,他不得不学会放弃乃至牺牲。因为生活中的志摩,是一个情感开放、交游甚广的人,他对人坦诚,无心计。因此,他看不惯那猜忌欺诈、倾轧打击、残忍恶毒的社会病象,因此他总想飞出城围,飞到天空云端去。他想飞的渴望是如此的强烈,不料竟成谶语,令人唏嘘不已,正如庐隐、李惟建合挽志摩联所叹曰:"叹君风度比行云,来也飘飘,去也飘飘;嗟我哀歌吊诗魂,风何凄凄,雨何凄凄。"

也许是他的爱情造成了他的悲剧,成为现代诗人一首壮丽的歌。他早年果断斩断了封建礼教束缚下结成的没有恋爱的婚姻,继之热恋才女林徽因,未料"名花有主",对林的痴狂成了水中月镜中花。后来他倾心于京华名媛陆小曼,小曼早已是他人妇……诗人从单纯的理想出发,置外界种种压力于不顾,几历磨难终与小曼结为百年之好,实现了他向往中的合理人生。岂知小曼终是世俗女子,诗人在理想幻灭之际寄情山水,往返奔波中"总想飞"的诗人因飞机失事而罹难,应验了他自己的话。

耐人寻味的"飞"成就了诗人,也摧毁了诗人。

"火把"与"太阳"给人们带来希望

艾青是中国新诗中杰出的现实主义诗人,他的短诗《我爱这土地》影响深远,他的爱国情怀感染了一代又一代人,尤其是"为什么我的眼里常含泪水? 因为我对这土地爱得深沉"这一名句家喻户晓,许多人因此称他为"土地"诗人。

艾青在《诗论》中明确阐明自己对于诗歌创作的观点:"真、善、美,是统一在人类共同意志里的三种表现，诗必须是它们之间最好的联系。"是的，写诗不但要给人带来真、善、美的享受，更要给人传递生活的希望。所以，为了能够达到自己的最高审美追求，在诗歌创作中，艾青主张将诗情转化为具体可感的审美意象。在他的早期作品中，艾青借用"火把""太阳"等意象深入地表现他所感知的新人生和新世界，体现了诗人敏锐的洞察力与丰富多彩的审美世界。在黑暗的现实中，艾青始终坚信苦难是暂时的，光明一定会战胜黑暗，他始终如一地热情讴歌太阳、火把、朝霞、黎明、曙光、春天、火焰、生命、红旗与胜利。太阳、火把等意象寄寓了诗人的多元含义。

首先，它们寄托着诗人对光明、理想热切追求的信念，如"我乃有对于人类再生之确信"（《太阳》）。这种信念，既是诗人人生旅途的出发点，又是诗人人生旅途的归宿。同样，诗人在《火把》中赞美火把是"美丽的"、"耀眼的"、"热情的"、"金色的"、"炽烈的"，他看到了"人们的脸在火光里，显得多么可爱"，所以，诗人渴望"给我一个火把"，因为"这是火的世界……这是光的世界……"

其次，它们饱含着诗人对革命者英勇战斗精神的无比崇敬之情。艾青的诗，曾引导了不少青年投身到革命的行列，鼓舞着人民为理想和自由而战斗。这也是诗人艾青为什么被人民所热爱和想念的重要原因。如在《向太阳》中，我们看到了"在太阳下"真心实意为抗战献身的人们，"一个伤兵"尽管撑着拐杖走着，他在"太阳下真实的姿态"，确实要"比拿破仑的铜像更漂亮"。在《吹号者》中，我们看到了战斗者从容不迫的战斗英姿和大无畏的英雄气概，"太阳给那道路镀上黄金了/而我们的吹号者/在阳光照着的长长的队伍的最前面/以行进号/给前进着的步伐/做了优美的拍节"。

再次，它们是中国光明前途的象征，是中国革命必胜的信念的象征。艾青从浴血奋战的人民中，找到了光明之所在，他对光明的追求就更为炽烈了。《太阳》《火把》《春》《黎明》《向太阳》《篝火》《给太阳》《太阳的话》《黎明的通知》《野火》等都是对光明的讴歌，其中最具代表性的就是《向太阳》《给太阳》和《火把》，它们就是这种思想的升华。诗人赞美"比一切都美丽"的永生的太阳，赞美"从遮掩着无限痛苦的迷雾里刺醒了我们的城市和村庄"的太阳；并且他深信，"假如没有你，太阳/一切生命将匍匐在阴暗里/即使有翅膀，也只能像蝙蝠/在永恒的黑夜里飞翔"。

这些意象，为挣扎在艰难困苦中的中国人民带来了希望，坚定了他们胜利的信念。对于生活在艰难环境中的中国人民来说，没有什么比坚定自己对祖国、民族光明未来的信念更为重要的了。

让诗歌温暖我们的生活

——介绍《海子的诗》

【作者简介】

海子，原名查海生，1964 年 3 月生于安徽怀宁县。1979 年考入北京大学法律系，1983 年毕业后任教于中国政法大学。1989 年 3 月 26 日于河北山海关卧轨离世。已出版作品有长诗《土地》、短诗选集《海子、骆一禾作品集》和《海子的诗》。

【内容点评】

《海子的诗》收录了已故诗人海子的诗作精华，他的诗歌质朴、浪漫、充满奇异的想象，深受读者喜爱；这些诗反映出诗人对于一切美好事物的眷恋之情以及对于生命的世俗和崇高的关怀。

海子是怎样的人？我们不妨先看看他的《自画像》，"我的脸／是碗中的土豆／嘿，从地里长出了／温暖的骨头"；然后听听诗友的描述："读海子的诗，在我脑海里浮现这样的画面：黄昏，一个头发散乱的诗人，在无人的旷野上一面狂奔，一面大声呼喊着自己的诗歌。"海子是个狂热的诗人，他敬诗歌为宗教，高于自己的生命；我们再读读海子的《历史》："我们的嘴唇第一次拥有，蓝色的水，盛满陶罐，还有十几只南方的星辰，火种，最初忧伤的别离。岁月呵，你是穿黑色衣服的人，在野地里发现第一枝植物，脚插进土地。"

浓浓的抒情味让我们品尝了诗歌的美丽，虽然海子一开始不愿承认自己是个抒情诗人，但最后他也不得不承认自己是抒情诗人。因为在那个责任和自由并举、理想和沉重同存的年代，做诗人是幸福的，也是困难的。海子是在 1989 年的春天选择与这块土地亲密地融为一体，也许孤寂的他预感到一个物质上更丰富，精神上更贫乏的时代即将到来。在春天里，海子赤条条来到这个世界；又是在春天里，他手捧《圣经》《瓦尔登湖》等书横卧在亚洲铜的大地上，写下了最后的"死亡之诗"。有人说，这不是忧伤，不是绝望，而是燃烧。

是的，20 多年来一直在燃烧。我一直希望有人去读海子的诗句，尤其是莘莘学子；我更希望人们能对自己说：从今天起，"面朝大海，春暖花开"，"做一个幸福的人"。也许,在现实面前我们早已学会了现实,在浪漫的春天我们也不需要多少浪漫,但我还是希望可爱的你能读点诗歌,在料峭的季节让诗句温暖我们的生活。那么,就从《海子的诗》开始吧!

【诗句摘抄】

1. 从此再不提起过去,痛苦或幸福,生不带来,死不带去。——《秋日黄昏》

2. 当我痛苦地站在你的面前,你不能说我一无所有,你不能说我两手空空。——《答复》

3. 远方除了遥远一无所有/更远的地方,更加孤独/远方的幸福,是多少痛苦。——《远方》

4. 没有任何夜晚能使我沉睡,没有任何黎明能使我醒来。——《西藏》

5. 远在远方的风比远方更远。——《九月》

6. 黑夜一无所有,为何给我安慰。——《黑夜的献诗》

7. 该得到的尚未得到,该丧失的早已丧失。——《秋》

8. 风后面是风,天空上面是天空,道路前面还是道路。——《四姐妹》

9. 珍惜黄昏的村庄,珍惜雨水的村庄,万里无云如同我永恒的悲伤。——《村庄》

10. 今夜我不关心人类,我只想你。——《日记》

现代诗歌教学为何不能感动高中生

我国诗歌以五四新文学运动为界,分为古代诗歌与现代诗歌,现代诗歌的主流是新诗。高中语文课本第一册(人教版)的第一个单元就是"中国现当代诗歌与外国诗歌",许多新课程教材也一样,如苏教版必修(一)第一专题"向青春举杯"也安排了一个诗歌板块"吟诵青春",意在让正处于花季年龄的高中学生感受优美的诗歌形象与语言,通过想象与联想,体会诗歌的情思与意味,从而培养良好的读诗趣味。然而,实际的情况却并非如此。许多学生对诗歌好像没有多大的热情,只是课本上要求学习,也就只好学一点。为什么原本诗情澎湃的青春期学生却对诗歌那么冷漠?本人曾做过问卷调查,现将调查结果汇总如下(调查对象:高一年级):

表一:现当代诗歌课外阅读情况调查汇总表

	经常阅读(人数)	偶尔阅读(人数)	不读(人数)
读读本上的诗	21	58	28
读报刊上的诗	3	15	89
读整本诗集	0	1	106

表二:课外不阅读现当代诗歌的原因汇总表

原因	没时间读	没兴趣读	读不懂	其他
人数	72	23	7	2

表三:你喜欢不喜欢课本上的诗歌作品调查汇总表

喜欢程度	喜欢	一般	不喜欢
人数	19	62	26

表四:你不喜欢诗歌课文的原因汇总表

原因	没兴趣	读不懂	题材远离我们的生活	语言不美	其他
人数	13	14	57	17	1

从表一中我们不难看出,诗歌在课外是少人问津的,我们的学生几乎是不读诗歌的;而作为课本配套的《语文读本》也是非常受人冷落的。即使是诗歌课文教学也不能给他们注入激情与活力,课堂上教师经常会遇到不少木然的眼神(从表三表四可知)。为此,我与一些学生进行交流讨论,也听到了他们的一些意见,虽然有些片面,但也比较实际;虽然很简单,却比较真实(这可从表二表四中看出)。

经过分析与研究,我以为新诗不能感动学生的原因主要有这么几个。

1. 现在传媒发展很快,时尚化的许多产物非常诱人,难免冷落了个性化很强的寂寞的诗歌。学生在文化上的需求比以前更为多元,如上网、听歌、看电视、阅读言情武侠恐怖故事等,而这些均是视听感官上的享受与满足,属"快餐文化",比较轻松。而他们对现当代诗歌没有了强烈的渴望,因为诗歌比较凝重,需要他们拿出生活的积累、艺术的经验和思想水平来感悟,他们没有时间去细细品味。

而他们中的许多人又特别喜欢流行歌，那些颠来倒去、不知所云的歌词让他们神魂颠倒。因为流行音乐有声有色，有动作，更有时髦与作秀。相对而言，诗歌的思想情感是最难把握的，欣赏过程中会遇到一些问题，比较复杂的思考使他们对诗歌敬而远之，因为他们崇尚简单。而且，与古诗相比，现当代诗歌作品无论在诗的人文底蕴上还是在诗的语言上都存在较大的距离。其实，学生对新诗并不陌生，他们在初中阶段已经读过不少新诗。存在的问题是一些诗歌要么政治意味很浓，要么是一般散文的简单分行，缺少诗歌的意境与趣味。所以，许许多多一开始对诗歌抱有很高期望的学生，接触了诗歌后，马上就跌入了迷茫与失望中，再也提不起读诗兴致。

2. 现代诗歌在高考中的缺席，告诉学生这个时代"诗歌除外"。许多学生的学习目的是比较功利的，这与我们这个社会的整个风气有关。既然高考不考，那我何必亲近你，喜欢你呢？与其读点对考试没有用处也不有趣的诗歌，不如做几道具体的题目更有成就感。再说时间是宝贵的，青春是短暂的，而诗是不能当饭吃的。只有将有限的时间投入到无限的习题中去，才能赢得高考，创造自己美好的未来。诗歌是一种精神消费，暂时不读也罢。其实，许多老师也如此认为，因为我们的教学评价除了成绩还是成绩，"分不仅是学生的命根，更是老师的命根"。《语文世界》编辑张文海说："新诗教学在整个语文教学中地位不被重视的问题与高考作文对诗歌的排斥有着根本的关系。"

3. 现代诗歌课文的编排数量少，又落后于时代，而学生喜欢前卫的东西。以人教版教材为例，高中语文教材共六册，有诗歌单元四个，其中中国古代三个（新诗的历史还不到100年，在艺术的积累上很难与古代诗词相比，所以三个单元古诗教学并不多），外国诗歌与中国现当代诗歌合并一个（即第一册第一单元），与之相配套的《语文读本》安排了现当代诗歌两个单元，共11首诗。同时在第三册第四单元安排一次诗歌写作（这样的编排是否科学合理，我认为值得讨论）。而且，其中的当代诗都是写于上个世纪90年代以前，距今至少15年了，而15年中发生了许许多多事件，我们的生活也改变了许许多多。滞后的内容让学生产生陌生感与冷漠感。据调查，相对来说，他们比较喜欢海子的诗《面朝大海，春暖花开》，也爱读徐志摩、戴望舒的代表作。诗歌数量稀少，也许与高考有关，但作为一种人文积淀是必不可少的。"要养成纯正的文学趣味，我们最好从读诗入手。"（朱光潜语）不知编者是为了抛砖引玉，还是蜻蜓点水？是以点带面，还是以偏概全？当然，教材落后于时代是难免的，因为教材永远跟不上时代。

就难怪我们的学生对现当代诗歌不认同,即使是上个世纪80年代曾令人疯狂的爱情诗舒婷的《致橡树》也遭遇冷场,赞同率明显低于裴多菲的《我愿意是急流》。因为今天的他们有他们今天的审美情趣。他们往往喜欢时尚的东西,比较"新、奇、异",比较前卫,如网络语言。《诗刊》编辑林莽从大量的稿件中发现不管中学还是大学,诗歌教学已与时代脱节了。所以《诗刊》曾与《扬子江》诗刊联合举办了"新诗第二课堂",面向爱诗者,尤其是中学生。遗憾的是诗歌读者本来就不多,能有多少整日从习题中来,到习题中去的为高考而低头的学生参与呢?

4. 现代诗歌教学出现了违背诗歌本性的功利性现象。语文教育家顾德希说:"诗歌的朗诵问题、感悟问题、资源建设方式的问题以及术语规范问题是诗歌教学中制约诗歌教学发展的,也是急待明朗化的一些主要关键点。"首都师范大学中文系主任王光明批评一些老师讲诗过于强调诗歌的社会意义和思想意义,而忽视了最基本的东西——诗歌本身的美感。我们要按照诗歌本身的规律去讲诗,那种从主题、内容进入诗歌的方式,恰恰是把问题颠倒了,因而很难让学生体会到诗歌的美感和丰富性。当然,我们的老师之所以在诗歌教学中出现违背诗歌本性的功利性情况,主要是因为考试中的命题方式常常有悖于常理。我们对考试研究得越透彻,教学中就越放不开,经常会被考试牵着鼻子走。当然,考下来,成绩是令人满意的,但败坏了学生学习诗歌的胃口。因为诗以抒情为本,情感的抒发往往比较含蓄、隐晦,所以诗歌的鉴赏是"仁者见仁,智者见智"的,然而教学中经常出现一些僵化、片面的解读。

那么,我们在新诗教学中如何去唤醒学生沉睡的诗情,让他们热爱诗歌,喜欢我们的诗教呢。我以为可以这样试一试:

1. 让诗生活化,让诗回归本身,让诗走进大众,因为诗是我们大家的诗。著名美学家朱光潜说:诗是培养趣味的最好的媒介。经历了上个世纪80年代的繁荣与90年代的沉寂后,我们的诗坛渐渐走向了成熟,重新回归到诗歌应有的真善美的轨道上。现在的诗歌创作已赶上了好的潮流。《诗刊》等诗歌报刊引导诗人发个人真情,写真实生活,将平时生活中的诗意挖掘出来,具体实在,不空泛,不叫嚷,清新自然,真切沉静。只有这样,才能让诗歌贴近大众,走进普通人的生活。当然我们应该把声音还给诗歌,让诗朗诵走进家庭走向社会,让诗歌成为我们生活中不可分的一部分。而我们语文中的诗歌教学担当了非常重要的角色。我们可以组织诗歌讲座、建立诗歌兴趣小组或诗社,帮助学生培养学习诗歌的兴趣,因为诗歌不仅可以陶冶人的情操,而且可以丰富我们的语言。我们可以开展诗歌朗诵比赛,诗歌鉴赏研究,尝试诗歌写作等活动,来吸引学生参与到诗歌教学中去。考虑到他们平时学习时间紧,可以采用"每周一诗"等活动来增加他们的积累,也可以让他们利用零星时间读一首短诗,作为学习其他功课之间的一种调节与休息。如有阅读课的,要充分利用好,让他们读当代优秀刊物的优秀诗篇,及时享受到新的智慧与美丽。总之,将诗歌种进我们的生活,让我们的学习充满诗意。

2. 老师要改变教学观念,积极引导学生热爱诗歌。《语文世界》张文海认为新诗教学地位不高与教师本身对新诗的认识存在一定差距有关,而且是一个普遍性原因。我们教师自己要提高对新诗的认识,不要被高考绑着手脚走,应该让高考与诗歌兴趣同行。因为语文教师肩负着捍卫汉语尊严与生命的使命。我们要对学生做好引导与指导,让他们远离网络文化中的鄙俗现象,不再漠视精神,流于低俗;让他们的耳朵暂时离开流行乐,重新聆听大自然的诗音;让他们的眼睛忽略言情与恐怖,读一读我们的诗歌。教师在诗歌教学中要再大气些、更开放点,不要凡事斤斤计较,因为许多诗歌因为意象的复杂、表达的含蓄而使主题具有不确定性,诗歌欣赏是主观性很强的个性化阅读,所以我们在教学中要充分尊重学生的个性化理解,如果有偏颇的地方可以给予适当的指导,但不必强求一致。当然,高考严禁诗歌写作是对青少年诗情的抹杀。既然文体不限,那么他们就有权选择自己喜欢的表达方式,而诗就是其中一种。"诗歌除外",是对诗歌的严重歧视,作为诗歌的泱泱大国是多么让人伤心。虽然有诗歌写作的特殊性与诗歌评判的复杂性等因素,但也不能因此而牺牲一代人的一种思维方式,导致他们某种思维的缺陷。

3. 适时补充有影响力、有代表性的新作品,做到经典性与时代性相结合,增添诗歌的新鲜血液。人教社中学语文教材编辑室刘真福说:"新诗入选教材的标准是经典性、广泛性、进步性。否则,不仅会影响学生的学诗兴趣,而且会影响大、中学生的诗歌写作。他们往往沉湎于上世纪二三十年代新诗发端时的风花雪月,与现实远离,与时代无关。同时对某种'新八股'乐此不疲,表面上很有气势,实是空洞无物。因为教材起导向作用。我们可以利用好《语文读本》,与课文学习同步;可以从课文作者延伸开去,读他的其他的诗或诗集;也可以由教师推荐有关篇目,供学生自读时参考;或学校组织自编诗歌读本,作为校本教材;也可让学生自编诗歌读本,集思广益,更具学生代表性、针对性,减少盲目性与主观性。诗歌阅读是温暖的,我们要善于寻找资料来丰富自己的阅读,赢得温暖。经典的东西当然好,一些优秀的时尚作品也不能错过。因为我们要与生活紧密联系,随时聆听时代的诗情画意。"

4. 教师要改变教学方式,重视学生对诗歌的接受能力。北京师范大学教授张清华认为在教学中教师要正确处理懂与不懂的问题,不能死抠诗句。诗人王家新认为现在的新诗篇目存在偏难的情况。在教学中要体现中学语文教学新理念,就要回归到语言本体,文学本体,诗歌本体。多一些朗诵,少一些讲解;多一点感悟,少一点教育;多一些交流,少一些审视。把声音还给诗歌,把个性还给诗歌,把情感还给诗歌,把语言还给诗歌。我们的诗歌教学课堂应该是激情与青春的碰撞,是思维与智慧的握手,是生命与美的歌唱。让诗歌成为学生生活美好的一部分,成为他们生活的需要。教师要根据学生读诗的特点,在培养良好的审美情趣上下功夫。通过欣赏不同思想内容和风格特点的诗歌,培养学生对新诗的感悟力和理解力。当然要注意鉴赏方法的传授与引导,如抓住诗歌的意象,展开联想与想象,理解诗歌的情感;要知人论世,注意时代背景和诗人的思想状况,背景与内容又不必机械地一一对应;要注意诗歌的表现形式和技巧。我们知道,学生的学法往往得益于教师的教法,所以教师在诗歌教学中的教法要丰富些,除了反复诵读,整体感知,把握关键词语和句子,在吟诵中体会诗的意境外,还可以运用比较阅读,如高一第一单元中可根据主题进行分类,比较教学,如自由主题、爱情主题等;可以进行课外延伸,如学了舒婷的诗后延伸到朦胧诗派的其他诗人的作品,学了穆旦的《赞美》后,可以延伸其他爱国主义的诗篇,如艾青的《我爱这土地》、郭沫若的《炉中煤》、闻一多的《一句话》、戴望舒的《我用残损的手掌》;还可以用探究讨论法与感悟法,调动学生的生活体验与艺术灵感,发挥他们的想象力,把诗歌学习的舞台主动交给学生。

当然,每一种成功都要付出艰辛的努力,每一种努力都需要许多人的支持与帮助。让我们热爱汉语吧,就从热爱诗歌开始。让我们与诗歌同行,做诗歌永远的朋友。

《名师工程》系列丛书

征 稿 启 事

《名师工程》系列丛书是西南师范大学出版社策划、组织出版的大型系列教育丛书。丛书以新课程下的新教学为背景,以促进施教者的教育能力为落脚点,以提高教育质量、提升教师水平为宗旨。

丛书首批推出的"名师讲述""教学提升""教学新突破""高中新课程""教师成长""大师讲坛""教育细节""创新语文教学""教育管理力""教师修炼""创新数学教学""教育通识""教育心理""创新课堂""思想者""名师名课""幼师提升""优化教学""教研提升""名校长核心思想""名校工程""高效课堂""创新班主任""教育探索者"等系列,共170多个品种,其余系列也将陆续出版。为了让广大教师有一个交流、借鉴的机会,同时也为了给广大教师提供更多、更好的图书,《名师工程》系列丛书编辑出版委员会特向全国教育工作者征集稿件。

稿件要求:

1. 主题鲜明、新颖,有独创性。

2. 主题以提升教育能力为主,也可适当外延。

3. 主题要有一定规模、有典型案例支撑。

4. 案例要贴近教育实际,操作性强。

5. 文章、书稿结构清晰,语言精彩。

书稿作者在选题确定之后,请及时与我们做好沟通,具体事宜确定好之后再进行创作;也欢迎用已经完稿的稿件投稿。一线教师如希望参与图书案例的创作,可联系我社策划机构,由策划机构备案,在适合的图书中参与创作。

真诚欢迎各位教师踊跃投稿。

联系方式:

西南师范大学出版社高教分社

电话:023—68254356   E—mail:zcj@swu.cn

西南师范大学出版社高教分社北京策划部

电话:010—68403096

E—mail:guodejun1973@163.com

西南师范大学出版社
《名师工程》系列丛书目录

系列	序号	书　　　　　名	作者	定价
鲁派名师系列·教育探索者系列	1	《追问历史教学之道》	钟红军	36.00
	2	《灵动英语课——高效外语教学氛围创设艺术》	邵淑红	30.00
	3	《校园，幸福教育的栖居》	武际金	30.00
	4	《复调语文——尊重生命自我成长的语文教学》	孙云霄	30.00
	5	《智趣数学课——在情感深处激发学生的数学智能》	王冬梅	30.00
	6	《高品位"悦读"——让情感与心灵更愉悦的阅读教学》	马彩清	30.00
	7	《品诵教学——感悟母语神韵的阅读教学》	侯忠彦	30.00
	8	《智趣化学课——在快乐中提升学生的科学素养》	张利平	30.00
码名师解系列	9	《教育需要播种温暖——谢文东与儒雅教育》	余　香　陈柔羽　王林发	28.00
	10	《为了未来设计教育——梁哲与探究教育》	冼柳欣　肖东阳　王林发	28.00
	11	《真心是教育的底色——谭永焕与真心教育》	谭永焕　温静瑶　王林发	28.00
	12	《做超越自我的教师——刘海涛与创新教育》	王林发　陈晓凤　欧诗停	28.00
	13	《打造灵动的教育场——张旭与情感教育》	范雪贞　邹小丽　王林发	28.00
堂高效课系列	14	《让数学课堂更高效——教研员眼中的教学得失》	朱志明	30.00
	15	《从教会到教慧——小学生数学学习能力的培养艺术》	滕　云	30.00
	16	《用什么提高课堂效率——有效数学课必须关注的10大要素》	赵红婷	30.00
	17	《让作文更轻松——小学作文高效教学36锦囊》	李素环	30.00
	18	《让研究性学习更高效——研究性学习施教指导策略》	欧阳仁宣	30.00
	19	《让母语融入学生心灵——提升学生语文素养的高效施教艺术》	黄桂林	30.00
创新课堂系列	20	《小学语文"三环节"阅读教学法——自学、读讲、实践》	薛发武	30.00
	21	《个性化课堂教学艺术：小学语文》	商德远	30.00
	22	《如何实现三维目标——让学生与文本共鸣的诵读教学》	张连元	30.00
	23	《想说　会说　有话可说——突破作文瓶颈的三维教学法》	杨和平	30.00
	24	《综合课的整合创新教学》	周辉兵	30.00
	25	《如何打造学生喜欢的音乐课堂》	张　娟	30.00
	26	《理想课堂的构建与实施——一个教研员眼中的理想课堂》	张玉彬	30.00
	27	《小学语文：决定教学质量的关键策略》	李　楠	30.00
	28	《用〈论语〉思想提升数学教育智慧》	胡爱民	30.00
	29	《童化作文——浸润儿童心灵的作文教学》	吴　勇	30.00
	30	《亲爱的语文》	鲍周生	30.00
系名列校	31	《人本与生本：管理与德育的双重根基》	广州市广外附设外语学校	30.00
	32	《生本与生成：高效教学的两轮驱动》	广州市广外附设外语学校	30.00
	33	《世界视野与现代意识：校本课程开发的二元思维》	广州市广外附设外语学校	30.00
	34	《让每个生命都精彩——生命教育校本实践策略》	王鹏飞	30.00
	35	《好学校，从关注每个学生开始——石梅小学优质教育多元感悟》	顾　泳　张文质	30.00

系列	序号	书　　名	作者	定价
思想者系列	36	《回归教育的本色》	马恩来	30.00
	37	《守护教育的本真》	陈道龙	30.00
	38	《教育，倾听心灵的声音》	李荣灿	30.00
	39	《心根课堂——让教育随学生心灵起舞》	刘云生	30.00
	40	《做一个纯粹的教师》	许丽芬	26.00
	41	《率性教书》	夏　昆	26.00
	42	《为爱教书》	马一舜	26.00
	43	《课堂，诗意还在》	赵赵（赵克芳）	26.00
	44	《今日教育之民间立场》	子虚（扈永进）	30.00
	45	《教育，细节的深度反思》	许传利	30.00
	46	《追寻教育的真谛——许锡良教育思考录》	许锡良	30.00
	47	《做爱思考的教师》	杨守菊	30.00
鲁派名校系列·教育探索者	48	《博弈中的追求——一位中学校长的"零"作业抉择》	李志欣	30.00
	49	《大教育视野下的特色课程构建——海洋教育的开发实施》	白刚勋	30.00
名师教学手记系列	50	《唤醒生命的对话——孙建锋语文教学手记》	孙建锋	30.00
	51	《让作文教学更高效——王学东写作教学手记》	王学东	30.00
名校长核心思想系列	52	《智圆行方——智慧校长的50项管理策略》	胡美山　李绵军	30.0
	53	《做一个智慧的校长》	孙世杰	30.00
	54	《成为有思想的校长》	赵艳然	30.00
创新班主任系列	55	《班主任专业化成长策略》	杨连山	30.00
	56	《班级活动创新与问题应对》	杨连山　杨照　张国良	30.00
	57	《班集体建设与创新人才培养》	李国汉	30.00
	58	《神奇的教育场——打造特色班级文化创新艺术》	李德善	30.00
教研提升系列	59	《校本教研的7个关键点》	孙瑞欣	30.00
	60	《教师怎样做小课题研究——高效助力教师专业化成长》	徐世贵　刘恒贺	30.00
	61	《今天我们应怎样评课》	张文质　陈海滨	30.00
	62	《今天我们应怎样进行教学反思》	张文质　刘永席	30.00
	63	《一节好课需要的教育智慧》	张文质　姚春杰	30.00
优化教学系列	64	《高效教学组织的优化策略》	赵雪霞	30.00
	65	《高效教学方法的优化策略》	任　辉	30.00
	66	《高效教学过程的优化策略》	韩　锋	30.00
	67	《让教学更生动——激发兴趣让学生快乐认知》	朱良才	30.00
	68	《让教学更高效——策略创新让教学事半功倍》	孙朝仁	30.00
	69	《让教学更开放——拓展延伸让学生触类旁通》	焦祖卿　吕勤	30.00
	70	《让教学更生活——体验运用让学生内化知识》	强光峰	30.00
	71	《让知识更系统——整合与概括让学生建构体系》	杨向谊	30.00
	72	《让思维更创新——思辨与发散让学生思维活跃》	朱良才	30.00

系列	序号	书　　　名	作者	定价
创新语文教学系列	73	《曹洪彪新概念快速作文》	曹洪彪	30.00
	74	《小学语文：享受对话教学》	孙建锋	30.00
	75	《小学语文：名师教学目标落实艺术》	刘海涛　王林发	30.00
	76	《小学语文：名师魅力教学设计艺术》	刘海涛　王林发	30.00
	77	《小学语文：名师魅力课堂激趣艺术》	刘海涛　豆海湛	30.00
	78	《小学语文：单元整体教学构建艺术》	李怀源	30.00
	79	《小学作文：名师情趣课堂创设艺术》	张化万	30.00
名师名课系列	80	《名师如何炼就名课》（美术卷）	李力加	35.00
教师成长系列	81	《做会研究的教师》	姚小明	30.00
	82	《学学名师那些事》	孙志毅	30.00
	83	《给新教师的建议》	李镇西	30.00
	84	《教师心灵读本：成为有思想的教师》	肖　川	30.00
	85	《教师心灵读本：教师，做反思的实践者》	肖　川	30.00
幼师提升系列	86	《全国优秀幼儿健康教育活动课例评析》	教育部教育管理信息中心	30.00
	87	《全国优秀幼儿艺术教育活动课例评析》	教育部教育管理信息中心	30.00
	88	《全国优秀幼儿社会教育活动课例评析》	教育部教育管理信息中心	30.00
	89	《全国优秀幼儿语言教育活动课例评析》	教育部教育管理信息中心	30.00
	90	《全国优秀幼儿科学教育活动课例评析》	教育部教育管理信息中心	30.00
教师修炼系列	91	《班主任工作行为八项修炼》	杨连山	30.00
	92	《教师心理健康六项修炼》	李慧生	30.00
	93	《教师专业化五项修炼》	杨连山　田福安	30.00
	94	《课堂教学素养五项修炼》	刘金生　霍克林	30.00
	95	《高效教学技能十项修炼》	欧阳芬　诸葛彪	30.00
	96	《教师新师德六项修炼》	王毓珣　王　颖	30.00
创新数学教学系列	97	《小学数学：名师教学目标落实艺术》	余文森	30.00
	98	《小学数学：名师高效教学设计艺术》	余文森	30.00
	99	《小学数学：名师易错问题针对教学》	余文森	30.00
	100	《小学数学：名师魅力课堂激趣艺术》	余文森	30.00
	101	《小学数学：名师同课异教》	林高明　陈燕香	30.00
	102	《小学数学：名师抽象问题艺术教学》	余文森	30.00
教育心理系列	103	《做最好的心理导师——中学生心理健康咨询手册》	杨　东	30.00
	104	《每天学点教育心理学》	石国兴　白晋荣	30.00
	105	《学生心理拓展训练与指导》	徐岳敏	30.00
	106	《好心态成就好学生——学生心理问题剖析与对症教育》	李韦遘	30.00
教育通识系列	107	《用心做教师——青年教师快速成长的十大定律》	王福强	30.00
	108	《做最受学生欢迎的老师》	赵馨　许俊仪	30.00
	109	《做有策略的校长——经典寓言与学校管理智慧》	宋运来	30.00
	110	《做有策略的教师——经典故事中的教育启示》	孙志毅	30.00
	111	《从学生那里学教书》	严育洪	30.00
	112	《突破平庸——提升教育质量的31个跳板》	严育洪	30.00
	113	《教育，诗意地栖居》	朱华忠	30.00
	114	《好班规打造好班级》	赵　凯	30.00
	115	《做学生成长的引领者——学生终身成长的素质培养》	田祥珍	30.00
	116	《如何管出好班级——突破班级管理的四大瓶颈》	刘令军	30.00
	117	《青春期性教育教师实用手册》	闵乐夫	30.00

系列	序号	书　　　名	作者	定价
高中新课程系列	118	《高中新课程：教师角色转变细节》	缪水娟	30.00
	119	《高中新课程：班主任新兵法细节》	李国汉　杨连山	30.00
	120	《高中新课程：教学管理创新细节》	陈　文	30.00
	121	《高中新课程：更有效的评价细节》	李淑华	30.00
教学新突破系列	122	《把教学目标落实到位——名师优质课堂的效率管理》	冯增俊	30.00
	123	《拿什么调动学生——名师生态课堂的情绪管理》	胡　涛	30.00
	124	《零距离施教——名师和谐师生关系的构建艺术》	贺　斌	30.00
	125	《一个都不能落——名师提升学困生的针对教学》	侯一波	30.00
	126	《让学习变得更轻松——名师最能吸引学生的情境设计》	施建平	30.00
	127	《让知识变得更易学——名师改造难学知识的优化艺术》	周维强	30.00
名师讲述系列	128	《施教先施爱——名师讲述班主任的核心教导力》	杨连山　魏永田	30.00
	129	《在欢乐中成长——名师讲述最具活力的课堂愉快教学》	王斌兴	30.00
	130	《让学生做自己的老师——名师讲述如何提升学生自主学习能力》	徐学福　房　慧	30.00
	131	《引领学生高效学习——名师讲述如何提高学生课堂学习效率》	刘世斌	30.00
	132	《教育从心灵开始——名师讲述最能感动学生的心灵教育》	张文质	30.00
教育细节系列	133	《名师最具渲染力的口才细节》	高万祥	30.00
	134	《名师最有效的沟通细节》	李　燕　徐　波	30.00
	135	《名师最有效的激励细节》	张　利　李　波	30.00
	136	《名师培养学生好习惯的高效细节》	李文娟　郭香萍	30.00
	137	《名师人格教育的经典细节》	齐　欣	30.00
	138	《名师营造课堂氛围的经典细节》	高　帆　李秀华	30.00
	139	《名师最有效的赏识教育细节》	李慧军	30.00
	140	《名师最有效的批评细节》	沈　旎	30.00
教育管理力系列	141	《名校激励管理促进力》	周　兵	30.00
	142	《名校安全管理执行力》	袁先潋	30.00
	143	《名校师资团队建设力》	赵圣华	30.00
	144	《名校危机管理应对力》	李明汉	30.00
	145	《名校校本研究创新力》	李春华	30.00
	146	《学校文化力建设策略》	袁先潋	30.00
	147	《名校长核心教育力》	陶继新	30.00
	148	《名校长高绩效领导力》	周辉兵	30.00
	149	《名校行政管理细节力》	杨少春	30.00
	150	《名校教学管理提升力》	张　韬　戴诗银	30.00
	151	《名校学生管理教导力》	田福安	30.00
	152	《名校校园文化构建力》	岳春峰	30.00
大师讲坛系列	153	《大师谈教育心理》	肖　川	30.00
	154	《大师谈教育激励》	肖　川	30.00
	155	《大师谈教育沟通》	王斌兴　吴杰明	30.00
	156	《大师谈启蒙教育》	周　宏	30.00
	157	《大师谈教育管理》	樊　雁	30.00
	158	《大师谈儿童人格塑造》	齐　欣	30.00
	159	《大师谈儿童习惯培养》	唐西胜	30.00
	160	《大师谈儿童能力培养》	张启福	30.00
	161	《大师谈早恋与性教育》	闵乐夫	30.00
	162	《大师谈儿童情感教育》	张光林　张　静	30.00

系列	序号	书　　　　名	作者	定价
教学提升系列	163	《方法总比问题多——名师转变棘手学生的施教艺术》	杨志军	30.00
	164	《用特色吸引学生——名师最受欢迎的特色教学艺术》	卞金祥	30.00
	165	《让学生爱上课堂——名师高效课堂的引导艺术》	邓　涛	30.00
	166	《拿什么打开思路——名师最吸引学生的课堂切入点》	马友文	30.00
	167	《没有记不牢的知识——名师最能提升学生记忆效果的秘诀》	谢定兰	30.00
	168	《让学生的思维活起来——名师最激发潜能的课堂提问艺术》	严永金	30.00
国际视野系列	169	《行走在日本基础教育第一线》	李润华	26.00
	170	《润物细无声》	赵荣荣　张　静	30.00
	171	《不让一个学生掉队——国际视野下的教育均衡实践》	乔　鹤	28.00
	172	《从白桦林到克里姆林宫——俄罗斯中小学教育纪实》	赵　伟	30.00